一个民族的远航

中国近代社会的
群体觉醒

关河五十州
——著——

A
NATION'S
VOYAGE

华龄出版社
HUALING PRESS

目录

从头到脚，身上每一根神经纤维都是爱国的。他热爱中国，信赖中国，确信中国会有灿烂的前程，配得上它的壮丽山河和伟大的历史。

——吐依曲尔牧师《在耶鲁大学法学院的演讲》

第一章

奇异新世界

此地唤作南屏，不是"南屏晚钟"里的那个南屏，而是广东香山的一座小镇。

　　很多年以后，有人从南屏走了出去，并真的敲响了钟声——为十九世纪的一个古老国家。这个人的名字叫容闳。

　　小镇亦出人杰，不过多数经天纬地的人物最初并没有在脸上注明，那些诸如电闪雷鸣、天降异象的记载，都需要扬名立万后予以补记。容闳的父母显然不知道自己的儿子日后会这么有出息，他们当时关注的只是现实。即使在南屏小镇，容家当时的经济状况也非常糟糕，全家老小，靠容老爸一个人在外打工挣取一点儿微薄的工资养家糊口，走进他们家，就能理解"家徒四壁"的真正含义。

　　每个这样的家庭都会思考如何突围。现成的答案有，而且似乎只有一个，那就是让子辈或孙辈参加科举考试。这些处于社会最底层的家庭可以借此鱼跃龙门，金榜题名后自然名利双收，进入中上层社会。

　　这种现成的答案世人皆知，导致"千军万马挤独木桥"，结果龙门离大多数穷人家庭越来越远，也越来越不靠谱。也许不用等到把小儿子送进考场，容老爸的骨头就要被残酷的现实一根一根拆掉了，所以他一直在留意其他路径，而南屏周围特殊的环境恰恰提供了这个机会。

魔法学校

有一本书这样记述：那个戴眼镜的男孩在十一岁生日那天，收到猫头鹰送来的一封信，邀请他去一个从来没有听说过的地方——于是男孩搭乘火车，踏上了神奇的旅程。

这本书叫《哈利·波特》，它告诉我们，只有未知和变动，才会让生活变得更加精彩。

容闳不用等到十一岁，而是七岁的时候就开始了自己的奇遇。与哈利·波特不一样的是，他乘的不是火车，而是小船；去的地方也不是幽暗山谷或旷野山庄，而是与南屏一水之隔的澳门。

澳门住着葡萄牙人，这些洋人是明朝时期过来的。当初他们

清末的澳门，有着迥异于内地的风情。

登陆澳门的目的跟几百年后的英法几乎没有任何区别，来东方古国殖民、做生意，可是他们的要求没有得到满足。

无论大明还是大清，都遵循一个传统，即"万国来朝"可以，你给我磕个头，没准我赏你的，比你给我的"贡品"还要多。至于通商做生意，那就免了，我们中华富有四海，没必要赚那几个小钱。

你不需要，但人家需要。在洋人看来，那不是小钱，是大钱。彼时正是中国货在欧洲上流社会最走俏的时候，利润常高达 20 倍以上。试问，谁能抵挡住这样的诱惑呢？

谈不拢，那就打！

葡萄牙战舰上配备大炮和火铳，武器装备优于对手，只是他们的运气不好，彼时的大明虽已不再鼎盛，却仍能大败葡军。

来硬的既然破产了，那就只能整软的了。于是洋人"潜规则"了一把明朝官员，好歹混了个"暂住"，再后来便厚着脸皮待在澳门不走了。

正如一枚硬币有两面，很多事情都是有好有坏，其结果往往取决于自身的作为。明军与葡军作战时，在火器方面本来处于下风，但明军以彼制彼，偷师葡萄牙人，学到了铜铳和先进火药的制造方法，反而后来居上。同样，葡萄牙人占据澳门，无疑给懵懂的中国人打开了一扇了解西方世界的窗口。

把容闳带去澳门的，正是容老爸。他经常去对岸打工，发现洋人都特别有钱，而围绕着洋人做事，即所谓从事"洋务"的人也跟着发了财，致了富，这让始终被贫困所纠缠的可怜人开了眼界。

中举考状元是多么遥远的事，如果儿子能端上一只好饭碗，吃穿不愁，那就谢天谢地了。

容闳即将进入的是"西塾"，一所洋学校。它的好处如同

《哈利·波特》中的魔法学校，只要你来就好，包吃包住包学费，这是中国"私塾"所不及的，囊中羞涩的容老爸自然心动不已。

在容老爸眼中，容闳将在这所学校里学习"洋务"，然而出乎意料的是，儿子没多久就逃学了。

这所学校的创办者和校长是一位英国传教士的太太，称"古夫人"。她把男女学生分成两班，因为容闳入学时年龄最小，所以特地将其分进了女生一班。女生班在楼上，男生班在楼下，男生怎么嬉戏打闹都行，女生却要像金丝雀一样被关在笼子里动也不能动，哪里有"魔法学校"的神奇劲儿？本来是格外关照，但作为堂堂小男子汉，容闳怎么受得了？

容闳没有掌握骑着扫帚满天飞的魔法，却动了"越狱"的念头。

这个七岁小男孩绝对有不次于哈利·波特的胆略和智商，事前，他斟酌过出逃的所有细节，计划堪称周密。

首先，鼓动了六个比自己年长且同样不耐寂寞的姐姐，组成"七小福"。大家互相壮胆，一起出逃。其次，他们事先在码头上雇了一条盖篷小船，讲好送至对岸。

第二天早上，当古夫人出去吃早饭的时候，容闳趁机实施逃跑计划。

可惜的是，小家雀终究斗不过老家贼。大人们很快发现了异常，结果船才开到一半，后面人就追上来了。容闳见势不妙，竟然用上了"重赏之下必有勇夫"的招数，对船夫说，你快点儿划，登岸后本少爷自有赏赐。

船夫倒是很卖力，可他只有一个人，摇两橹；尾追的却有两个人，摇四橹。明显不在一个档次，于是很快便被追上了，"七小

清代教会学校。

福"只得束手就擒。

　　惩罚是免不了的。古夫人给"七小福"每人头上戴一顶纸帽，胸前挂一方牌，上书"逃徒"，然后排成队在全校巡游，这叫"杀鸡给猴看"。对孩子们来说，这种惩戒还不是最可怕的，最可怕的是给全校学生发瓜果点心时，唯独没有"七小福"的份儿，然后让其他人当着他们的面大快朵颐。

　　这下再也没有人敢逃跑了。

　　古夫人所办学校性质其实类似于学前班，结果容闳还没来得及学到真正的"洋务"本领，学校就解散了，但他还是在这里掌握了一项非常实用的工具——英文。

　　从某种程度而言，正是通过它，日后的容闳才得以进入一个奇异的世界。

新大陆

容闳去澳门那年是公元 1835 年，五年后，就爆发了第一次鸦片战争。

在这场史无前例的战争中，受到巨大震撼的首先是大清皇帝及其臣僚，然而在很多讯息不发达的穷乡僻壤，老百姓甚至都不知道这件事，日子该怎么过还怎么过。

沿海地区则不一样，人们无法回避，不可能做到视而不见。此时，容家偏偏也遭遇了一次大地震——作为顶梁柱的容老爸去世了，这让全家更添悲愁。

回乡的容闳不得不跟着哥哥姐姐打零工贴补家用，开始是贩卖糖果，每天起早贪黑，然而所获甚少。即便这样也没干多久，等到天一冷，店铺不再批发糖果，他们又失业了。

接下来干什么呢？就这副小身板，种田是种不了的，只能捡人家遗漏的——跟在农民身后捡稻穗。

唐朝李绅说"粒粒皆辛苦"，所以稻穗也不是那么好捡的，捡了一天也没什么收获，但这时容闳曾经学过的"魔法"帮了他的忙。

割稻子的农民听说这个十二岁的小男孩会读写英文，立刻产生了好奇心，想想自己活这么大还没听过"洋话"，便让他试着来几句对岸"红毛人"才会说的语言，并承诺会给酬劳。

看在有辛苦费的份儿上，容闳提起精神，壮起胆，巴拉巴拉，把"ABCDEFG"二十六个英文字母全部背了出来。农民们虽然一个也没听懂，但震惊了。

这小孩了不得，咱们听过《三字经》，却从来没见识过这么复杂的"洋话"。

言出必行，打赏。

容闳为此得到了好几捆稻子，喊来家里的大人帮忙才抬了回去，而他自此也在乡间有了一点儿小名气。

一个带着使命出世的人，当然不能总在稻田里背英文字母。1841年，容闳得以赴香港就读，所入学校是当年澳门"预前班"的延续，算是从幼稚园升小学了。

小学临近毕业，主持校务的美国人布朗准备回国。临别时，他告诉自己的中国学生，如果有谁愿意，可跟着他去新大陆，在那里继续接受教育。

一百多年后的今天，美国人的这声招呼也许会吸引一部分人，然而在当时的课堂上，布朗的呼吁迎来的却是尴尬的沉默。

在人们当时的概念里，港澳毕竟是在自己的国土上，突然要去一个从未涉足的土地，需要的可不仅仅是一点点勇气。

清末香港街市，店铺林立。

当年的纽约，一座座摩天大楼已经拔地而起。

全校那么多学生，仅容闳等三人听到后"欣欣然有喜色"。

去！为什么不去？新大陆，这才是一个真正的"从来没有听说过的地方"，意味着今后的人生旅程将更为神奇。

可是，他们三个人的家境一贫如洗，如果自费出国，不知道要捡多少稻穗。好在布朗校长早有安排，与其他校董一起商定，凡是去美国留学的中国学生一律免费，而且孩子的父母还可以得到至少两年的赡养费。

这下没后顾之忧了。1847 年，容闳乘船前往美国。

在海上，庞大的轮船不过是惊涛骇浪中的一枚叶子。到了夜晚，在茫无边际的黑暗中仰首望天，浓云如幕。

可是任何一种景物，在不同的人眼里会有不同的感受。此时的容闳刚满十八岁，血气方刚，心里充满着梦想和冒险欲望。对他来说，海上的种种与危险和孤寂无关，反而是从未见识过的不世奇景。

年轻无价，拥有了它，再小的船也能远航，再大的海也能被装进胸膛，这正是《哈利·波特》的精彩开篇。

经过九十八个日夜，终于到达了纽约。

容闳在香港就读时，曾写过一篇作文，描述想象中的纽约游，可当真正到达这座象征新大陆的异域名城时，仍有一种恍然若梦的感觉。

彼时的纽约，还不是后来的繁华大都市，但已有一片欣欣向荣的景象。要知道，它的历史很短，短到无法与大清的任何一座稍具规模的城市比肩。

容闳需要了解和学习的，正是催化纽约乃至整个新大陆成长的"魔法"。

插柳

在美国，容闳先后读完了初中和高中，即将跨入大学门槛时，他面临一个艰难的选择。

容闳所在高中的校董提出，可以继续对他们进行资助，前提是得写一封志愿书，声明大学毕业后当牧师传道。换言之，"洋庙"免费供你读书认字的初衷，还是为了培养"洋和尚"。

这曾经是容老爸生前给儿子选定的道路之一，但不是容闳自己的选择，因为他已经有了鸿鹄之志。

从小所受到的教育，使容闳对西方的一切有一种天然的亲近，他当时已经受洗加入了基督教，但这跟当牧师是两码事。容闳相信，如果故国土地上的人们能产生真正的宗教精神，则无往而不利，问题是那里的大多数人并不信仰这个。

另外，当了牧师，便意味着失去自由，做什么事都得听从教会，这也让容闳很不甘心——我要手拿魔棒，而不是被魔棒所左右。

容闳的运气很好，他的老师布朗不仅支持学生的决定，而且还为他找到了新的赞助。最终，容闳考入了布朗的母校——今耶鲁大学[①]。

耶鲁大学在美国被称为"总统的摇篮"，后来创造过连出三元首的纪录，但即使在容闳那个时代，这也是一所非同一般的大学，绝没有咒语一念就什么都懂、什么都会那么简单轻松。

尽管已有扎实的基础，容闳仍需要每天用功到深夜，读书读到形销骨立，才算勉强跟得上进度。

容闳似乎天生就不是一个学理科的料，几乎所有功课都不在话下，却只有微积分搞不定，无论怎么用功都不行，翻来覆去总

耶鲁大学神学院图书馆。

① 耶鲁大学：最初是一所教会学校，创建于1701年，1718年更名为"耶鲁学院"，18世纪30年代后，学院逐步发展成大学，于1887年正式更名为"耶鲁大学"。

是不及格。

请问最近的海在哪里？我要跳下去！

这个挂红灯的同学最终没有跳海，原因是幼稚园时学到的"魔法"又在关键时刻帮了大忙。当年他靠一通叽里咕噜得到了稻穗，如今则用"ABCD"写出了一手漂亮的论文，其文采超越他的美国同学，在比赛中屡获第一。

耶鲁大学的学分制度是算平均分，这一平均，他过关了。

大学是"魔法学校"的金字塔顶端，在这里，容闳完全融入了耶鲁大学特有的人文环境。

在耶鲁大学生活的初期，这个带有广东口音的中国学生还梳着辫子，穿着长袍，结果不到一年，除了黄皮肤，辫子和长袍都不见了。

他学会了演讲，学会了拉选票，是耶鲁大学划艇和橄榄球队的主力队员。

他会像自己的美国同学那样，在比赛中挺起胸膛，喊出"冲锋！"然后是"我们必定赢（Win）！"

他是耶鲁名人，是第一个就读并毕业于美国著名大学的中国人。

然而这些却反过来成了他痛苦的源泉。

虽然以前也经历过种种煎熬，比如鸦片战争失败的屈辱、家庭经济难以为继等。可那时的容宏见识有限，没有比较，再难过也达不到深入骨髓的程度。直到留学美国，耳濡目染这里的一切后，他想到大洋彼岸的故国，深感自己肩上的责任重大。

就读耶鲁大学期间，容闳在报纸上用笔名发表了多篇文章，其中好几篇谈到了中国当时的问题，文章中所透露出的经国之才，引起了外界的关注。有一位著名学者曾专门来耶鲁大学找到容闳，要与他进行深入探讨。

除了比赛，在其他场合，容闳仍保持着中国人一贯的矜持与谦逊，但面对那位学术权威，他表现得手足无措，在周围人的眼中，像极了一个难为情的小女孩。

可是容闳的美国同学也许并不知道，在羞怯的外表下，这个"小女孩"其实有着一颗异常坚定的心。

和容闳一起赴美的三名中国学生，一人因病中途回国，一人学了西医。容闳学的其实也可以称为"医"，不过他要医的不是身体发肤，而是一个国家和民族，难度显然非比一般。

当初坐船赴美国途中，容闳等人曾登上一座火山岛，那是一座很不起眼的小岛，岛上幽禁过一位大名人——拿破仑。拿破仑曾说，中国是一头睡狮，当它醒来时，全世界将为之震动。

遗憾的是，这头睡狮睡得太久，所以法国皇帝的预言迟迟没能兑现，一如那座寂寥的小岛。

容闳从拿破仑墓前折下一根柳枝，然后栽种于美国。八年后，当他从耶鲁大学毕业时，发现那棵柳枝已然在新的土地上长成了垂条万缕的大柳树。

经过多年求索，容闳终于在新大陆取得了一根新的"柳枝"。他要回到东方古国，把这根"柳枝"种上去，然后让它成活并长成参天大树。这将是他为之奋斗一生的理想和事业。

油画《跨越阿尔卑斯山圣伯纳隘口的拿破仑》。

第二章

逆风船

1854年，容闳乘船归国。

那一刻，一切仿佛变得很不美妙。登舟之时，岸上看不到一张熟悉的脸孔，也见不到一块挥舞的方巾。

八年前，尚有师生一群人相送；八年后，陪伴在容闳身边的只有一个叫麦克的传教士。

孤寂，是这次旅程的名字，但主人公不再是那个刚刚闯入奇异世界看到什么都觉得好奇的小学生了。他已经二十六岁，身上既有着东方人的坚忍，又具备西式的明智。更重要的是，他可以像一名古希腊勇士那样去搏击了。

暴君和屠夫

容闳搭乘的是一艘去往香港的货船。海上风浪很大，船颠簸得非常厉害，行程既危险又缓慢，比出国那会儿慢了许多天。

船上的世界，犹如一个世俗社会的缩影。

船主是个美国人，神经兮兮，每天早上没事就绕甲板跑一圈，不是做运动，而是向堂吉诃德学习，朝海上的逆风发飙，但堂吉讦德起码还有矛和马，而他只是用嘴。

风啊风啊，你干吗要阻挡我的船，故意为难我！

海风没工夫搭理他，继续猛刮，结果惹得莽汉更加愤怒：两眼暴突，面红耳赤，拼着命用两手挠抓头发，好像要把烦恼一根根拔去。如此折腾一番，精疲力竭了才消停，然后躺床上休息。

跟老天示威并不管用，这艘船在经过一处海峡时整整花了两周时间，大家怨声四起。船主这次没有瞎闹，而是做了一番高论。

"知道我们为什么会遇逆风吗？因为船上有'约拿'。"

约拿是《圣经》中的一位古代先知。据说有一天，他坐的船遇到了暴风雨，眼看就要翻了，众人经过占卜，认定约拿就是罪魁祸首，于是把他扔下了海，扔下去后果然风平浪静。

船主说这话时，故意让容闳和麦克听见。他的意思是，货船本来载货不载人，就是多装了你们这两个倒霉鬼，才如此不顺。

《圣经》里说，约拿被抛下海后，被一条大鱼给吞了，但他待在鱼腹中三天三夜，一点儿事也没有。

约拿是先知，所以能够安然无恙，但凡人做不到这一点，所

西式轮船和中式船舶。

以麦克听后只好对着容闳苦笑。容闳却忍不住了，他不信眼前这个疯子有胆量当众杀人，于是故意提高声调对麦克说："你信不信，要是我来开这艘船，经过海峡十天就够了，哪里用得着两周。"

船主立刻闭上了嘴。他这艘船原本就存在航向选择问题，要不然怎么会一路逆风呢？容闳如此针锋相对地叫阵，直接把他怼了回去。

不过，实际调度船只行驶的不是这个疯子，而是大副。但大副也不太正常，一天到晚只知道拿水手出气。货船上的水手是一些挪威人和瑞典人，他们被船主和大副这两个"暴君"统治着，如同牛马一样干着各种重活累活。

容闳感慨万千。无论船主还是大副，都既可笑又可怜，至于那些水手，只剩下可怜——除了服从命令，他们根本无法改变自身的处境。

回到故乡，容闳才发现，故乡远比船上可怕十倍，甚至百倍。

在他回国的前三年，即1851年，广西爆发了太平天国运动，这股风潮很快波及邻省，广东治安一度陷入混乱。随后有人稳定了秩序，只不过所用方式让容闳无法苟同，概括起来就是一个字：杀！杀得昏天黑地，血流成河。

容闳的寓所离刑场不远，有一天他突发奇想，决定去见识一下。

老天，这是一种什么景象！

街道两旁，无头尸体堆成了小山，全部暴露于烈日之下，没有任何处理。究其原因，居然是处死的人太多，一时找不到合适地点掩埋，只能抛尸荒野。

土地已被血水浸透，形成一种赭色，盛夏中的刑场周围也被毒雾所笼罩。容闳震惊之余又不无担心，广东人口如此稠密，在毒菌弥漫的情况下，如不及时对现场进行处理，难免会爆发大瘟疫。

可是很奇怪，瘟疫并没有发生。容闳经过一番调查才知道，世界上竟有一种简易到极致的埋尸方式，不仅"多快好省"地解决了问题，还间接杜绝了瘟疫发生的可能：找一个偏僻的大沟渠，把尸体往里面扔，一层叠一层，堆满后再往上盖一层土了事。

长年漂泊在外的中国留学生无论如何也难以想象，人的生命竟会被草菅到如此程度，甚至连家禽牲畜都不如。

为之者谁？曰：两广总督叶名琛。

坊间盛传，叶名琛因资产尽被太平军所毁，所以迁怒于百姓。只要有嫌疑被他抓住了，口供都不问，直接杀掉，如同屠牛宰羊一般，迄今已杀七万五千人，其中半数是无辜百姓，与太平军并无瓜葛。

从刑场返回寓所，容闳饭也吃不香，觉也睡不好。白天所见如同恐怖片一样，时时萦绕，构成一整晚的噩梦。

这时的容闳恨死了叶名琛之流的清廷官员。

坏人的对立面当然是好人。他由此对太平军产生了好感，激奋之下，甚至有立即起而响应的冲动。

不过他很快就平静下来了：不行，不能太鲁莽。

谋道与谋食

刚回到国内，容闳就遇到了一件令他非常尴尬的事。

货船靠近香港码头时，岸上来了一位领航员。领航员是个中

清末广州的一处刑场。国内的混乱和血腥杀戮，曾令容闳震惊不已。

国人，美国船主便请容闳临时客串翻译，询问哪里有比较危险的暗礁和沙滩。未料八年的异国生涯，让容闳对本国语言已有了相当的隔膜，他想了半天，也想不起应该如何用中文来表述这两个名词。

就在容闳急得抓耳挠腮之际，领航员开口了，原来此君亦通英文。

太简单了，跟我念："暗礁！沙滩！"

中国人不会说中国话，还要让领航员当国语教员，糗大了，当时便把船主和麦克笑得前仰后合。

这是一个教训。就像开船一样，首先自己必须是个练家子，如果连左满舵、右满舵都不知道，不仅代替不了船主或大副，还有可能被人家抛下海去。

所以容闳要做的，不是马上报名参加太平军，而是在谋道之前先学会谋食。

对于在外飘荡了八年的"海归"来说，这不是一件简单的事，

"暗礁、沙滩"就够他忙乎一阵了。

语言问题比较好解决。毕竟是本地人，人群中泡个半年，几句粤语还能应付。真正有问题的不是说话，而是写字。出国之前，容闳只断断续续学过四年中文，连私塾水平都达不到，加上他是广东人，掌握起来就更加困难了，如果不加以解释，许多话根本不知道什么意思。

中国文字复杂就复杂在这里，而这还是初级阶段，远未达到能吟诗作赋的水平。不过，用于跟沿海的洋人打交道已绰绰有余。

容海归的优势是"洋务"，谋生也从这里开始。

他的第一份职业是跟着洋人做秘书，活不多，工资很少，不过容闳选择这份职业并不仅仅为了赚钱，最主要的是看中了对方的身份。

这位洋人虽是美国传教士，但又区别于普通的传教士，他是美国驻华代公使。

通过"叶名琛屠人事件"，容闳发现东方古国的重臣拥有非常大的权力，生杀予夺在他们只是一句话。相反，老百姓的地位十分卑微，乃至连生命都可以被随意剥夺。

想想吧，自己虽然喝了那么多的洋墨水，可说一千道一万，亦不过是个平民百姓，以这样的身份来办事，又会有多大成效呢？

容闳不可能再去参加科举考试，自然就做不了官，那么，要实现自己的理想，就只能依靠官。他的计划是跟着代公使找到与大清重臣见面乃至结交的机会。

可他很快就失望了。代公使与公使，虽然仅一字之差，却隔着千山万水。这个"代公使"属于应景性质，挂个名而已，平时没什么事可做，他自己也难得与大清官吏谋上一面，更别说身边

香港中环街市。

的秘书了。

三个月后，容闳辞职了。这时有朋友推荐他去香港担任审判庭译员，工资是原来的五倍，这能不去嘛！

译员也不过是个办事员，审判庭里的主角是律师，薪水更高。

要谋食，当律师。容闳响应了这一"号召"，然而还没等他一只脚迈过门槛，就被一顿乱棍给赶了出来。

染缸或自守

这个世界，到处是各种不知深浅的码头。鸦片战争后，香港沦为英国的殖民地，香江法律界便成了英国人的码头。

一个黑眼睛黄皮肤的中国小伙，在旁边老老实实做翻译，打打下手也就算了，偏偏还要跟我们一样戴披肩假发，穿黑色长袍，你算什么东西？

有人危言耸听地说："这姓容的横跨中西两界，既会'ABCD'，又会'之乎者也'，以后凡华人诉讼案件，岂不是要被他一个人所垄断？这是在砸大伙的饭碗啊！过不了多久，我们这些英国的正牌律师，就只能收拾行李回老家了。"

于是，在港英国律师对容闳群起而攻之。

没有拜码头，后果已经很严重了，而没有拜码头上的大哥，足以致命。

这位大哥是总律师，权力和名头远在一干普通律师之上。其实，他本来特别看好容闳，按照殖民地法律制度，原先不允许居港的中国人取得律师资格，但为了让容闳能当上律师，此君曾专门上书英国政府请愿，从而解除了这道禁令。

人家肯出这么大力气，当然不是一时冲动。当时律师分大小两种，那些有资格站在法庭之上进行辩护的是大律师，而小律师不能出庭，只能为大律师准备辩护材料，刚入行的人必须从小律师做起。

容闳是耶鲁大学的首位中国毕业生，如果能当上律师，会创造一个之最。这样的人，假如能招致麾下，无疑会使自家门庭更加显赫。

总律师是这么考虑的，可容闳并没有主动上门递帖子，而是跟随另外一个大律师。

这个中国人如此不懂"江湖规矩"，令洋人又羞又恼。他一反之前着力提携的态度，每次在法庭上都对担任译员的容闳吹毛求疵。

初入社会的容闳为自己的少不更事付出了惨痛代价，律师梦

容闳在耶鲁大学的毕业照。青年时代的容闳，有一股难得的傲气，不管个人境遇如何，始终拒受大染缸的诱惑。

自此破灭，港岛也待不下去了，只好前往上海。

这次他是去海关上班，依然做翻译，不过薪水比在香港时高，而且工作也没那么累。

能借此谋生，也不错了。

工作待遇虽好，但有一件事让容闳忍受不了：船上的商人和海关职员狼狈为奸，一方行贿，一方受贿，从上到下，人人习以为常。

这是一个大染缸，长此以往，自己肯定会成为他们中的一员。年轻人不愿与之为伍，他决定辞职，不过这次得找个"正当"的理由。

某天，容闳径直闯进税务司办公室，当面提了一个问题："请问，我在海关将来的前途如何，能升到您这样税务司的职位吗？"

税务司是一个英国人，他马上答道："绝对不可能。"

容闳二话不说，扭头就走，回去后就写了一封辞职信。

> 我是美国耶鲁大学毕业生，和阁下接受的是同样的教育，而且我是中国人，为自己的祖国服务，然而却不能享受同等的权利，乃至拼死拼活，也不能当上税务司，那我还有什么奔头？

接到信后，税务司愣住了，他从来没有见过一个中国人辞职会这么有底气。别说在洋人高过一切的中国海关，就是在英国，这样尥蹶子走人的例子也很少。

税务司见多识广，立即回过神来：嗨，什么权利不权利，这小子肯定是嫌工资低，所以拿辞职来要挟我。

这样一想，就比较好理解了。在西方职场，当着老板的面要求加薪是一件很平常的事。

早说嘛，何必如此，那就加，加到两倍。

一众同事的眼睛瞪得像牛铃，以为容闳会因此触怒上司而被炒鱿鱼，不料因祸得福，不但没事，还加了薪。

可容闳的反应出乎所有人意料。对加薪他不仅不高兴，反而很气愤，气愤于税务司对待中国人的态度。

这些洋人是不是都这样，以为中国人个个贪小便宜，给点儿小恩小惠就可以打发？你为什么不明确地答复我："容 Sir，只要你好好干，总有一天会当上税务司。"

不过想到这里，容闳自己也笑了。他知道，就算是这样，他也不会留下来。

站在轿子旁边的西方旅行者。

耶鲁会曾忠告自己的每位学生："廉洁是你自信的基础,这座大堤一垮,就什么都完了。"

一个要做大事的人,必须守住底线。容闳不是不知道钱好,然而他有更高的目标,染缸与自守之间,他只能选择后者。

第 三 章

寻寻觅觅

一年不到，换了三个地方，打了三份工，跳了三次槽，这样的简历足以让所有招聘单位皱起眉头。

容闳不是一个天生喜欢跳槽的人。他也知道，如果一直这样换来换去，要实现人生理想恐怕很难，弄不好还会落入一事无成的窘境。

对"频繁跳槽"容闳也曾犹豫过，但没有后悔。

在当时，偌大的中国，像他这样完整接受过西方教育的中国人可以说寥寥无几，他必须学会自我珍惜，不放过任何一个可能造福于国家和人民的机会。

来而不往非礼也

容闳在上海一家英商公司找到了新工作，不过对他来说，这里仍然是暂时栖身之所，而非久留之地。

有一天晚上，容闳在教堂做完祷告，出来后迎面撞上了一群醉醺醺的洋人。他们人手一盏灯笼，边走边唱，东倒西歪。街上的行人见到后，犹如看到豺狼虎豹，唯恐避之不及。容闳不想招

昔日的十里洋场。

惹这些醉鬼，无奈靠得太近，想闪也来不及了。

其中两人蹿了上来，一人夺走容闳的灯笼，一人抬起脚就要动粗，只因醉得实在厉害，双腿根本使不上力，晃晃悠悠差点儿摔倒。一行人里也有没醉的，不但不加劝阻，反而围观取乐。

容闳不与醉鬼计较，只跟清醒者说理，在用英文说出自己的姓名后，大声喝问抢灯笼的人是谁。

这群洋人刚才还乐不可支，现在傻眼了，意识到面前这个中国人不好惹。

起先他们沉默不语，容闳便缓和了口气，告诉对方就算自己知道是谁抢灯笼，也必不会与之为难。

他们这才开口说："好吧，你说话要算话，他是……"

了解肇事者姓甚名谁，容闳差点儿笑出声来，原来此君是载他回国时那艘货船上的大副。

现在的情况是，大副还是那个大副，船主仍是那个船主，可曾被他们威胁要扔下海去的青年成了英商公司的职员，而这家英商公司正是货船的大客户！

第二天早上，容闳写了一封信给船主，把事情从头到尾原原本本地讲了一遍，并表示："我不想为难你的大副，但他必须为此向我道歉。"

船主看完信就急了，连忙把还蒙在鼓里的大副喊来："你说怎么办吧，得罪谁也不能得罪客户，现在你等于得罪了我们的上帝。"

大副脸色大变，乖乖地登岸赔罪，还被吓出一身冷汗。

两个月后，容闳又碰到了一件意外之事。

当天，英商公司停止营业，当众对物品进行了拍卖。卖场内人头攒动，容闳忽然发觉有人在背后拨弄自己的发辫，回头一看是一个膀大腰圆的苏格兰人，辫子上已经被恶作剧地系了许多棉花球。

容闳态度平静："先生，请你把棉花球拿掉。"

大概捉弄中国人已经成了习惯，这个苏格兰壮汉两手抱胸，置若罔闻。

"好吧，我再重复一遍，请改正你的错误。"

这次得到的回答竟然是迎面一拳，容闳猝不及防，脸颊上挨了重重一记。

壮汉幸灾乐祸，以为受害者的第一反应是捂着脸喊疼，然后落荒而逃，可是他错了。

来而不往非礼也！容闳回击了一拳，同样是朝着他的脸盘子。

论身高，容闳只及洋人的肩膀，看上去是一个极不相称的对手，然而天生倔强的性格和耶鲁大学橄榄球队员的身手，改变了双方的力量对比。

容闳被打，痛则痛矣，终究没有出血，但苏格兰人就惨了，血流满面。惊惶之余，他一把攥住容闳的手臂，容闳腕力不及对方，一时挣脱不开。可这难不倒他，使不出"咏春拳"，我还有"佛山无影脚"呢！

这一脚不踢便罢，要踢就踢你的"命门"！

在场的人中有容闳所在英商公司的老板，见状怕事情闹大，急忙上前将两人拉开。

不过这时候谁都看出来了，如果没人劝架，吃亏的不是容闳，而是那个已然气馁的洋人壮汉。后者心知肚明，趁隙溜走了。

苏格兰人落荒而逃，同伴不能不为他捡回些面子："兄弟，你想跟我们打架是吗？"

容闳昂然回答："我不想打架，是你的朋友挑衅在先。"

这一天，知道此事的洋人全都震惊了。在租界，洋人欺负中

上海街头，巡捕房的中国警察正在维持秩序。

国人是家常便饭，然而从来没有一个人敢抵抗，更别说赤手空拳反击且还获胜了。

围观者中有英国领事，他不禁感叹："中国少年，有血气！"

前后两件事，让容闳渐为人知。

傲骨可嘉

要动口，跟你据理力争；要动手，咱们一对一较量。在上海租界，敢这么做的中国人，只有一个容闳。

这不是喜剧，而是悲剧。大多数的中国人，当受到外人欺负时，不是吃哑巴亏，就是一味退让，时间一长，洋人便理所当然地认为东方人性格懦弱，所以他们才敢肆无忌惮地戏弄你。

这个时候，容闳终于明白，要让这些理念在东方的土地上生根发芽，一个人的力量是多么渺小。他带回的那根象征新思维的"柳枝"，日后即便勉强成活，也无法从根本上改善眼前的状况。所以需要派出很多像我这样的人，让他们留学新大陆，如此，"柳枝"才能成行成林，直至铺成绿洲。

这是一个规模宏大的"植柳计划"，只是容闳如今连自己的那根柳都不知道种在哪里，所以短期内看不出付诸实施的可能。倒是饭碗问题再次紧迫起来：英商公司关了门，容闳自动失业。算起来这已经是第四次了。

怎么办呢？

天无绝人之路。回国后的两年，容闳一直没有放弃自修中文，此时已经大有进步，这让他找到了一个新的活法——干脆我哪儿也不去，就在家里译书，如此无拘无束，岂不甚好？

除了通过译书赚钱，容闳也从外面接活，翻译一些零零碎碎的文字材料。

　　当年在美国上大学时，容闳的文章曾多次获奖，文采颇佳，连很多英美人望尘莫及，所以这门生意渐渐红火起来。

　　吾国多灾多难，尤其"华夏水患，黄河为大"。其时黄河决口，成千上万的苏北灾民涌入上海谋求生计。中国商人在自行组织慈善赈济活动的同时，也想到能不能动员洋人做点儿好事。

　　空口白话不行。有人找到容闳，请他用英文写了一份劝募启事。启事一出，效果出奇地好，很快就从驻沪洋人那里募集到了一笔善款，由此容闳一跃成为上海名人。人们以前只听闻此中国少年有血气，现在才知道他还是耶鲁的高才生。

　　熟人多，路子就多。经朋友推荐，一家外资公司聘请容闳作为他们分公司的买办。买办相当于外商聘用的中方经理，不是一般职员，薪水非常优厚，但容闳出人意料地婉拒了。

　　他说："我不能做买办，因为不能损害母校的名誉。

　　"我的母校耶鲁是培养领袖的世界一流名校。可买办是什么身份，不过是外资公司中'奴隶的首领'。如果我充当了'奴隶的首领'，则无异于使母校蒙羞，我的老师和同学听到后，情何以堪？"

　　洋人经理被他说得一愣一愣的，说："不想做买办，那你要做什么呢？"

　　容闳早就考虑好了。

　　"假使可以，我愿意做公司代表。我代表公司去内地收购丝茶，赚钱后你愿意给工资也好，给提成也罢，都行。"

　　容闳如此提议并不是矫情或玩文字游戏。要知道，奴隶的首领还是奴隶，既然请我到你们公司担任高级职员，那就要堂堂正

江南制造总局翻译馆。

正，独立自主，不能任由上面的洋人对我喝来唤去。

让一个年轻的中国人做公司代表，似乎和"要当税务司"一样不现实，可容闳是一个能够创造奇迹的人。

几天后，外商破例同意，并托人带话说"容先生傲骨可嘉"。

长江调查

这个"公司代表"几乎相当于一个独立商人。容闳有胆毛遂自荐，缘于他对相关业务并不陌生，原来就职的英商公司的主业就是收购中国丝茶。

世上的经商方法大同小异，无非是"低价收进，高价卖出"。当然，在此之前，你一定得知道，究竟哪个地方的生丝或茶叶质量最好，价格最低。

容闳坐船沿长江两岸进行了一番调查，此次行程，让他对中国内地的现状有了更深一层的了解。

在自修中文的过程中，容闳翻阅过很多国内旅行家的日记，里面无一不在讲述内地的繁盛，特别是沿江地区，堪称南方的黄金地带。在他的想象中，这里一定人烟稠密，经济发达，起码要远胜广东沿海，然而实际情况并非如此。

触目所及，不是繁盛，而是荒凉。

容闳出行的时候，正值春夏季，本来是播种的大好季节，田间应该聚集着忙碌的农民和耕牛，但这些都没有看到，沿途就连居民都很少见。

只有一样东西很多，那就是军营，太平军和官军凭营对峙，互不相让。

即使没有被战争殃及的城市，也与游记中那些美丽的形象相去甚远。几乎每座"名城"都脏得要命，城中河道就像洗墨池，垃圾更是堆积如山。

与其说它们是城，不如说是一座座传播病菌的垃圾场。种种迹象表明，这些城市的管治系统早已崩塌。

记忆被完全颠覆，而颠覆的名单里竟还包括"人间天堂"的杭州……

经过沿江调查，容闳发现离杭州较近的绍兴符合经商条件，那里的生丝很有名。可绍兴也是一座"垃圾场"，在那里待了不到两个月，他便染上疟疾，第一次独立经商被迫夭折。

容闳受到了强烈刺激，在这一刻，他也许会想起一句古老俗语："宁为太平犬，莫作乱离人。"

出于对"屠夫"叶名琛的愤恨，他曾经有过参加太平军的念头，如今虽已没有了当年的冲动，但对太平军始终保留着一种好感。

清末经历战争后的南北各地，处处呈现出衰败景象。

　　在理想多次碰壁后，这个新兴的军队和政权更有可能让人梦想成真。

　　生意暂放一边，容闳决定策划一次冒险之旅：深入太平军所在区域一探究竟，终点站是太平军都城——天京（南京）。

优秀者

　　太平军是一群什么样的人呢？

　　起码一点，他们不仇外，相反，对外来客表现得很友好，不仅主将亲自接见，还馈赠礼物。

　　这使容闳得以对沿途民情进行从容观察。在太平军所控制的地区，田野同样荒芜，杂草丛生，看不到庄稼的影子。房屋大多是空的，只有路上偶尔会碰到一两个提着小筐叫卖的老人。显然，能逃的都逃了，只剩下逃不掉的人还在苟延残喘。这正是古书中所谓"十室九空"的惨状。

事实上，如今的惨状正是三方"共同努力"的结果：官军、太平军和趁机作乱的土匪。

容闳的心开始沉重，不过让他稍感安慰的是，当地秩序正在好转，驻扎江南的太平军看起来对老百姓也不错，双方相处得很好。这些要归功于一个年轻的太平军将领——李秀成。

时间已进入到 1860 年。太平军前期的老将死的死，走的走，扛大旗的成了年轻一辈，其中最耀眼的便是忠王李秀成。对手对他有四个字的评价：百战悍贼。

的确，这是一个军事上的奇才。在李秀成完全展现身手之前，天京已被清军精锐重重围困，清军所建立的江南大营曾像巨蟒一样紧紧缠住太平军。李秀成执掌军权后，立破江南大营，大清政府的主力部队顷刻瓦解，太平军从此得以牢牢占据这块江南富庶之地。

忠王的优秀，不仅在于军事。他掌握大权后，严禁烧杀抢掠，并特地颁令"三不许"：不许残杀平民，不许妄杀牛羊，不许纵烧民居。有违其一，杀无赦。

李秀成巡视各地，一旦发现有太平军将领纵容部下或土匪焚烧民居，便立即抓起来，当场斩首示众。

除此之外，他还礼贤下士，悬重赏以募奇才。

西方人所绘李秀成画像。

在太平军军营，容闳见到过几个金发碧眼的洋人，一打听，原来人家已经加入了太平军。

这些洋人说到底都是一些海外冒险家。他们投奔太平军，有的是因为在母国混得不如意，有的是军事发烧友，只要不打仗就手痒痒，还有的是来推销军火，可谓各怀所欲。但是，李秀成及其部将都能厚待他们，足见胸怀非同一般。

天国遗恨

天国的大门对容闳完全敞开。这个天国，就是太平军所建立的新政权——太平天国。

在天京，容闳遇到了一位故人。这位朋友原来的身份是美国传教士，不过如今不一样了，他身穿黄缎袍，脚踏厚底靴，往那一站挺有派头。让容闳忍俊不禁的是，他连走路的动作都一步一挪，学得跟朝廷官员一样慢腾腾。

看来官位不低，莫非是太平天国的"国务卿"？

容闳猜错了，如果说太平天国有"国务卿"的话，也不是此君，而是另有其人。

在香港做译员时，容闳结识了一位叫洪仁玕的中国传教士。洪仁玕是太平天国运动的始创者、天王洪秀全的族弟，为避祸逃到港岛当了传教士。

香港是自由港，洪仁玕免不了要宣传一番太平天国的好，正巧容闳对此感兴趣，两个年轻人便碰到了一起。洪仁玕当时说，他迟早会想办法去天京投奔族兄，希望将来有机会与容闳再聚。

多年后，两人果然重逢。这时候的洪仁玕可不得了，他被洪

秀全封为干王，一人之下，万人之上，确实称得上是太平天国的
"国务卿"。

洪仁玕并未因富贵而忘记前约，他对容闳非常热情，一再询
问对方是否有兴趣加入太平军。

无法结交大清重臣，此时容闳不能不筹谋，也许太平天国能
替代清政府，帮助他实现梦想。

当然，这同样需要先得到天国的赏识才行。

李秀成很优秀，但他一直在外打仗，容闳连面都见不到，至
于洪秀全这个天王，更是只闻其声不见其人，容闳唯一能够抱有
期待的只有干王洪仁玕。当着洪仁玕的面，容闳提出了一个一揽
子改革方案，七条建议中，涉及教育的就占了四条。

容闳说："如果您能采纳我的这个方案，在下不才，愿为马
前卒。"

洪仁玕是见过世面的人，非常赞同这个方案，可是却不能
采用。

容闳得到的只是一个"义"的爵位。按照太平天国的官制，
"王"是一等爵，"义"是四等爵，容闳以一个平民身份就获得了
四等爵，由此可以看出，洪仁玕很够朋友，也很看重他的才华。

然而这并不是容闳想要的，他不是那位穿黄缎袍的美国传教
士，他需要的是一个施展抱负、实现理想的机会。

为什么不能厉行改革呢，那样哪怕给你做小兵都可以啊！

容闳并不知道，其实洪仁玕到天京后编写过一部很有分量的
政书——《资政新篇》，里面的措施比后来的洋务派都激进，几乎
是把西方的治国经验全部搬了过来，容闳提出的方案在上面早就
有了。

悲哀的是，这部政书看不到任何更好的前途，而洪仁玕看

洪仁玕《资政新篇》所提出的一些措施比日后的洋务派还激进。

似高高在上，实则毫无实权和影响力，难以推动太平天国出现新局面。

最有见识的人都无能为力，容闳对此感到失望。他告别洪仁玕，离开了天京。

四年后，即1864年，天京陷落，太平天国运动失败。

第四章

偶像在召唤

天京之行令容闳郁闷不已。清廷搭不上边，太平军又不足恃，还能依靠谁呢？或许还是得靠自己。

赤手空拳一平民，容闳如今会的也就是经商，因此转了一圈，他又回到了老路上。

要做大事，就得要有大钱，如果像在绍兴那样冒着传染疟疾的危险，至多不过赚些小钱度日，依然是什么事业也成就不了。

可天上没有白掉的馅饼，到哪里去赚大钱呢？

午夜啸声

一群茶商在聊天，提到了安徽太平县（今黄山区）。

无论卖茶的还是买茶的，没有人不知道太平县的大名，那是著名的采茶基地。在过去，能经常喝到太平茶叶之人，非富即贵。可自从皖省要道被太平军控制之后，茶叶运输就变得异常艰难，太平茶叶因此身价倍增。

有人说，要是能到太平县去运茶叶，肯定发大财。

众人叹息着，但仅限于此。

没有谁不想发大财，可问题是这条求财之路过于凶险，大家都是有家有业的人，就算阎罗王椅子底下堆满了金砖，你敢去搬吗？

说者无意，听者有心，容闳就坐在这群茶商中间。别人不敢，他敢，而且立即向所在公司提出建议。

都是做生意的，老板能不知道这是商机吗？只是苦于找不到愿意去的人。现在你肯去，那再好不过了。

在公司的支持下，容闳组织了一个四十多人的团队，分乘八条船溯江而上，其中两条船最为重要，用来购茶的四万两银圆就装在里面。

容闳离开天京时，洪仁玕曾给他开具特别护照，允许其在太

商人之间的聚会，聊天的同时也意味着商机。

平军管辖范围内通行无阻，来去自由。

特别护照不是谁都拿得到，只要把这宝贝往上面一递，对方就明白你一定认识朝中权要，是有人罩着的，自然不会为难你。

然而危险仍无处不在。

作为整个团队的负责人，容闳比别人更多一层担心。天一黑，他就把船只集中于河湾偏僻处，安排专人值守。

半夜，忽然隐隐约约地传来一阵呼啸声，声音由远而近，在伸手不见五指的旷野，显得格外凄厉和惊惧。

容闳心里一动，他一跃而起，迅速唤醒船上同伴。

随着啸声望去，无数火把逶迤而来，约有千人之多。种种迹象表明，来者既非太平军，也非官军，而是最难捉摸的敌人——土匪。

如果是面对面作战，一般土匪均非太平军或官军的对手，但土匪的可怕之处在于无章可循且无理可讲，任何护照在他们看来形同废纸。众人无不失色。

整个团队虽有四十多人，但只有六个从上海雇来的洋人手里有枪，这是船上唯一的防御武装。

洋人枪手长期受雇当保安，风里来雨里去，但从未见识过如此惊心动魄的场面。其中一人从前是做兽医的，身材高大魁梧，依然被吓得不知所措。

洋人尚且如此，其他人更加惶恐了：赶快投降，交钱保命吧。

除了容闳。

形势明摆着，就算船上人人有武器，也无法做到以一敌千，况且容闳并不是那种为了钱不要命的人，四万两银圆与四十条性命，孰轻孰重，他掂量得出。

问题是这些钱不是他个人的。

既受公司之托，就有责任设法保护，如果什么都不做就交出去，那以后谁还会信任自己呢？

容闳站出来说："大家不要怕，如果土匪来打劫，由我去跟他们谈判。我们有太平军发的护照，他们认这个最好，不认的话再交钱，然后我去天京告状，让太平军帮助追回。"

听容闳这么一讲，众心稍安，那就再等等看吧。

时间一分一秒过去，随着呼啸声越来越近，土匪们聚拢在一起，并一批批上了船。

大家的神经逐渐紧张到了极点。幸好，土匪的船只都背道而驰，往另外一个方向去了。

沉沉夜幕犹如一件隐身衣，在它的遮蔽下，杀人越货者未能发觉河湾深处的大财源，瑟瑟发抖的人们得救了。

容闳的安徽之行虽出生入死，尽心尽责，然而并没有达到当初赚大钱的目的，原因是他又生病了。

这一病，什么都耽搁了，前后从太平县运出的茶叶尚不及当地库存的十分之一，加上设卡的太平军收税很重，使得公司利润和容闳所得报酬受到很大限制。简单来说，钱是赚了，也证明了容闳是一个成功的商人，但要用这点儿钱来办惊天动地的大事业，还是太过遥远了。

成为一名成功的商人从来不是容闳的终极理想，于是又一个梦想化为泡影。

此后，那个令人心悸的午夜啸声经常从记忆中跳出来，让容闳意识到自己曾是何等莽撞，所谓跟土匪谈判纯属自欺欺人，对方极有可能二话不说，上来就是一刀。

死没有那么可怕，每个人都要死，可是死又非常可怕，因为你不可能像玩游戏一样，拥有复活的机会。

茶叶装箱。

生命只有一次，失去了便无法挽回，假如稀里糊涂死在土匪手里，必定毫无价值。一想到这里，容闳便浑身冒冷汗，再也不允许自己轻易去冒险了。

他从公司辞职了！尽管安徽之行令商界对这个年轻人的勇敢和淡定刮目相看，许多公司争相延聘，但他还是选择了做独立的民间商人，为自己打工，能低调就低调。

他不能为了一夜暴富再次尝试这种危险的游戏，他要学会静静等待，等待命运交付的机会。

两个总督

如同梦境中一般，窗外再次出现了猫头鹰信使的影子。只不过在看过这封信后，容闳有的不是喜，而是惊。

信是一位熟人写来的，其身份为湘军大帅曾国藩的幕僚。在信中，这位熟人言道，曾国藩听说了容闳的大名，很想见上一面，他因此受命来信相邀。

容闳在拜访天京时已了解到，太平军的真正强敌并非清廷八旗军，而是来自湖南的湘军，其统帅即曾国藩。

容闳接到这封信时，湘军在军事上已完全压倒太平军，天京正处于日暮途穷、岌岌可危的形势之中。

作为强军统帅怎么会想要见区区一个小商人呢？更何况，写信的那位"熟人"谈不上真的很熟，只不过认识而已。一别经年，突然寄来这么一封信，究竟是好意还是另有缘由，着实令人无法揣度。

"别是因为我去过天京，便断定我是太平军的奸细，从而来个

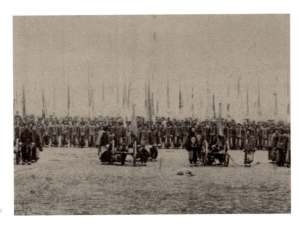

湘军战阵。

'秋后'算账，以信为诱饵，把我骗去杀掉吧？"

想到这里，容闳不由心惊肉跳，回信一封："新茶刚上市，生意都来不及做，等过些日子一定上门拜见。"

想引我上钩，没门！

两个月后，"熟人"再次来信，意思差不多，唯一不同的是上次是一封，这次是两封，还附了另外一个熟人的信。

这个熟，是真正的熟，足以让容闳放心的熟。

容闳留学海外，所有学科里最怕的是数学，不管怎么下功夫，总是不及格，所以他对精通数学的人特别佩服。

新添的这个熟人叫李善兰，天生的数学头脑，九岁能翻阅《九章算术》，十四岁能读懂《几何原本》，成年后翻译"微积分"。那些让容闳头疼不已的算术题，在对方看来只是小儿科。

如果李善兰不算人才，还有谁是人才呢？

这样的人才也做了曾国藩的幕僚。另外据李善兰说，他认识的两个机械专家，如今也在曾府效力。

李善兰告诉容闳，曾国藩此番相邀的确没有其他意思，就是礼贤下士，希望你弃商从政，以完成一番宏愿。

容闳放心了，同时隐隐然有了一种恍惚之感。

他回国后的第一份工作是跟着洋人做秘书，那时他就想通过这一渠道认识大清重臣。只是一晃好些年过去了，别说重臣，连个小臣都结交不上，自己的理想之舟一再搁浅。如今这位是真正有实力的重臣，而且不需要卖力巴结，对方就上门来请了，有了他的帮助，理想的实现应该不那么难了吧。

想到这里容闳喜不自胜。

到他启程前往安庆拜谒曾国藩之前，曾国藩共托人来信三次，如果不是知道容闳确定前往，恐怕还会继续来信。

到了安庆，容闳才发现这里人才众多，除了李善兰等数学家、机械专家外，还有其他精通天文、地理、时政、法律等各个领域的高手，总数达三四百人之多。

这一年，湘军主帅五十岁，刚刚被授予两江总督之职，做他的幕僚，不见得薪水比其他地方高，但为什么能吸引这么多人才呢？

有人说是因为事功。曾国藩将湖南民兵打造成了一支异常骁勇的正规军，几年之内，使得势力蔓延于长江两岸的太平军顾此失彼，范围越缩越小，最终沦于失败。

更有人说是道德。这时的曾国藩，达到了他个人权势和声望的顶点，其影响遍及沿江各省，所保举官员，清廷无一不准，几如全国听命于其一人。但他从不滥用职权，在个人品行上几无污点，因此被称为道德完人。

那个时代，即使是容闳、李善兰这样自视甚高的社会精英，也把曾国藩奉为泰山北斗一样的偶像。能给自己的偶像做助手、当参谋，没有人不愿意。

此时此刻，假使愿意回溯，容闳会联想到另外一位总督，那个令他十分讨厌的两广总督叶名琛。

曾、叶之间似乎是不能相比的，一个如雷贯耳，一个声名狼藉，但他们其实又是可以

曾国藩在他所处的时代，获得了近乎完美的社会评价。

相比的，二者甚至带有一定的延续性。事实上，叶名琛曾是清政府出类拔萃的能臣，如无意外，他的"事功"足以夸耀于世。

容闳看到的是残酷的杀伐，但叶名琛看到的却是广州城外汹汹而来的"洪兵"。

在容闳归国的 1854 年，太平军在广东策划了洪兵起义。洪兵，即洪门造反军的意思，其基干为洪门，即广东天地会成员，因以头戴红巾或腰缠红带为标志，所以又称红巾军。

红巾军没有稳定的纲领，如果有的话，就一个字：抢。它对底层贫民具有极大的诱惑力，数月之间，参加洪兵的人数多达几十万。随着红潮席卷而来，别说广东富户，就连普通百姓也难逃劫数，乃至"破金裂衣"、家破人亡。

叶名琛据守广州，拥有正规军不过一万五千人，四面围城的洪兵主力则多达二十万。在形势最为危机的时刻，这位进士出身的文官亲自坐镇城北高楼，组织兵勇殊死抵抗。

太平军将士，从武器配备来看，属于精锐部队。

洪兵势众，但他们缺乏太平军那样的作战意志和严格的军纪，只要从精神上予以打击，对方必败无疑。

在洪兵起义达到高潮期间，叶名琛亲自勾决犯人，有时一天杀洪兵达千人，这才有了容闳所看到的那触目惊心的景象。

毫无疑问，这种镇压手段非常残忍，但在乱世，效果又十分明显——半年过去，叶名琛不仅守住了广州城，而且还将残余洪兵逐出了广东。

清末史料记载，除了一些基本的天地会成员，大部分洪兵都是临时加入，很多人是看到别人抢东西也跟着抢，最后便形成了一股乱流。

叶名琛不是为杀而杀，他是要杀给其他人看，想让闹事者看到后再也不敢跟着洪兵起事。像容闳这样见过血腥镇压场面后反而萌生加入太平军念头的人，终究是极少数。

总结"成功秘诀"，其实就是曾国藩说过的一句话："用霹雳手段，行菩萨心肠。"曾国藩也是用这种办法稳住了湖南的局面。

不能跌在同一座坑里

与容闳起初的猜测不同，叶名琛其实非常能干，并不同于一般的庸官俗吏。

他不仅能掌军事，搞经济也很有一套，在他担任两广总督期间，广东财政始终傲视各省。特别是太平天国运动爆发后，邻省粮饷、军械几乎全系广东接济，仅输出的军饷就以千万两白银计。为此，叶名琛深得舆论赞赏，被朝廷拜为体仁阁大学士。

在大清的官衔品级中，体仁阁大学士属于正一品，相当于宰相，文官混到这里算是修到最高境界了。

要是皇帝就此下诏，让叶名琛进京做"宰相"，那他的人生有可能耀眼到连曾国藩都无法与之媲美。可惜上面的意思是，让他顶着"宰相"的名义继续留任广州，事情终于不妙起来。

1857 年，第二次鸦片战争爆发后，英法联军进攻广州。

大敌当前，叶名琛仍十分镇静。

几年前，英国人曾想侵入广州城，当时刚担任广东巡抚的叶名琛采取了固守城池的办法，结果英军不战自退。

叶名琛因功被封一等男爵，这是他第一次办"外交"，并且一下子就尝到了甜头。

为什么英军会不战而退？

叶名琛得出的结论有两个：其一，洋人只爱做生意，广州这么富足，怎么肯把它打得稀巴烂，以致自绝财路呢？其二，广东人勇猛，真要交战，对方不一定能赢。

于是，到英法联军再次进攻的时候，无论形势怎么紧张，叶名琛都相信，对方只是虚张声势，时间一长，彼辈必退。

然而他犯了一个错误，一个非常致命的错误。

上一次英军不战自退，并不是怕炮火炸烂广州店铺或者畏惧广仔们的拳脚功夫，而是当时欧洲正在打仗，英法两兄弟急着同俄国抢地盘，自然无暇顾及远东。

这一次，欧洲那边大大小小的战事已经摆平，俄国人也落败了，英法有足够的时间和精力跑来远东对付中国。

其时，广东的正规军大多被派往江浙与太平军作战，叶名琛能调动的兵力有限，所以广州城两天便告失守。这位封疆大吏被英法联军俘虏，最终绝食而亡。

临死自署其名：海上苏武。

一个能臣就这么倒下了。广东人还笑话他误国，用"六不"来评价他，谓之"不战、不和、不守，不死、不降、不走"。

没有人再记得他的努力，他的功劳，他的坚持。

叶名琛吃亏在不懂"洋务"上，这是见识所限，也是那个时代大多数人共同的局限性，就像以虎门销烟闻名的林则徐，当时对国外情形也是一知半解。

作为后继者，曾国藩要想不跌入同一个坑里，就必须寻求突破。随着国内战争渐渐进入尾声，他对洋务和洋务人才表现出了异乎寻常的热情。

容闳到达安庆的第二天就受到了曾国藩的接见。两人见面，曾国藩起先含笑不语，只是上上下下打量容闳一番。

这第一个照面，把容闳弄得坐立不安。

他不知道，曾国藩选用人

叶名琛其实是一位颇有作为且极具气节的能臣。

才，相面是其一大绝招。他仅靠眼睛观察，便能判断出你适合做什么、不适合做什么，据说从无差错。

曾国藩对容闳说："你是一个有胆识之人，是为将才。"

容闳适合做将军，可他有比将军更高一层的志向。曾国藩很快就察觉出来了，于是在第二次约谈时便开门见山。

"要做对中国最有益的事业，你认为应从何处着手？"

如果容闳完全不打腹稿，很可能会将那个宏大的"植柳计划"和盘托出。然而在安庆的这几天，他已了解到，从曾国藩到一般幕僚，此时的热点都聚焦在"洋务"上。

一口吃不成胖子，想想自己初来乍到，不能把盘子做到吓人的地步，所以他决定暂时将"植柳计划"搁置一旁，先把自己手中的那根柳枝插上。

"我认为，应该建工厂，不过不是一般小工厂，而是一所可以提供制造机器的工厂，相当于母厂。

"有了母厂，便能产生各种各样的子厂、分厂，以后无论制造枪炮、农具、钟表或其他，都不再成为问题。"

......

一周后，曾国藩颁发委任状，授予容闳五品顶戴，委其全权赴美国采购机器。

这两人即将揭开的是一块近代风潮的序幕，日后它被史家正式命名为"洋务运动"。

第五章

翱翔夜空的鷹

每个国家都会有自己的麻烦事。

容闳赴美采购时，正值美国爆发南北战争，到处剑拔弩张，新大陆面临着一场艰难的抉择。

战争延缓了交货日期，直到 1865 年春天，容闳才第二次返回中国，离他留学归国，一晃已经十一年过去了。

岁月催人老，转眼将跨入中年，但总算做成了一件事。

依靠容闳购回的这批机器，一座在亚洲居于前列的机器母厂在上海破土动工了，这就是后来闻名遐迩的江南制造总局。

为奖掖容闳，曾国藩专折保举，特授予五品候补同知。

以前的五品官是虚衔，如同荣誉称号，现在的五品官则是实官——"候补同知"相当于现在的地级副市长的预备人选。

这一次，容闳真的当官了。

"丁鬼"

得以出入官场的容闳，有机会结识更多达官贵人，其中与他最投缘的是广东老乡丁日昌。

官有很多种，如果只从"德"这一个方面来衡量，丁日昌可能不及格。早在他加入李鸿章的淮军时，关于他啼笑皆非的传闻就有一大堆，但并不能因此断定他是一个庸才。

清末有三大商帮，分别是晋商、徽商、潮商，前二者是中原地带的正统商人，唯独潮商面朝大海，其开阔性的视野和思维是其他地方的商人所不及的。

潮商是一支具有海洋性格和海洋文化的华人商帮，在三大商帮中独树一帜。

丁日昌是广东丰顺人，而丰顺就在潮商覆盖区域，这使他天生有着一种无师自通的灵敏和通达。

他的"能"不是一般的能，史书记载，丁日昌精于洋务，有"丁鬼"的绰号。

在那个普遍对洋务讳莫如深的时代，"丁鬼"成了可遇不可求的稀缺人才，乃至到了你争我夺、各不相让的地步。

丁日昌最早是给曾国藩当幕僚，后来李鸿章和曾国荃都请求将他借调过去。曾国藩是一个格外重"德"的人，虽多次对丁日昌在"德"方面的缺陷摇过头，可他也舍不得将这位重要幕僚"出借"。

丁日昌奉命到广东为曾国藩筹饷，没想到去了以后就回不来了——广东地方政府把他强留下来，让其督造洋枪洋炮。丁日昌毫不含糊，共监制出三十六尊火炮，两千余发炮弹，一时震惊四座。

李鸿章正急于用洋枪洋炮来装备淮军，听到消息后马上去函广东，要调丁日昌来上海效力。

文祥，长期担任军机大臣和总理衙门大臣要职，晚年对于洋务运动的推行起到了重要作用。

广东那边哪里肯放，上海这边则拼了命要抢人，双方甚至把官司都打到了皇帝那儿。最后李鸿章赢了，成功把丁日昌争取到了自己的麾下。

丁日昌过人的洋务才能，使其成为清末政坛的一颗明星。与容闳刚认识时，他只是上海道台，但很快就以火箭般的速度升迁，直至担任江苏巡抚。

在丁日昌升任江苏巡抚后，作为好友的容闳特地前往拜谒，并带去"植柳计划"，其核心内容便是奏请幼童留美。

容闳自己也是官员，但他只是五品官，连上奏权都没有，他希望丁日昌能代为上奏。

丁日昌不愧为洋务派中坚，对容闳的"植柳计划"大为赞许，不过他说："光靠我给你代奏还不够。你知道全国上下有多少人给朝廷上奏吗？一天之内，那奏折能堆成山，就算皇帝全部看完了，也未必就记得往，更何况像你我这样品级的官员。"

容闳知道丁日昌所说非虚，问道："那怎么办呢？"

丁日昌一副老谋深算的样子："有办法，我们另找一个更有分量的人。"

他所说的有分量的人，是指体仁阁大学士文祥。

大清建立百年以来，由于享受着养尊处优的生活，满族军政人才如同八旗兵一样衰弱不堪，到了清末，这一现象更为严重。

文祥是满人，但他是一个有着非凡心智和政治才能的满人，乃至见过他的外国公使都称其聪明得令人意外。他的出现，可以说是清末政坛的一次回光返照。

丁日昌说，文祥对洋务一向支持，只要请他代奏，皇帝必定会看，而且还会很重视，如此大事可成。

容闳听后惊喜不已。

他携计划而来，本来只是试探性的，没想到丁日昌不仅一口应承，还帮忙找到文祥这样的大人物，这大大超出了原先的预想。

理想突然变得那么接近。

等得到吗

从把具体计划交给丁日昌那天起，容闳就开始计天数，一天，两天……

两个月过去了，丁日昌终于来信，但这封信带给容闳的却是大大的失望。文祥不能给他代奏了，不是老头不愿意，而是人家得去"丁忧"。

这一年是1868年，容闳已年届不惑，他感到十分沮丧。

同样陷于失望的还有丁日昌。文祥那里没戏了，他便把主意打在曾国藩身上。

作为名满天下、权倾一时的封疆大吏，曾国藩的能量并不比当朝宰相差，所上奏折朝廷很少会不采纳。不说别的，就凭他能把容闳这个从未参加过科举考试的一介布衣一下提拔到五品实缺，便不是一般官员能做到的。

可曾国藩听丁日昌说完后，只回了三个字："得等等。"

容闳留美是通过美国传教士私人的关系，如果是大批官派留学生，则必须依靠两国政府的外交渠道才能予以解决。

其实曾国藩所说的还只是表面理由，外交上的事可以通过外交方式解决，真正的难处，恐怕还是思想上的。

作为洋务派领袖，曾国藩可以凭借"师夷长技以制夷"超越叶名琛，甚至超越林则徐，但作为一个传统意义上的士大夫，他眼中的美利坚，绝对不可能像容闳所感受到的那样亲切。说来说去，他们这些人要搞洋务、造机器，都是被动地学习，现在你要让他派遣大批幼童主动地去新大陆"取经"，这第一步还是很难迈出去的。

能够仿照"夷国"制造坚船利炮已经可以了，何必再去尝试如此惊世骇俗、绝无先例可循的计划呢？

不过曾国藩的回答已经足够让容闳重新振作了，在他看来，理想又有了实现的希望。

那就等吧，既然大人物都愿意等，自己还有什么可说的呢。

由于不再是曾府幕僚，容闳已经很少能直接见到自己的偶像了，他能做的就是一有机会便去丁日昌府上坐坐，然后不厌其烦地提及他的官派留学计划。

"你得经常在曾老面前提啊，要不然，时间一长他可能就淡忘这件事了。"

没有想到这一等，竟等了三年。三年里，容闳的心始终悬在半空，无所着落。

他等得到吗？

到了第三年，也就是1870年，容闳等到的不是留学计划的实施，而是丁日昌的相邀。

天津出事了，没人能摆平，朝廷不得不指派以曾国藩为首的四大臣前去调停，丁日昌亦在其中，他需要容闳前去担任翻译。

容闳即将涉入的这场风波，就是震惊中外的"天津教案"。

如果非要给"天津教案"加上定语，那么它是一个由馒头引发的血案。

天津一带的贫民家庭因无力养育儿女，往往将其抛弃，或扔在道旁，或沉于河中，法国天主教堂看到了便予以收养，并将其培养成天主教徒。

这本来是一件好事，总比让无辜的生命冻死、饿死、淹死强，可老百姓不懂，又有谣言说天主教会把小孩弄进教堂，是要挖眼剖心制药，如此便造成了民间与教堂的对立。偏偏此时又跑出来一个傲慢的法国领事，还要求当地官府派兵镇压，在遭到拒绝后竟开枪射杀了知县的侍从。一场大祸已无法避免。

天主教会到底有没有"挖眼剖心制药"，搜一下天主教堂就一

"天津教案"的原发地"天津望海楼教堂"。

清二楚了。最终，人们从中仅找出两只瓶子，说是装小孩眼珠子的，结果打开来一看，不过是腌制的洋葱头。

在"天津教案"中，包括法国领事在内，共有二十多名法国神甫和修女、三十多名中国教民和雇员被愤怒的百姓打死，天津的教堂、育婴堂、领事署皆被付之一炬。

教案发生后，不仅法国，西洋各国都震惊了，七国联名提出抗议，并把军舰开到了天津大沽口外，战争一触即发。

无论派谁调查，"天津教案"的真相都不难查清，难的是如何处理。曾国藩等人到天津后，基本采取了妥协的办法——赔钱、"惩凶"。虽然更坏的局面没有上演，但国家已然蒙受巨大损失。

在容闳看来，"天津教案"完全是由谣言和误解造成的，堪称大不幸，然而令他完全意想不到的是，恰恰是这场大不幸，带来了另一个转机。

做梦的感觉

"天津教案"虽然已经了结，但钦命四大臣仍留在天津。

一天晚上，已经睡下的容闳被丁日昌叫醒。

丁日昌说："告诉你一个好消息。幼童留美的事，曾公已经同意了，四大臣将联名上奏朝廷！"

消息太突然了，简直不敢相信自己的耳朵。

直到丁日昌离开，容闳仍没有缓过劲儿来，躺在床上，双眼圆睁，恍惚中仿佛飘飘然飞腾起来，化为一只雄鹰翱翔于夜空中。

从萌生"植柳计划"开始，十多年来，他碰了无数次壁，遇到难以想象的危险，更体会过刻骨铭心的辛酸，一切的付出都是

蒲安臣，唯一一位既担任过美国驻华公使，又担任过中国使节的美国人。

为了这个梦想能够实现。现在，苦难有了价值，付出有了回报，试问人的一辈子能有多少次这样的瞬间呢？

激动之中，容闳还来不及细想曾国藩突然如此鼎力支持的原因所在。

丁日昌所知道的是，大家原来担心的外交障碍已经不复存在。

在当时的世界列强中，美国是对中国态度"最好"的一个，一直提倡对华进行"公正外交"，而不是"武力外交"，美国驻华公使蒲安臣就是这一外交政策的极力倡导者。

据说在他担任公使期间，曾有一个美国人在中国犯了法，蒲安臣确认属实后，立即下令将其吊死。渐渐地，这个蒲安臣得到了清政府的信赖。

蒲安臣一身事两国，既是美国驻华公使，又是能够代表中国的全权大使。因为此时清政府既未设驻外使节，也找不到一个懂外交可以跟世界各国打交道的人。

正是这个美国人，为中国设计了第一面能够代表主权的国旗，并于1868年7月，代表清政府同美国签订了《蒲安臣条约》。虽然是同自己国家签约，但蒲安臣并未借助该条约为美国谋求不当权益。《蒲安臣条约》是对等条约，双方在公平合理的前提下签订。

按照条约，两国可以互派留学生，因此在法律上早就为幼童留美开了通行证，只是一直以来没有人愿意去推开那扇门。

　　曾国藩这个时候能够以老迈之躯毅然决然地加入到留学计划的启动行列，可以说很大程度上是受到了"天津教案"的刺激。

　　在曾国藩之前，处理此案的是通商大臣崇厚。崇厚主张"严惩凶手"，结果灰头土脸地被轰下了台。

　　曾国藩抵津后，天津民众对其期望甚高，认为这位湘军大帅、理学宗师会一反崇厚所为，对法国采取强硬态度，并调兵与之抗衡。可曾国藩并不比崇厚高明，最后拿出的方案是"以命抵命"：从监狱找二十个死囚押赴刑场处决，以给被打死的洋人"抵命"。

　　虽然军队调到天津来了，却不是要与法国作战，而是准备防范"习气浮嚣"的天津群众闹事。这下不只天津人，全国人民都愤怒了。道德圣人一下子变成了汉奸卖国贼，曾经引以为傲的湖南同乡自己动手，将湖广会馆中悬挂的曾氏匾额砸了个稀巴烂。

　　一代名臣多年积攒下来的清誉就此毁于一旦。

"天津教案"后，法国以保护侨民为名，专门组织商团军队。

大魔咒

曾国藩如此处理，实在也是无奈之举。

从调查情况来看，并不完全是法国人的错，而且人家死了那么多人，不给一个交代，无论如何也说不过去。

就算犟起脖子决定兵戎相见，那也要打得过才行。在攻克天京后，曾国藩自行将湘军大部遣散，所谓湘军主帅早已成为过去，仅凭那些"八旗绿营"显然无法与法军尤其是"七国联军"相抗衡。

再说了，天津离北京那么近，战争一旦失利，势必殃及大清的政治中心。要知道，英法联军攻入北京火烧圆明园等事，刚刚过去不过十年。

如果能大事化小、小事化了，又何必再启战端呢？问题是，他不知道怎么做才能让国人和洋人都满意。

国人口诛笔伐自不必说，洋人竟也认为"以命抵命"不可理喻，觉得这是祠堂中古老的族长才能想出的主意。人家要的不是中国人血淋淋的头颅，而是对今后维护秩序及遵守双方条约的保证。

要不是欧洲正好爆发普法战争，法国人无论如何都不会轻易接受这个处理结果。

自"天津教案"后，曾国藩在国际社会的名声与他在国内的处境一样，跌入了谷底，外界谓之："名不副实，才能平平。"

可怜"一代宗师"真的不可能做到更好了。

秩序、条约、公平、合理，纵使他是洋务派的顶尖人物，也与这些国际理念隔着千万里，他能想到的，不过是中国传统的"杀人偿命"而已。

面对舆论的责难，这个年近花甲、浑身是病且瞎了一只眼睛的大吏痛苦不堪，他用八个字概括了自己当时的心境："内疚神明，外惭清议。"

事实上，以曾国藩为首的洋务派已经代表了当时清政府的最高水平，即使被称为近代中国"睁眼看世界的第一人"的魏源，在其名著《海国图志》中，亦载有"洋教"挖华人眼睛制药的内容。

要说愚昧，在当时是普遍存在的。

曾国藩唯一一张存世照片。这是曾国藩的儿子曾纪泽，使用容闳从美国带回来的相机，在南京两江总督府为父亲所拍摄。

这个时候，容闳的"植柳计划"真正让曾国藩眼前一亮。他剩下的时间不多了，连棺椁都已制好，只希望在自己咽气前尽全力促成此事。

容闳在获知消息的两天后，一封请派幼童赴美留学的奏折就递交上去了。在这封奏折上，由曾国藩领衔，其余三位大臣附后署名，此事完全依赖曾国藩的声望和分量。

但是，大清的效率太慢了。

1870年冬，曾国藩回任两江总督，这时他才收到批复，奏折上批了四个字：依议钦此！

终于搞定了。曾国藩立即写信把容闳召到南京，着手组织和安排具体事宜，除了亲自商定每一个细节外，还把自己府中最信得过的幕僚介绍给容闳，帮其打点一切。

"天津教案"两年后，即 1872 年 3 月，曾国藩病逝南京。

史书记载了天津事件对他身体摧残性的影响："既负重谤，疾益剧。"而他本人，则把自己的失败和不幸归咎于对洋务钻研得不够，以至于不能做到知己知彼。

比之于前行者，他终究没能走得更远，而且同样没能逃脱"洋务不力"四个字的魔咒。在生命的最后时光，曾国藩已极少谈论或触及洋务，而是将所有希望都寄托在那些即将出发的幼童身上，临终时仍对此念念不忘。

可惜他最终没能看到第一批官派留学生出洋，也没能亲眼见证自己手栽桃李的开花结果。

第六章

中国少年

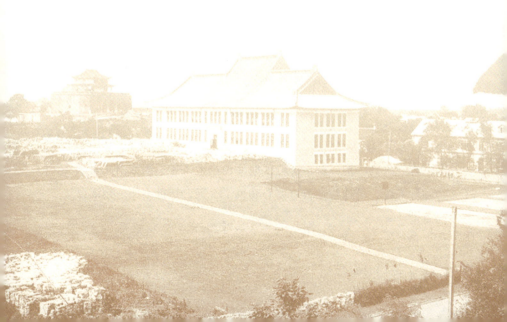

看起来，幼童赴美计划已万事俱备，只欠东风了。

然而，容闳在上海设立的预备学校，一年多了，应考合格的幼童还是没几个，这让他心急如焚。

其实，只要看看出国前孩子家长需要签署的《出洋志愿书》，就知道问题出在哪里了。

志愿书上写得很明确，幼童出洋留学，十五年内不得回国，如有疾病致死也各安天命，政府概不负责。

这哪里是什么留学志愿书，分明是生死状或"卖身契"，无论谁签心里都要打几个哆嗦。

第一批三十个名额怎么都凑不齐，容闳急得坐立不安，他只好亲自出面四处游说。

柳暗花明

容闳每到一地，就不辞劳苦地拜访当地人家，细数出洋留学的种种好处，可他往往苦口婆心劝说了一天，还抵不住一句谣言的力量。

有一回，本来已经有几个人被说动了，准备带孩子来报考。不知从哪里传出一个谣言，说洋人可野蛮了，他们会活剥孩子们的皮，再把狗皮接到身上，当怪物展览赚钱。

家长们一听，立即将容闳拒之门外："太可怕了，哪有像你这么祸害人的，亏我们对你一片真心。"

容闳哭笑不得，无奈之下，决定去广东香山老家碰碰运气。

其他地方的人对洋人既恨又怕，香山人则不同。澳门原先就是香山属地，两边串门，时常能见到洋人。在他们眼中，"红毛人"除了高鼻子、蓝眼睛，说话听不懂外，跟自己并无不同，没什么好怕的。

不怕就好。容闳往那里一站，拿自己的亲身经历打比方。

"我的兄长都读了国内私塾，只有我一个人漂洋过海，可是大家都能看到，我现在也在朝廷做官了，可见出洋留学也是走'洋科举''洋翰林'的路，绝不是什么坏事。你们送子弟留学，费用由国家全包，学成归国后还可以授予官职和分配工作，未来成就定然不低。"

除了现身说法，容闳还找到了一条捷径，那就是发动亲友团的力量。

只要知道谁家有人与洋务圈子搭界，就想方设法把对方请过来，进行一番说服工作。

这些人跟洋人打过交道，他们的观念自然不一样，因此一回来就竭力鼓吹，有的甚至吹得天花乱坠。比如这是捧一辈子金饭碗啦，前景绝不比在国内考举人中状元差啦，等等。

于是，很多思想开明的家长咬咬牙，把自家幼小的孩子送来参加入学考试。

这就造成了留学幼童的一个很奇特现象，即以广东学生居多，

首批留美幼童在轮船招商总局门前的合影。

而广东香山籍学童又占到一半。

不是容闳故意要徇私，实在是迫不得已。

应该指出的是，这些幼童大部分并非来自贫寒之家，家长肯送子出洋留学，是出于对子女未来前途的考量。为此，他们愿意忍受十五年不得一见的痛苦，也愿意面对"各安天命"的各种不测和风险。

之所以被称为幼童，说明这批孩子的年龄都很小，最大的不超过十六岁，最小的只有九岁、十岁。如今突然要离开父母，漂洋过海去一个吉凶难料的国度，而且一去经年，可想而知，分别时的场面多么哀伤。

最快乐的时光

容闳在上海招不满学生，不是来报考的人数不够，而是应考合格者太少。

在每一个幼童身上，国家都将付出很高代价，自然要精挑细选，把机会留给最聪明和最有发展潜力的孩子，因此选拔考试非常严格。

容闳当年没有读过私塾，造成中文基础十分薄弱，后来花费很大力气才弥补过来，他对此有切肤之痛，所以招生时特别注重幼童是否具有中文功底，要是中英文皆通那就更好了。

幼童通过考核后，便进入上海预备学校接受一年的强化训练。在这一年里，他们不仅要初步掌握英文，还要巩固中文。

一年期满，容闳需要考虑的第一道难题，就是孩子们赴美后如何快速地融入西方社会。

容闳从小读的是教会学校，英语说得比广东话还好，所以一去美国就能顺利升学。这些幼童则不一样，仅英语就是拦路虎，如果听洋老师讲课时跟不上，那还有什么效果。

思前想后，他决定采用一种家庭式培养方法，即把两三名幼童分成一组，然后入住到美国家庭。

然而，你要入住，还得人家愿意才行。

对于清政府能派幼童赴美留学，美国政府也很振奋。收到容闳的请求后，官方即向公众发出呼吁，希望人们能够接纳中国留学幼童。

美国人在私生活中并不愿意被别人打扰，但这个民族的好奇心很强，乐于接受一切新鲜事物。一听这些孩子是从遥远的东方古国来的，没有不愿意的，正好看看他们长什么样。

刚刚抵达美国旧金山的部分幼童。

    1872年夏，第一批留美幼童乘船到达新大陆。一上岸，立刻受到了争抢。原因是这批留美幼童只有三十人，然而报名接纳孩子寄宿的家庭却有一百二十二个，并且都是经济条件较好的"绅士家庭"。

    也许在船上时，留美幼童们还有即将漂泊异乡的恐惧和无奈，但很快就被另一种家庭温暖所融化。美国人给予中国留学幼童的是"家长式的爱护"，完全当作自己的孩子来教养和疼爱，时人誉之"亲如母子"。

    这些留美幼童迎来了人生中最快乐的一段时光。很多年以后，他们仍会回忆起那些令人心醉的海滩和树林，那些丰盛可口的食物，以及那些如春风拂面的热情和笑脸。

    他们是中国第一代官派留学生，也是非常幸运的一代。

后来的留学生，再未有过类似的礼遇。不管大陆的还是台湾的，在国外求学时都曾面临文化隔阂和难以融入的问题，甚至有人忍受不了，发疯发狂乃至自杀。中国台湾作家白先勇先生留学美国所写的"纽约客"系列，更是把这种痛苦感受刻画得淋漓尽致。

正是那种少年不识愁滋味的生活，让留美幼童迅速适应了新的环境。大多数留美幼童仅用很短的时间，便在美国家庭中完成了英文补习，即使那些水平较差的孩子，经过近一年的熏陶，进入美国公立学校读书也不会有什么问题。

容闳的苦心经营告一段落，接下来就看孩子们自己的表现了。

奋斗

在古希腊，以斯巴达人最为悍勇。他们上战场从无平安归家一说，要么凯旋，要么战死沙场。

留美幼童在美国的奋斗，几乎就是斯巴达式。

他们的学业之重，超过同时代的任何学生，因为中学西学都要学，不仅要完成美国功课，还必须像国内的同龄人那样苦读圣贤书。

在美国上学并不轻松，那里的规矩是宽进严出，期末考试非常难，以至于大部分美国学生都不能顺利通过，脑子笨一些的，只能留级再留级。

留美幼童则个个都是班里的学习尖子，他们不是留级，而是不停地跳级。

按照美利坚学制，小学八年，中学四年，总计十二年才能升

部分留美幼童在
美期间合影。

入大学，但留美幼童平均只用了不到一半时间。

美国社会惊诧不已，他们很难想象来自东方古国的留美幼童会有如此大的潜力，以至于连本国的优秀子弟都追赶不上。

与此同时，留美幼童的中文水平也令人刮目相看。这些孩子既可以在化学试验室里操作试管，也能用毛笔写出漂亮的八股文。

因为过于勤奋，先后有三名留美幼童在美病逝。他们恰如战场上的斯巴达战士，冲锋陷阵，最后战死在了沙场。

和后来的留学生相比，当年的留美幼童最突出的一点就是精神面貌不一样。彼时大清仍处于"同治中兴"时期，尽管经济上贫困落后，但文化优越感并没有丧失，反而非常强烈。

在很多留美幼童的意识里，跟美国同学的竞争不是个人与个人的竞争，而是民族与国家之间的竞争，所以绝不能输，不仅学业如此，在其他领域也一样。

过去，容闳曾是耶鲁的运动健将。他刚上大一时，拖着辫子，穿着老旧的衣服，在足球场上飞奔驰骋，因此被同学誉为传奇式足球英雄。

容闳的这些学生比他还要利索。留美幼童对能参加的项目一个不落，健身、跑步、打猎、跳舞，而且水平都是超一流。

留美幼童的美国同学都要崩溃了。因为只要有他们在场，其他人就完全成了陪衬——在舞会上，最美丽动人的女孩总是对东方人特别青睐。

许多美国人原先都对东方古国存在偏见和恶感，但在留美幼童身上，他们看到了东方"礼仪之邦"的本色和奋斗精神。

少年之强

美国名校，以耶鲁大学和哈佛大学历史最悠久，实力也最接近，相互之间的竞争因此从未停止。耶鲁大学自称是总统摇篮，出过大布什、小布什、克林顿，哈佛大学也不示弱——我们出过肯尼迪！

两位老大年年较劲，都声称要在事实面前把对方收拾得服服帖帖，这种"无声的硝烟"从高校排行一直延伸到划艇大赛。

东西方观念存在巨大差异。笔者曾读过一本西方史，与中国古代史相比，它的编史方式和角度真正做到了平民化——那些"戏子"和"玩杂耍的"竟然拥有与"王侯将相"一样甚至高得多的历史地位。

所以，作为运动和娱乐的完美结合，耶鲁大学和哈佛大学之间一年一度的划艇大赛就显得格外重要，直接影响双方的荣誉和地位，连已经毕业的校友也会回来呐喊助威。

比赛时，耶鲁大学师生高唱："耶鲁一定赢！"哈佛大学师生则不屑一顾，在T恤背后印着一句口号："让耶鲁绝望！"

耶鲁大学的师生果然很绝望，划艇大赛比了一百多届，总是输多赢少，这让耶鲁人恼火不已，又无可奈何，直到中国人的出现。

留美幼童中的第一个传奇人物——钟文耀诞生了。

钟文耀，广东香山人，十二岁到美国，十九岁考入耶鲁并加入校划艇队，因技术出色成为舵手兼队长。

这个东方小伙乍一看似乎并不适合当队长，他和很多留美幼童一样，性格略显沉闷。

教练越看越着急，你光自己技术好不行啊，关键时候要拿出大鲨鱼的气势——必须学会骂人。

留美幼童从小学习"礼"，平时还嫌礼数不够，哪里懂得怎么骂人。教练没办法，只好一遍一遍地教："跟我念，Damn（该死的）！"

钟文耀憋了好几天，忽然有一天领悟过来，对他的队友们大声说了一连串："Damn！Damn！Damn！"可是从他口中冒出来的"Damn"毫无杀伤力，根本不像骂人，倒像是在念"之乎者也"。

留美幼童组织的棒球队，他们实力不俗，甚至可以击败美国半职业化球队。

队友们起先莫名其妙，等明白过来，全都笑得前仰后合，差点儿没从皮艇上一头栽下水去。

"求你了，别再这样念'Damn'了，好吗？"

大家都没见过如此腼腆的队长，作为对手的哈佛大学划艇队也没见过，不过中国少年很快就让他们长了见识。

在钟文耀的指挥和参与

下，耶鲁划艇队连续两年大获全胜，证明了只要有超强的技术和能力，不喊"Damn"照样能赢。

耶鲁人扬眉吐气，钟文耀由此被载入校史，成为耶鲁大学的一大功臣。

很多年后，钟文耀遇到一位哈佛大学毕业生，两人聊着聊着，聊到了耶鲁大学与哈佛大学的划艇比赛。哈佛大学的学生发现钟文耀对他们学校的划艇队并不陌生，觉得很奇怪：你不是耶鲁大学的吗，怎么知道这些，你见过？

钟文耀看了对方一眼，说："我没正面见过，因为比赛时他们总是落在我们后面！"

留美幼童中，像钟文耀这样出色的运动健将还有很多，他们组织的"东方人"少年棒球队曾经击败过美国半职业化球队。

中国少年从各方面超越自己，也在超越同龄人，一时引起美国社会极大反响和关注。1876 年，在费城举办的世界博览会上，全体中国留美幼童受邀出席美国总统茶会，并受到了总统格兰特的亲自接见和勉励。

第 七 章

一切都会流走

幼童留美期间，新大陆的发展正进入一个新的快车道，工业化、城市化速度令人目不暇接。

在幼童赴美的第五年，他们在世界博览会上看到了电话，第七年，有了会播放歌曲的留声机，第八年，有了能照亮黑暗的电灯。

容闳刚去美国时，纽约不过是座中小城市，转眼间已高楼林立，人口稠密，繁盛景象能与历史悠久的伦敦比肩。

这些变化让容闳和留美幼童吃惊不已。

必须紧跟这里的节奏，否则自己的国家将被甩出更远。

经容闳请示，清政府出资在美国建造了一座办公大楼，里面极其宽敞。在他的内心深处，这是留学生扎根新大陆的象征，有了这个象征，"植柳计划"将继续进行下去。

可在现实中，这座大楼不但没能阻止暴风雨的来临，反而成为暴风雨肆虐的场所。

从懦夫到疯子

容闳非常爱国，却因为赴美留学多年，被大多数国人视为"外人"。

对于"外人"，当然得防范。

留学生设有一正一副两名监督，为留美幼童鞍前马后。忙个不停的容闳只是副监督，正监督是朝廷指派的官员。

职场的规矩是一山不容二虎，更何况从人生经历到思维方式都如此迥异的两种人。

第一任正监督叫陈兰彬，原来的官职是刑部主事，结果上任一干就是二十年，胡子都熬白了，也没再高升，实在太憋屈，这才一咬牙、一跺脚，选了这条路。

在国内，陈兰彬算是一个洋务派，可他毕竟没有达到容闳那种程度，因此对很多事都看不惯。

比如留美幼童寄居在洋人家里，免不了要跟着一起做祈祷，陈兰彬见了就不高兴。又比如留美幼童去打棒球、玩划艇，他也不开心，看到了就会骂他们不务正业。留美幼童自然不服气，于是还嘴，一还嘴，老爷子更生气了。

陈兰彬看不惯的，容闳却能够理解，故而有时免不了会替学生们说几句好话。可是跟一个守旧之人再怎么讲，也难以讲通，反而惹得大家都不高兴。

不高兴归不高兴，说到底

陈兰彬，曾为曾国藩幕僚，后为中国首任驻美公使。

陈兰彬不过是一个胆小如鼠的庸碌之辈，什么事都不敢担责，理屈词穷下，往往也就不了了之。

然而他的继任到来后，情况变得更不如前了。

继任者叫吴嘉善，字子登，也算洋务派的，甚至比陈兰彬还要"洋"些，证据之一就是他本人对数学很有研究，而且在清廷官员中是为数极少能看懂英文的人。

不过，这个人的胆子和魄力连陈兰彬的一半都不及，容闳和留美幼童的麻烦才真正开始。

陈兰彬教训学生，只是看不惯，但吴嘉善在国内就和曾国藩、丁日昌等人有矛盾，对于曾国藩等人要做的事打心眼里瞧不上。

吴嘉善做过陈兰彬的随从，听陈兰彬说起留美幼童如何难以驾驭，他只嘿嘿一笑，说："看我的。"

上任第一天，吴嘉善便往办公室一坐，把全体留美幼童都召集过来，要求行"叩拜之礼"，也就是当场跪拜。

留美幼童面面相觑，经过多年美国生活的耳濡目染，他们已经不习惯随便给人下跪了。

不跪，好得很，吴嘉善站起来到处找长凳。

在国内打屁股是要让顽童趴长凳上的，可惜美国不兴这一套，怎么找也找不着。

吴嘉善倒也挺有办法，他把几张方凳放一块拼成"长凳"，然后亲自动手，老鹰抓小鸡一样，逮住一个，就让仆人帮着往"长凳"上按，然后拿起板子结结实实打下去，好不欢实。

板子抽到身上，一抽一个印记，留美幼童自从来到新大陆后，哪里见过这么野蛮的行径，崭新的办公楼立刻哭声震天，着实瘆人。

杀威棒使完后，吴嘉善又颁布禁令：做礼拜祈祷，不许；

剪辫子，不许；穿西服，不许；组织棒球队，不许；谈恋爱，不许……

吴嘉善以为这样就能使留美幼童屈服，不料适得其反。

留美幼童发现监督由一个什么都不敢做的陈兰彬换成什么道理都不讲的吴嘉善后，渐渐从害怕、恐惧发展成了强烈抵制。

吴嘉善滥树威严的结果，反而是威信扫地。留美幼童完全丧失了对他的尊敬和信任，只要是吴嘉善说的话，他们一句也不听，只听容闳的。

吴嘉善显然不是一个心地光明的人，他把账全算到容闳身上，认为这个副监督在操纵学生与他作对，从此天天鸡蛋里面挑骨头，变着法儿找容闳的不是。

容闳对每个留美幼童都视如己出，他对吴嘉善的做法本来就不满，从此针尖对麦芒，再也不肯退让一步。

办公大楼内矛盾不断，时不时就为一点儿小事发生争吵。容闳为人坦荡，当面吵完架也就过去了，但吴嘉善却不是，他白天吵完，晚上回去就给国内写告状密信，各种抹黑容闳。

弹棉花一样地弹

容闳尚被蒙在鼓里，有一个人却已十分焦虑，这个人就是李鸿章。在曾国藩病逝和丁日昌被保守派逼回老家养病之后，他成了洋务派重臣中留美幼童的唯一后台。

李鸿章与丁日昌同龄，性格十分相似，也属于不拘小节的人。

他是曾国藩的学生，但并没从老师那里全盘继承儒学道德。比如曾国藩坚持"不要钱"，可李鸿章没那么高尚，该他拿的钱一

年轻时的李鸿章。

分也不会少；曾国藩一生"不恋官"，李鸿章却拼命向朝廷要官，在这方面他跟丁日昌就像是一个模子里刻出来的。

有一次，李鸿章在跟别人闲聊时说，大清就像一间破屋，不可能完全拆掉重来，于是他只好充任"裱糊匠"，这里裱一裱，那里糊一糊。

这活并不好干，得找很多帮手。在李鸿章眼中，赴美留学幼童就是未来的助手，可以帮着修修补补，有资质好一点儿的，没准还能培养成出色的接班人。

所以，李鸿章对赴美留学幼童十分重视。他发誓，就算大清再穷，也要勒紧裤腰带，帮助赴美留学幼童把十五年的学业顺利完成，以达成他和老师的宏愿。

当吴嘉善的告状密信送到案前时，李鸿章敏感地察觉到留学生管理层可能出了问题，但板子一时又不知道打在谁身上好。

光责备容闳吧，留美幼童在美事务可全靠他呢，吴嘉善等人根本就玩不转；怪罪吴嘉善吧，这帮老官僚别的不行，内斗个个轻车熟路，而且什么狠招都使得出来。

只好各打五十大板，去信让容闳给留美幼童多灌输些"之乎者也"，又劝吴嘉善不要因个人私怨而败坏大局。

刚开始，吴嘉善还很收敛，倒不是被李鸿章说服了，而是慑于李鸿章如日中天的声望，实在不敢背着他搞小动作。

不敢并不代表他不会，时机就出现在"清流党"的盛行。

所谓"清流党"并不是一个党派，说白了，就是"愤青"们自发形成的一个群体。只不过这些人不是普通的"愤青"，而是一群没有实权也没有做过什么实事的新晋官吏。

没有权，我还没有嘴吗？说出道理来，照样建功立业！

有的人咔咔咔一顿胡侃神说，果真引来"飞流直下三千尺"的舆论效果，一时名声大噪。

这下好了，人人模仿，你说我也说，大家一遇到什么事都要上去抨击一下，弹劾一把，这就叫作"清议"。

李鸿章作为大清的"裱糊匠"，天天忙得不可开交，也就成了这些人弹劾的重点。

清代官员合影。

修铁路，弹劾！通电报，弹劾！反正总能找到毛病。

那几年，李鸿章实际上确实干不了什么。人家在前面费尽心力促成一件事，后面却有上千个闲人在那里评头论足，说三道四，于是铁路修了都要被拆掉，电报工程更是迟迟上不了马。实在没东西可弹劾了，这时忽然有人想到李鸿章主持的幼童留学，于是大家争着上奏，要朝廷彻查一下幼童留学情况。

隔着重洋，清廷也不知道，得向留学生管理层进行了解，而容闳作为"外人"自然没份儿，有份儿的是吴嘉善。

吴嘉善这下来劲了，拉上陈兰彬，两人一道上奏，把幼童留学的"弊端"再次添油加醋叨了一遍，并直接提出将留美幼童全部撤回国内的建议。

其实无论吴嘉善还是陈兰彬，都是因幼童留美才为人所知，如果不是跟这段史实有牵连，没人知道这两个家伙是谁。这种人可恨就可恨在他为了损人可以不利己，反正不治到你服服帖帖，他就不会消停。

很快，吴嘉善的一面之词便在朝廷有了市场，就连那些较为开明的官员也认为国家没有必要再花大钱，继续对已"误入歧途"的留美幼童进行培养。

朝廷下达旨意，考虑取消留学计划，撤回在美留学幼童。

李鸿章急了。他不是那种假模假式的人，内心深处也不一定认为留美幼童真的有什么大错，但事情到了这一步，变得分外棘手。

李鸿章和他的老师曾国藩一样，终其一生都未进入象征大清最高权力机构的军机处。他们声望再高，能力再强，也只是地方上的"外臣"，跟一国之相相差其远。一个"外臣"能有什么底气跟朝廷对着干呢？

然而，他自有一套。

捣糨糊

李鸿章不拘小节，在修身方面明显不如乃师曾国藩，不过他有一样绝活儿，说好听点儿叫"灵活机变"，说难听点儿叫"痞子腔"。

"痞子腔"，实际上是一种捣糨糊的艺术，事事强调"至诚"的曾国藩自然是做不了，而一般官员又达不到那么高的水平。

李鸿章既不愿意撤回留美幼童，又不能硬顶，于是只好变着法地在糨糊里捣来捣去。

他上书朝廷，说这些留美幼童大半都是从广东来的，又是很小年纪就出了国，沾染了一些"洋习"恐怕在所难免。

言下之意，没有什么了不得，吴嘉善过于小题大做了。

可这招并未见效。你说没什么了不得，朝廷认为很了得；小孩子都变坏了，大人还不以为意。请问你到底是怎么想的，难道吴嘉善严格一些有错吗？

轻描淡写不行，那就避重就轻。

李鸿章转而把责任归结到留学生管理层的内斗上，认为吴嘉善和陈兰彬一向都跟容闳合不来，他们老是斗来斗去，撤回留美幼童，恐怕是吴陈二人要挟容闳的手段。

朝廷仍然不为所动，而且态度摆得很明——就算是内斗，也一定是容闳这个"外人"的错。

没有办法，李鸿章只得答应撤，不过是"分别撤离"。

所有玄机都在"分别"二字上。

至1880年，中国已先后派出四批共一百二十名留美幼童，经过将近八年的刻苦攻读，已有六十人考入大学，两人从耶鲁毕业，另外六十人也多数取得了中学的毕业文凭。

官员上朝。

　　按照李鸿章的盘算，进入大学的要继续读完，剩下的再留一部分，这样大部分留美幼童仍能如期完成学业。

　　与此同时，大洋彼岸的容闳也听到了风声，同样心急如焚。

　　他能怎么办呢？上奏吧，朝廷根本就不信任他这个"外人"，唯一的办法只有求助于他的第二祖国。

　　通过各种关系，容闳邀请到一个知名人物，即大作家马克·吐温。作家很热心，找了几个人共同给李鸿章写请愿书，然后请总统格兰特在上面签名。

　　格兰特是美国南北战争的英雄，一个带有牛仔风格的总统。他一听，立刻表态："我了解李鸿章是一个什么样的人，他一定不会愿意撤回留美幼童。"

　　"签名，分量还太轻，我要给总督大人（李鸿章时任直隶总督）专门写封信。"

马克·吐温等人大喜过望，事后对此事的形容是，本来想到总统那里借一美元，没想到总统毫不犹豫地给了一千美元。

这封长达五页的总统亲笔信和其他请愿书寄回国内，让李鸿章如获至宝，无形中又多了一条不撤回留美幼童的理由。

"你们看，连美国总统都说留美幼童学业有长进，你们还硬要撤，这让人家的脸面往哪里搁？"

令人想不到的是，"清流党"都是一帮不知利害且不晓进退的家伙。格兰特的来信不仅没起到积极作用，反而使他们更加来劲了——居然用洋鬼子来吓人，必须搅黄它！"清流党"再次奏请将留美幼童一律调回，而且随即获得了批准。

在"分别撤离"的计划失败后，李鸿章本人也面临着"清流党"和保守派的轮番攻击，糨糊快要捣不下去了。

很少有人知道，这位著名的政坛不死鸟还有最后一个赌注——容闳。

李鸿章知道容闳是幼童留学的坚定支持者，政府的调回令一到，以容闳的性格，不仅会予以激烈反对，而且必定会和吴嘉善、

总理衙门，全称"总理各国事务衙门"。图中为总理衙门的正门，门前牌楼上书"中外提福"，最初是为了接待美国大白舰队而临时设立的高规格接待场所。

陈兰彬等人斗得不可开交。

管理层一打架，留美幼童走也不是，留也不是，顿时会陷入僵局，到时候朝廷将不得不找人来解决难题。

别看那些"清流党"平时挺能来事的，可一旦让他们去解决难题，个个避之唯恐不及。

到时候，这个难题谁来解？还不是得请我李鸿章？到时我就拉一个打一个，既能留住留美幼童，又能封住"清流党"和守旧派的嘴。

李鸿章越想越乐，可他忘掉了一个必不可少的环节，而正是这个漏掉的环节，让他陷入了尴尬。

屋漏偏逢连夜雨

所有这些念头，其实都是李鸿章自己肚子里想想的，别人根本不知道。

容闳虽已经做了多年清廷的官，但"外人"身份使他始终无法真正融入波诡云谲的东方官场，自然不知道里面的水有多深。

接到国内发来"全体撤离"的急电，他以为李鸿章也同意了，当时只觉得天旋地转，万事休矣！

直到留美幼童撤回国，容闳在天津再次拜见李鸿章，才知道实情，当时两人懊悔到连肠子都要青了。

容闳怪李鸿章为什么光知道打肚皮官司，而不给他发封信沟通一下。李鸿章瞠目结舌，他千算万算，还是算错了一招，结果弄假成真了。

当着容闳的面，李鸿章怒形于色："我已经知道谁在背后带头搞阴谋，搅黄这件事了。"

不用说，当然是吴嘉善。

吴嘉善如愿以偿，可是他也没能开心多久。回北京后，无论同僚还是故旧都对他极其冷淡。洋务派认为他成事不足，败事有余；"清流党"和保守派则嫌他与留美幼童有瓜葛，因此都躲得远远的，唯恐沾染上他身上的"洋味儿"。

这个自作聪明的家伙，此时才知道什么叫一荣俱荣，一损俱损。离开留美幼童，他什么也不是。

容闳在天津拜见李鸿章，吴嘉善也去了。从头至尾，李鸿章就没给过他好脸色，后来暴怒起来，指着吴嘉善说："你以后不要再来了，我再也不想见到你！"

李鸿章是洋务派的权威和领袖，他的态度基本上就决定了吴嘉善今后在官场上的前途。

吴嘉善的脸变成了标准的苦瓜脸，过去那么不可一世，如今也像霜打的茄子一样了。

他听说容闳尚在天津，马上主动相邀，谈话间，不仅低声下气，还一个劲儿地装无辜，博同情，无非是希望容闳能帮他在李鸿章面前美言几句。

容闳又好气又好笑，终于明白这些大清官僚的命根子是什么了——一顶官帽而已！如果把这顶官帽从他们脑袋上摘下来，不管以前多牛气，也会立马委顿下来。

看上去太解气了，可容闳心里只有悲哀，耗尽半生心血的"植柳计划"，为之不懈奋斗的事业，已经悄无声息地半途夭折，而且再无任何挽回的余地和希望。

那几年是容闳一生中最不幸的时期。留美幼童被撤回国，等于毁掉了他的大厦，"屋漏偏逢连夜雨"，接着他的家庭也遭遇了巨大变故。

容闳一辈子做过很多梦，但做得最多的是两个，一是送子弟留学美国，二是娶美国媳妇。这两件事在当时的国内都称得上惊世骇俗，尤其容闳已身为大清官吏，要娶一个洋人做老婆，简直就是犯了官场大忌。

与幼童留美相比，娶洋媳妇的难度更大，何况是娶美国媳妇。容闳一度也信心不足，直到四十多岁仍孑然一身，不知道哪个美国女孩会看上他。

不过，幸运总是会奖赏那些最勇敢的人。身为副监督，容闳经常要到各个留美幼童的寄宿家庭走访，就在家访过程中，他认识了一位年轻漂亮的女孩，两人从相识到相恋，终于完成了一段英雄与美女完美结合的佳话。

容闳的美国新娘玛丽·凯罗克。

容氏婚姻曾轰动一时，因为他又创造了一个纪录——近代中国第一个迎娶洋媳妇的留学生。

痛苦和幸福一样，很多时候是一起来的。幼童留美计划被撤销，使得欧美各国不得不重新评估这个东方古国的政治环境，当容闳再次归国时，不少美国人甚至传言他此番凶多吉少。

因时刻忧心丈夫的事业和安全，容闳的妻子病倒了，而且再也没能站起来。等容闳闻讯紧急赶回美国时，她已不能说话。

病床前，夫妻二人相顾无言，唯有悲泪千行。

妻子走后的那两年，容闳心如死灰，灵魂深处传来的阵阵叹息让他自觉了无生趣。

有一种办法叫逃离

在迷茫与冲动中，曾经有两名留美幼童选择了逃离。

这两名留美幼童是在前一年，也就是 1880 年被吴嘉善勒令回国的。其他人遭返，大多是因生病或水土不服，他们两人却是犯了禁忌：信奉基督教，还剪了辫子。

这两名留美幼童中，有一个叫容揆，不仅与容闳是同乡，双方还联得上宗亲，论辈分，他得喊容闳一声叔叔。

容揆家境很好，书香世家。除他之外，家里还有一弟一妹，父母能舍得把容揆这个长子送出国，不能不说是一定程度上受了容闳的影响。

容揆是第二批选派留美幼童，到美国时才十三岁。和其他留美幼童一样，刚刚登上新大陆的容揆很羞怯和内向，但为人极有主见，对看准了的事会毫不犹豫地去做。

那么多留美幼童，大多对基督教有好感，只是不敢公开说出来而已，而容揆不仅敢说，还入了教。

经过多年美国生活的浸润，几乎没有一个留美幼童会喜欢脑后拖着辫子。但不喜欢归不喜欢，你能怎么样？吴嘉善等人的皮鞭在旁边伺候着呢。

容揆却不怕，拿起大剪刀，一下就把辫子给剪了。

要是正监督来检查怎么办？简单，到时候找根假辫子糊弄过去就行了。

可吴嘉善并不是那么好糊弄。他早就发现容揆不好"管束"，而且犟得很，皮鞭抽过去都不顶用，自己说的话根本不听。吴嘉善气疯了，你敢在太岁头上动土，不把你整治得服服帖帖，我就不姓吴。

经过一番调查，发现果然有问题：容揆和另一个留美幼童既入教又剪辫子，这就算犯了天条。

吴嘉善这下高兴了，赶紧给两个留美幼童的家庭去了信，把"走歪道"的事交代一番，要家长协助"改邪归正"，然后就要把他们遣返回国。

两个孩子都不是死心眼，吴嘉善做到这种地步，回国那不是找罪受嘛，即便不被政府圈禁，也会被家长打个半死。

于是，临走之前，两人找了一个借口，说要向朋友告别，然后就消失得无影无踪了。

吴嘉善在容闳和留美幼童面前犯横，但实际上他在美国什么事都办不了，更别说找人了。你让他到街上去找，没准还要再雇个人去找他。

两个孩子其实并没跑太远。作为异国学生，乍一踏入社会，连肚子都填不饱，又能跑到哪里去呢？

能够依靠的只有一个人，容揆的宗叔，那个留美幼童的保护神。

看着两个如同惊弓之鸟的孩子，容闳心疼不已，可基于他的身份和职务，又不能在这种事上与吴嘉善等人公开叫板，于是便找来一个与他有交情的洋牧师帮忙收留。

容闳知道，这两个留美幼童已不可能再回国了，两人又都很聪明，绝对有能力在美国读完大学学业。

当着孩子们的面，他立下一个规矩："听着，我可以个人资助你们读书，但必须约法三章：一是得在耶鲁上学，二是学成后仍要服务于祖国，三是一旦经济独立得偿还学费。"

两名留美幼童都老老实实地按照约定行事，从耶鲁一毕业，即在容闳的帮助下做了中国驻美外交官，由此又给这个外交资源奇缺的国度额外抢救了两位人才。

容揆完全继承了容氏宗族坚定执着的性格。在美期间，他用长达十三年的时间，追求到了一个心仪的美国女孩。跟他的宗叔一样，娶了洋媳妇，组织起了"中西合璧"的家庭生活。

虽然大多数时间都待在国外，但容揆还是惦记着家乡。据说

容闳（前排右一）晚年和他悉心培养的外交官学生们在一起。

有一次，他从一位同乡那里得知村里父老生活艰难，便想方设法利用自己在使馆当参赞的机会，办理了近百份移民证，托这位同乡回国时带给族人。

到了时间，容揆带上妻子，亲自到码头迎接。谁知登上码头的新移民竟然没有一个是他村上的族人，这才知道一番苦心都化作了流水——那个同乡欺骗他，把移民证全部转卖了。

这件事使容揆深受打击，自此以后，他在美国绝口不再提自己的家乡，几个儿孙也都没有跟他学过中文。

不能断的是血脉和根。容揆一辈子生活在美国，但未加入美国国籍，而其服务的对象也始终是中国政府，从大清一直到民国。

第八章

勇气之舰

1881 年，一百二十名留美幼童，除病故三人，中途因各种原因辍学二十三人外，剩下的九十四人，皆奉旨强制回国。

　　本来说好至少留学十五年，如今满打满算，仅十年而已，一百二十人中只有两人获得大学学士学位，其他人只能用"半途而废"来形容。

　　离别之时，所有寄宿家庭都赶来送行。

　　当年的孩童已长成英俊少年，他们衣着整齐，外套纽扣上全部挂着表示送别的黑白丝线，神情举止成熟有度，俨然一个个彬彬有礼的绅士。

　　可是在美国大人眼中，他们始终是自己悉心照顾过的 Boy（幼童）——"幼童"从此成为一个专属名词，刻入了历史的扉页，哪怕被叫作幼童的这些人将来也会鬓发苍白，垂垂老矣。

　　这是令人心碎的时刻。

　　一扇门曾经打开，却又静静地关上了，只有忧伤的布鲁斯还在远方若隐若现。

国家叛徒

有难以抹去的忧伤，当然也有埋藏心中许久的期冀和兴奋。

最早的一批留美幼童已经出国达十年之久，最晚的也有六年，说一点儿不想家是不可能的。

就读期间，他们的学习成绩和优秀程度超过了那一代的美国青年，如果都能读完大学拿到"洋状元"，前景真的无可限量。现在虽然半途停学了，但放到国内乃至亚洲，大多数人仍可以凭借"洋翰林"的资格，与同龄人拉开很大的差距。

在新大陆，几乎每个留美幼童都曾做过和容闳当年一样的梦：用学到的"魔法"来唤醒"沉睡中的狮子"。

毫无疑问，他们是祖国最优秀的孩子，祖国母亲一定会从大洋彼岸伸出温暖的臂膀来拥抱他们，无数人也会在码头翘首以盼，等待远洋归来的天之骄子。

部分留美幼童和寄宿家庭的合影。

到时候，如何心平气和地面对亲人，面对翻涌而来的笑容和赞誉，还真要有些心理准备才行哩。他们时时提醒自己：淡定，淡定，一定要淡定。

可离岸越近越难做到，眼看着一颗颗心要从年轻人的胸腔中蹦出来了。

船靠了岸，岸上的人很多，比预计的还要多，但里面没有亲友，没有微笑，更没有什么赞誉。

这些人是来看热闹的，跟菜市口看杀人没有什么区别。他们目光中充满着的鄙夷和不屑，立刻把留美幼童推进了冰窖。

就在不知所措中，一队士兵走上前来。

"还看什么看，跟我们走！"

就差用绳索绑上了，完全是一副押解犯人的架势。

沮丧的留美幼童被关进了一座书院。说是书院，其实是一座已关闭了十年的鬼屋。

不需推门，因为门窗早已腐烂得不成样子，石阶上布满青苔，墙壁上蛛网纵横，一股股潮气眼看着从砖缝中冉冉升起，让他们衣衫尽湿。

"我们睡哪里？"

士兵手一指：两条板凳上摆了一块木板，这就是床。

至于被子，没有。

"你们就待在这里，老老实实的，不许乱说乱动！"

留美幼童哪里受过这种罪，很多人病倒了。

在睡梦中，耳旁仍会萦绕大洋彼岸的挽留，那些带泪的脸庞，那些挥舞的手臂。

可是当清晨醒来，却只有熏鼻的霉气和可怕的潮湿。

终于有人忍不住哭了出来。

本来应该孵化理想的父母之邦，竟然成了关押他们的囚笼，未来也因此变得黯淡无光。

这才知道，在自我期许和国内舆论之间，存在着怎样的差距。

他们以为自己是栋梁之材，其实却被视如粪土；他们以为自己是有新思想、新观念的一代新人，却不知这正是他们落难的原因。

这么多年来，大清没有变得开明进取，反而更加封闭落后。在吴嘉善的中伤和舆论的推波助澜下，留美幼童早已被描绘成国家的叛徒，他们中了"洋毒"，既无廉耻，更无能力。

关押这些"国家叛徒"，为的就是进行防疫处理，以免幼童们身上的"洋毒"四处扩散。

可怜的留美幼童无处遁逃，被投入了一场他们根本无法预料的灾难。

这是故乡，还是他乡？让我们一直为之思念的难道竟是这么一个地方？

如果没有李鸿章，留美幼童可能万劫不复。

李鸿章自己也天天遭人骂，所以不在乎幼童们头上"国家叛徒"的帽子，这间需要他来裱糊的屋子越来越破，忙得上蹿下跳的他需要大量人手。

于是对回国的留美幼童，李鸿章基本上是照单全收，有一个要一个。只是这时候已不能按照专业学以致用了，都是哪个位置上有了坑，就当萝卜一样扔进去。

虽然有了工作，但留美幼童仍像是额头被刺了字的流放者，对他们的歧视无处不在，而这是连李鸿章也无法改变的。

但留美幼童中很少有人因此退缩或懈怠。

容闳的心血没有完全白费，十年时光，等于培养了不少"小容闳",为了实现理想与抱负,他们可以忍受各种羞辱和不公。

很快,包括海军在内的各个洋务领域,都有了留美幼童的身影。

中国的洋务运动,并非自动自发,说到底全是让人逼着,亦步亦趋地往前走。李鸿章这个大清唯一裱糊匠之不易可想而知。

从这个角度上来说,外患有时不一定是坏事,因为它能刺激人的进步,比如对海军就是一个典型的例子。

跟铁路、电报一样,李鸿章原先要造条船千难万难,似乎有数不清的手在后面拽着绳子,直到发生了1874年的日本侵台事件。

朝廷知道消息已经晚了,只得急急忙忙委任沈葆桢为钦差大臣,前去台湾组织防务。沈葆桢是林则徐的女婿,"同治中兴"时代涌现出来的名将,曾取得过七战七捷的辉煌战绩。日本人见状颇有些心虚,始终未敢轻举妄动,不然台湾真就悬了。

虽然有惊无险,但整个清廷上层还是很震动。

彼时离甲午战争尚远,东瀛仍被视为蕞尔小国,可是就这么一个小国,却能派出一支舰队赴台,而环顾国内,竟然连正经战

日本侵台事件加速了中国近代海军的建设进程,海军衙门应运而生。图中为海军衙门主要负责人,左起:善庆、奕譞、李鸿章。

舰都找不到一艘，要是双方在海上作战，如何对阵？

大家直到这时才明白了海军的重要性，也因此有了"御外之道，莫切于海防；海防之要，莫重于水师"的认识。

留美幼童回国时，正逢国内海军建设如火如荼。九十四名留美幼童，有四十三名被安排到海军服役，差不多占到归国留美幼童的一半。

一批高级别的转行军人就这样诞生了。

让人唏嘘的是，不管他们在舰上干着多苦多累的活，每个月都只能拿到很少的薪水，生活过得十分艰难。与此同时，他们的上司却可以成天把手抄在袖子里，什么也不做，仍然心安理得地拿着高薪。

事实上，不管回国的留美幼童从事什么样的工作，他们都未能得到当初清政府曾信誓旦旦承诺过的"洋状元""洋翰林"的待遇，大多数留美幼童的职务和品级都没有超过九品，那是大清最低官衔，比所谓七品芝麻官还差着两个等级！

留美幼童选择了默默承受，但在内心深处，他们时刻渴望着上天能赐予一个机会，一个可以证明自己对祖国坚贞不渝的机会。

三年后，机会来了，为了越南问题，中法之间爆发了大战。

海上没有冯子材

越南问题对于中国而言，是一个由来已久的老问题。

越南曾经是中国的藩属国，但实际已受到法国控制，其领土的百分之九十以上都为法军所占领。

清政府所纠结的，不是要重新夺回越南，而是要不要维护过去作为宗主国的面子。

朝堂之上，明显分成了两派，一派主张必争，哪怕是与法国一战，也在所不惜。

另一派则主张放弃。理由是，这么多年来，中国时刻处于艰难境地，自顾不暇，犯不着为了一个已实际失去的藩国，与实力远超过自己的列强决斗。

言必争的是主战派，言放弃的是主和派，而李鸿章即是主和派代表。

李鸿章的功名是年轻时从戎马中打拼出来的，他不是一个胆小鬼，之所以现在一听到打仗就要皱眉，自有其不得已的苦衷。

在他看来，这场仗不管输赢，中国得到的都是损失。

要打仗，不是大老远跑过去舞两下就完了，那得花大钱。你们这些整天吵吵着要打仗的人全都是"睡觉睡到自然醒，从来不管鸡打鸣"，我却得统筹所有洋务，现在一没钱，二没先进武器，你让我如何主战？

一般来说，做主和派的日子不好过，因为不管你有没有道理，似乎天然就丧失了道德阵地，只能等着被人家谴责和攻击。

受到朝野指责的李鸿章来了个"吵不过，躲得过"，请假回乡给老母亲办葬礼去了。

可事情并没有因他的离开而结束，到他中途被朝廷叫回来时，仗已经打起来了。

中法战争，最让人津津乐道的是镇南关大捷。

镇南关处于中越边境，后勤保障和补给相对容易，又有冯子材这样经历过大战的老将统领，所以取得了难得的胜利。

相较于陆战，海战的情形实在糟糕。中国的海军才刚刚起步，而且还是跟自己的对手法国学的。法国当时是仅次于英国的世界

参加镇南关战役的清军。

第二大海军强国，船坚炮利，连美国面对面都不一定能打赢它，这场学生与老师的战争其实从一开始就注定要失败。

当然，如果有一名富有实战经验的战将坐镇，就算失败，损失也会小很多。

可惜，海上没有冯子材。

与法国海军作战的，是中国海军的两大主力之一——驻于福建马尾的南洋水师，朝廷派张佩纶担任这支水师的统帅。

张佩纶时任会办福建海疆事务大臣，是著名的清流党人物。

清流党基本上都是靠卖嘴皮子吃饭，一有重大时事，不发点儿评论，连饭都吃不香。张佩纶属于时评红人，位列"翰林四谏"，跟在身后的粉丝难以计数，同时他还是"人肉"高手，只要被他逮着瑕疵，不穷根究底地用一篇篇漂亮奏章把你弹劾下来，绝不会罢休。

张之洞名气够大了吧，同为"翰林四谏"，当时的风头也没能超过张佩纶。

在中法之战上，张佩纶是坚决的主战派，战前一连写了十几份奏章请战。

见中国执意要动手，法国人被弄毛了，声称要沿海攻到中国内陆去。这反倒让清廷犹豫起来，还要不要接着上呢？

张佩纶分析说，越南那一摊子事已经够法国人受的了，难道他们还能再分出兵力来开辟新战场？

拉倒吧，别听他们的，我们要干到底！

清流党义正词严的滔滔雄论，一般都是驳不倒的，于是大清政府决定一竿子坚持战到底，并任命张佩纶去福建主持海防。

这回不是在辞章上请战了，而是得真打。

然而，张佩纶本质上是个夸夸其谈的书生，不知道真正的战场其实并不需要能讲会写，那里只要两个字：胆识。

张佩纶，虽然平时雄论滔滔，实际却是书生领兵，缺乏经验和胆识。

张书生明显缺乏胆识。首先是无识，他对海军一窍不通，却还以为自己无所不通，到了福建船厂，便如同陆营扎寨那样，把南洋水师的十一艘军舰一齐收缩到了马尾军港。

各军舰管带（舰长）都觉得这样布阵不妥，过于被动，然而你还不能提意见，一提准会被他骂回去：是你们领导我，还是我领导你们？

等到法国军舰集结完毕，众人紧张起来，要求加强战备。这位仁兄不光无动于衷，还生气了："你们是不是质疑我的能力，我说没事就没事！"

1884 年 8 月 23 日，法军舰队率先出击，对马尾军港里的南洋水师发动突袭。

真实而残酷的战争画面，立刻把张书生的"胆"给吓破了。他当场坐倒在地，随后便在随从的搀扶下仓惶逃命，全然没了往日指点江山、激扬文字的豪情。

一个平时趾高气扬的最高长官，遇到危难竟是这副德行，老百姓看了十分气愤。当张佩纶前去敲门，想借以躲避时，没人肯开门，他只好觍着个脸，报上名号："我是会办大臣。"

仍旧没人搭理，他只得接着逃跑。

与张佩纶一样没种的是其副手、福建船政大臣何如璋。战前，他一样表现激昂，话里话外都是"不好好打一仗，心就落不了底"的意思。

但到了真打仗的时候，仍旧只会逃命。当地老百姓很有性格，同样不让何大人进门。

何如璋只得找到张佩纶，想两人躲一起。张佩纶一听急坏了，就怕法国兵跟在后面，赶紧找理由把他骗走。

马尾海战是一场中方指挥官缺席的战役，半小时之内便以南洋水师全军覆没告终。

福建人对这场发生在家门口的战争看得清清楚楚，对战前慷慨激昂、战时贪生怕死的高官们切齿痛恨，斥之为"没主张（指张佩纶），无奈何（何如璋）"。

在这场几乎必输的海战中，让法国海军留下深刻印象的只有一艘中国军舰——"扬武"号，正是留美幼童较为集中的一艘舰船。

年少犹能做鬼雄

在"扬武"号上，共有七名留美幼童，均担任枪炮官，日后声名卓著的詹天佑也在其中。

枪炮官是在前线搏命的基层军官，随时都有伤亡的可能，作为临时从军的超一流精英，他们本不应该被放到这样危险的位置，但当时没有人在乎他们的生死。

沉重的精神包袱并没有把留美幼童压垮，反而使他们更加兢兢业业。

当法国海军开入马尾军港时，留美幼童意识到来者不善，看样子是要干真仗，最好能抢先开火。

管带把留美幼童的建议带上去禀报，却被当头骂了一顿，不由垂头丧气。

詹天佑是七个留美幼童的老大哥，他站出来对管带说，即使不能占得先手，也不能不防，否则法国军舰一开炮，我们就全完了。

"扬武"号的管带是福建船政学堂第一期的毕业生，具备海军作战常识。他认为詹天佑说得有理，遂进行了一定的准备。

虽然张佩纶、何如璋之辈还在稀里糊涂，颠颠度日，但"扬武"号上的每一个留美幼童都已意识到战争即将来临。

黄季良，广东番禺人，第三批赴美幼童，时任"扬武"号枪炮官。

他父亲是江南制造总局的

黄季良自画像。

工程师，属于有洋务背景的家庭，所以在送子出国上十分开明，一连送了两个儿子出去，黄季良是儿子中年纪最小的。

小伙子多才多艺，给自己画了一幅肖像，身穿官袍，腰佩战刀，十分神气。

可是画画的人当时的心情却五味杂陈，因为他要把这幅肖像寄给老父亲，这很可能会成为一幅遗照。

他在随寄的家信中写道：要打仗了，如有不测，儿子就做不成孝子，只能当忠臣了。

如果到时思念我，看到这幅肖像，如同我仍然侍奉在您老人家身边一样……

一个月后，马尾海战爆发。

战前，张佩纶把舰船全部收缩到军港这一昏招害惨了南洋水师。在抛锚的情况下，一艘艘军舰犹如被困在泥沼的鱼儿一样，动弹不得，由于无法调整炮位，它们都没法在紧急情况下开炮还击。

法国军舰大多是排水量超过四千吨的铁甲舰，舰上除了大炮，还配置有速射机关炮。与之相反，中国军舰均为排水量在两千吨以下的木制炮舰，质地极为脆弱。

在旁观者眼里，这场战争从一开始就不像战争，倒像法国海军对着固定靶展开的一场大屠杀。

但是有一艘中国军舰开炮了，而且打得很猛，这就是"扬武"号。

有准备与没有准备截然不同。"扬武"号以船尾对着马尾军港的入口，这样一种停泊方式，确保了它即使来不及转向，也能以船尾的尾炮对敌人发起反击。

"扬武"号的尾炮主要由留美幼童负责掌控，他们的炮弹发射方法连法国人都认为灵巧得法。

留美幼童发出的第一炮就击中了法国海军的旗舰，当场炸毙五名法国水手，这是整个马尾海战中法国海军唯一的阵亡记录。

"扬武"号抢眼的表现，立刻引起了对手的重视。法军指挥官一面不停地组织火炮轰击，一面调度杆雷艇从旁边进行暗袭。

杆雷艇是鱼雷艇的前身，或者说是初级版。这种小艇的艇艏固定着一根长杆，长杆前段放一个炸药桶，作战时用长杆近距离撞击对方舰船，从而引发炸药桶爆炸。

"扬武"号冷不防中了招，杆雷在左舷炸响。对于木制船来说，这是致命一击，"扬武"号的机动力受损，整艘船开始不断发出大声喘息的声音，就像伤病员挣扎着呼吸一样。

命悬一线之际，没有一个留美幼童选择仓皇逃离，黄季良周围的同伴非死即伤，他自己也满脸是血，但仍坚持着用尾炮牢牢罩住了杆雷艇，当场将它的汽锅炸裂。

在"扬武"号沉没的一刹那，这艘装载勇气的军舰仍以最后一炮再次击中法国旗舰，炸伤多名水手。

"扬武"号沉没后仍然露在水面的烟囱。

黄季良的自画像真的成了遗照，包括他在内，共有四名留美幼童殉国，均被授予七品军功。

黄季良的父亲将画像公示于众，并征求题咏，一位著名诗人在画上写道：年少犹能做鬼雄！

黄家曾因留美幼童而骄傲，接着又因此蒙受骂名，最后儿子终以自己年轻的生命为家族争得了荣誉。

"扬武"号上本来还应该有一个人——詹天佑。

但詹天佑当天不在船上，由于成绩优异，他已奉调到福建船政学堂去给学生上课了，如果当时牺牲，恐怕就没有后来让中国人为之自豪的京张铁路了。

在获悉战事发生后，詹天佑冒着生命危险赶到现场，并跳入江中，和其他乡民一起对溺水官兵进行救援，为此在江水里面整整泡了一天。

马尾海战的作战时间很短，不管战时还是战后，负责官吏都逃散一空，政府方面连个组织抢救的人都看不见，法国人由此笑话中国根本就没政府。只有詹天佑的举动赢得了洋人的尊重和敬佩，称他的表现"最为动人"。

虽然马尾海战以速败告终，但留美幼童用勇敢表达了坚贞，用鲜血驳斥了非议，更充分证明自己绝非"国家叛徒"或是不堪大用的废材。

其中美国政府反应最为强烈。

当年总统的亲笔信都无法挽留住留美幼童回国的脚步，为此大家印象深刻。海战一结束，美国驻华公使就照会总理衙门，希望重新恢复幼童留美制度：你们说这些孩子是中了我们的"洋毒"，不足为国效命，事实不是这样的，你们看，他们在海战中多么英勇无畏！

总理衙门哑口无言，诺诺连声，但幼童留美制度终究没能恢复。

李鸿章退而求其次，利用马尾海战竭力为留美幼童说话，要求按功行赏，把无官阶的留美幼童至少升到从九品，而有官阶的留美幼童也适当往前提拔一下。

纵使如此，留美幼童的实际境遇并未有太大改变。在大多数国人眼中，这些青年再爱国，再优秀，也还是假洋鬼子，就像当年容闳那样，仍然是"外人"。

第九章

大清病毒

整个国家越来越像一架老朽不堪的收音机，平时怎么摆弄都不出声，一巴掌拍上去，才可能把声音弄出来。

　　马尾海战的失败，使朝野上下有了新的认识，比如海军还是太弱，根本没法跟人家过招，又比如木壳到底不行，打仗能赢还是得靠铁壳。

　　裱糊匠重被寄予厚望，虽然前不久刚刚又被骂了一顿。

　　在镇南关大捷后，朝廷采取李鸿章见好就收的策略，与法国议和——此举受到举国诟病，认为是"不败而败"，明明打赢了，为什么还要议和？

　　但每个人看问题的角度都不一样。李鸿章认为，就算取得了镇南关大捷也没什么好高兴的，陆上虽占了便宜，海上却吃了亏。如果战争持续下去，以中法之间如此大的实力差距，前途实在渺茫。

　　让李鸿章格外懊恼的是，一场中法战争，几乎把前面洋务运动的成果尽数清零，不光南洋水师全军覆灭，还耗去一亿多两白银。

　　当时整个国家一年的财政收入才不过七千万两，就算不吃不喝也得倒贴三千多万两。

李鸿章的心理素质早就练到超强，他不怕被人骂，就怕影响洋务运动的进展，这可是他和老师共同认定的事业与道路。

战争暂时告一段落，裱糊匠又可以拿起他的刷子了。

大染缸

中法战争后的十年，称得上是李鸿章个人最风光的十年。在这十年里，他终于打造出了大清第一支现代化海军——北洋水师。

1891 年，当李鸿章巡视北洋水师时，这支海军已拥有二十多艘军舰，领衔的是定远、镇远两艘铁甲舰。两个大家伙至少在远东堪称无敌，它们身上厚厚的护甲，是任何对手的舰炮都难以轻易击破的。

看到此处，连李鸿章自己都要忍不住笑出声来了——以如此"深固不摇之势"，至少守一个渤海湾没有问题。

这个时候，同治年间的名臣已经凋零得差不多了，李鸿章成

北洋水师是近代中国第一支现代化海军，图为铁甲舰"定远"号。

了独一份，在洋务方面没人能跟他争，所以全国数得着的洋务人才都在向北洋水师流动，其中也包括留美幼童。

十年过去，与中法海战时期相比，已经有留美幼童走上了比枪炮官更显要的位置，他们的学识和能力，让北洋水师聘请的洋顾问都为之钦佩。但洋顾问也观察到，在所见到的留美幼童中，没有一个人是真正开心的。

留美幼童仿佛正在重复前辈的心路历程。

容闳当初在耶鲁读书，思考中国问题时，曾说过这样一句话："知识益高者，痛苦亦多，而快乐益少。"

新大陆的经历，让他们多了一双能透视未来的慧眼。这双慧眼发现，所谓亚洲最强海军，其实是一座随时可能崩塌的危楼，因为它已经身染病毒。

这种病毒，不是清政府口口声声要提防的在留美幼童身上的"洋毒"，而是一种完全丧失了开拓进取精神的"腐败之毒"。

在内外部威胁暂时隐身后，朝野上下一片"承平"气氛，似乎天下又安宁了。与此同时，腐败也以比洋务运动还要快的速度蔓延开来。

当年容闳在海关谋生时亲眼目睹的蝇营狗苟，已经扩展到了大清的每一个角落：上自实际掌权的慈禧太后，下至最低微卑贱的差役，没有一个人不与各种"陋规"有染，甚至形成了一种无法改变的习惯，这里面自然少不了李鸿章。

金钱开始变得无所不能，什么都是交易，谁出价高谁拥有。理想、道德、良知、远见，这些曾被曾国藩等中兴名臣视为珍宝的东西，再也没有了存在的空间。

自 1888 年后，北洋水师就完全停止了"添船购炮"，也就是说，在甲午战争开始的前六年，这支海军已经停滞不动了。直接原因来自户部尚书翁同龢的抵制。户部相当于财政部，翁同龢不光是财政部长，还是光绪皇帝的老师、军机大臣，可以参与国家核心要务。

翁同龢与李鸿章有私怨，认为北洋水师是李鸿章的"私军"。自翁掌权后，便以"海军装备已经足够完善，而中央财政非常空虚"为由，不再向北洋水师调拨经费。

海军经费都去了哪里？当时慈禧太后要修建颐和园，以庆祝六十大寿。为了给慈禧过生日，一下子用去白银两千余万两，其来源都是海军军费。如果这笔钱拿去买军舰，可买十余艘铁甲舰，二十余艘高速巡洋舰，那将是怎样一个浩大场面？

李鸿章不是不知道这一点。他早年间颇有些中兴名臣的风骨，也曾竭力抵制过海军军费挪用的问题，可很快就退缩了。

由于风头太大，以及敢言人之所不敢言，李鸿章发现，他的政敌已经布满朝堂内外，如果不是慈禧力保，头上的乌纱帽恐怕早就被摘掉了。

看来我得学着敞亮一点儿，何必跟我的保护人较劲呢。

于是曾经极力反对修园的人，开始变得明哲保身，所谓牺牲大我，成全小我，拿海军的前途当了公开贿赂的工具。

病毒同样深入到了北洋水师的内部，而且更加触目惊心。

在这个大染缸中，留美幼童要想做到洁身自好已经很难，更不用说改变环境了。归根结底，他们并不是这个舞台的主角，以前不是，现在不是，未来也不会是。

有可能或正在成为主角的，来自另一个地方：福建船政学堂。

新人变旧人

福建船政学堂是留美幼童加入海军之前临时充电的地方，是中国近代第一所海军学校。

虽然是一所军校，但从这里培养出来的学生却不像军人。

曾经有一个英国海军军官前去访问，看到学生们的作业本上字迹无不工工整整，清清楚楚，勤勉认真程度超过英国本土的学生。

然而这只是表面现象，经过深入观察，他发现这些未来的海军军官与其角色定位相去甚远。学生们虚弱不堪，且缺乏雄心和魄力，每个人或多或少都有些像小姑娘。

身体素质不行，也不锻炼，即使下了课也从不运动，也没有人会哼两首歌以活跃活跃气氛。

学生们都在干什么呢？

发呆，或者做功课。

福建船政学堂就是这样的学校，相当于中国私塾的翻版，重文轻武，喜静不喜动，与留美幼童形成了强烈反差。

英国军官参观后一个劲儿摇头，认为将来与其让这些"手无缚鸡之力"的人担当海防重任，还不如让他们在佛堂里坐着念经更合适。

日后的实践，充分证明了他的判断。

船政学堂毕业的海军军官，平时只喜欢把两只手揣在口袋里，甚至连常规的爬桅杆训练都不愿意参加，更不用说去搬动炮弹这种累活了。

留美幼童不一样，从小不间断的运动练就了他们强健的体魄和顽强的精神。对他们而言，没有什么活儿是不能干或干不了的。中法海战中，在炮台上协同一致击伤敌舰的都是留美幼童。

传统私塾。英国人认为，这种封闭教育难以培养现代海军人才。

　　船政学堂也择优分批向外国派过留学生，不过不是赴美，而是赴欧。确切地说，是去当时世界第一海军强国英国。

　　留欧学生平均年龄在二十岁，也就是说出国时大都已经成年了。他们留学的时间也很短，最长的不超过五年，短的仅两三年，学习的课程只有一样，那就是海军专业技术。

　　如此苦心孤诣，就是借鉴留美幼童"感染洋毒"的教训，最大程度上避免"全盘西化"的危险。

　　即使在英国，学生们仍未能摆脱"像小姑娘"的阴影。

　　老师让中外学生学习筑堡垒，一人拿一把锄头排着队前进。一个小时过去了，英国学生筑好了一半，中国学生最差劲儿，不仅没弄出个形状，还一个个累得东倒西歪，无力再坚持下去。

　　这是他们小时候不锻炼身体吃的亏，如果能够在留美幼童那个年纪出国，练练划艇、打打棒球，一切还来得及，到二十多岁已经晚了。

不过如果据此以为他们混得比留美幼童差，那就错了。

在北洋水师里面，最先占据实权位置的恰恰是船政和留欧学生，因为在长期的耳濡目染中，他们已经适应并懂得怎样操作"陋规"，并且知道只有这样才能给自己带来更多的实际利益。

北洋水师名义上的总指挥是提督丁汝昌。丁汝昌乃太平天国时期涌现的淮军名将，但他原先是陆军将领，搞海军是半路出家，实在力不从心，于是不得不请来洋人当总顾问。

总顾问治军甚严，北洋水师的纪律和训练因此大有起色，一时被丁汝昌倚作左膀右臂，却被大多数管带视为眼中钉。

这些提拔上来的管带都是船政或留欧学生，也许在最初，他们身上还有一点儿职业精神，但随着时间的消磨，他们早已化身大染缸中的一员了。

每个人都很清楚，工作表现不是他们晋升的决定因素，升不升或能不能升，都是上面的长官说了算。

既然如此，凭什么要累着自己，苦着自己？

定远舰管带刘步蟾率先发难，带着大伙逼走了洋人总顾问。门外汉丁汝昌无可奈何，只得将军务转交刘步蟾全权处理。

一代新人换旧人，然而这些新人其实仍是旧人，甚至还不如旧人。

游戏规则

刘步蟾是留欧学生，不过他显然没有学到英国海军的精髓，倒是在某些"陋规"方面颇有"青出于蓝而胜于蓝"之势。

船政学堂的一大弊端是，它不像留美幼童那样从全国招生，而是局限于福建一地，因此学员极易"抱团"。在北洋水师十二艘大舰的管带中，只有致远舰管带邓世昌等两人是广东人，其余都是福建人。他们人多势众，逐渐形成了能够左右整支舰队的第一大派系，即所谓闽党，其幕后首领正是刘步蟾。

刘步蟾，北洋水师中闽党的幕后首领。

闽党十分霸道，先是排挤粤籍军官，最后连丁汝昌这样有背景的皖籍老人都不放在眼里了。

丁汝昌名义上是提督，却空有其名，甚至被完全孤立，为闽党所制。"威令不行"，就连训练都被弄得跟儿戏一般，一群人懒洋洋往那里一站，谁都不肯动一动，也算是出操了。至于本该被视同命根子的军纪，更是有如浮云。

按照章程，高级军官必须长年居于军舰之上，但没有哪个管带能够遵守，有的甚至一人拥有三处以上房产，上行下效，连普通水兵都不肯住船上了。

对海军军官们来说，吃喝嫖赌成了家常便饭，乃至于水师基地的娱乐业因此兴盛起来。此外，每年冬季，舰队例巡南洋，船在上海、香港一靠岸，官兵们便一窝蜂冲进当地的花花世界！

管带的薪水很高，每年少则一千两，多则四千两，超过同级绿营武官的三倍以上。可这么挥霍，钱如何够用？于是他们就得另想发财的路子。

北洋水师实行维护经费包干，钱分到每艘军舰，剩多剩少由管带说了算。

很多管带的反应相同：我傻啊，凭什么要把钱都花掉，留着给我自己快活岂不更好。

崭新的军舰由于长期缺乏保养，外面铁锈堆积，里面脏得像垃圾桶，由作战利器变成了单身汉聚居的公共寓所。

在北洋水师这个堕落的群体中，留美幼童连呼吸都觉得困难，因为里面的游戏规则对于他们全然陌生。从小接受的教育，没有告诉他们如何内斗，如何给自己人使绊子，以及如何苟且。

闽党、粤系、皖系，排到最后才轮到他们，再怎么拼命苦干都只能给人当下手，难有施展抱负的机会。

有人就此沉沦，向环境投降，他们匆匆加入这场类似集体殉葬的仪式，醉生梦死，离当初的理想和奋斗目标越来越远。

北洋水师曾应邀出访海外各国，这是水兵在接受检阅。

少数人得到"环境"的接纳，甚至有人因同为闽籍而升为管带。可结果是悲哀的，因为从本质上说，他们再也不是过去的留美幼童了。

坚持下来的人继续艰难前行。很多时候，他们希望自己没有那双眼睛，那双能看到未来却带给他们无穷痛苦的眼睛。

能看到未来的，不光是留美幼童。

1891年，就在李鸿章乐呵呵地巡视北洋水师的同一年，这支舰队的六艘主力战舰应邀出访日本。

此次出访，给未来的战场死敌提供了一个面对面审视对方的机会。在作为北洋旗舰的定远舰上，一个日本海军军官惊讶地看到，舰上官兵像猴子一样毫无纪律性可言，而且没有擦干净的大炮上竟然还挂着晾晒的衣物。

晾晒的衣物能挂在大炮上吗？这是在亵渎军人的荣誉！

这位日本军官曾对传说中的"亚洲第一海军"有所忌惮，至此态度一转，变为轻视，他的名字叫东乡平八郎。

日本人的轻视，显然被刘步蟾等人看在眼里，不过他们得出的却是另一番结论。

回去后，刘步蟾通过丁汝昌上书要求"添船购炮"，以便在武器装备上不被日本海军所超越。

李鸿章的回答却很无奈："我没钱。"

第 十 章

新生代之战

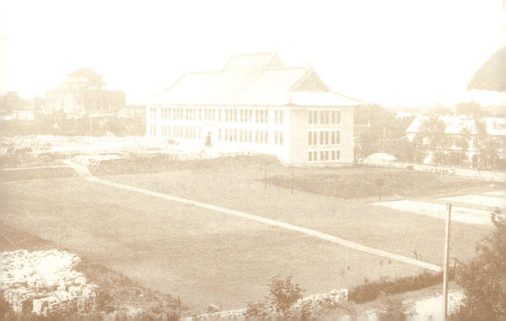

1894年爆发了中日甲午战争，与中法战争的起因如出一辙：为了朝鲜。

照例，朝野上下分成了主战、主和两派，不过与上次相比，这次主和的声音几乎被挤得完全听不到了。道理不言自明。十年前，要对付的是世界第二大海军强国；十年后，面对的却是名不见经传的亚洲小岛国。十年前，大清海军没什么家当；十年后，已经拥有了"强大"的北洋水师。

自鸦片战争以来，总被列强欺负，一直这么憋屈着，如今总算冒出个软柿子可以欺负一下了，怎能轻易放过？

可让人觉得奇怪的是，北洋水师的创始人和主持者、被日本人称为"东方俾斯麦"的李鸿章，居然是主和派。他的理由令众人惊愕：可能打不过对方，要是输了的话，又得像以前一样吃大亏。

话一出口，从皇帝到百姓全都愤怒了：那这些年您老人家都在忙些什么呢，难道北洋水师是用来撒网捕鱼的？

别跟他磨叽，该出手时就要出手！

李鸿章既不会掐也不会算，不可能完全料到战争的结局，之所以十年后再次主和，说到底还是心虚。

鸦片战争海战场面。

丁汝昌出访日本的经历，让他隐约感到东瀛岛国已非吴下阿蒙，而北洋水师整整六年没有"添船购炮"了，能不能打赢对方，心里委实一点儿底都没有。

人员的因素他也考虑了。丁汝昌不懂海战，刘步蟾等年轻将官"多不可恃"，只是他没有想到，真实的一面远比他想象的还要可怕。

主配角

战争还未打响，坐在看台上的西洋各国已纷纷做出预测：中国必赢。

这是有技术统计数据为证的，就规模而言，北洋水师超过日本海军，甚至直到大战的前六天，日本联合舰队才得以编成，其主力战舰不仅舰龄短，官兵上舰练习的时间也不长。

英国是世界海军第一权威，它就毫不客气地断言，日本海军很危险，这仗十有八九要输。

世界舆论如此不看好日本，连日本人自己也发怵，统帅部为海战失败提前做了预案。

可是大家都忽略了一个非常重要的信息，那就是关于人才的数据。

在此之前，中日两国都经历过罕见的人才喷涌期，一方是同治名臣的高标卓立，另一方是维新精英的层出不穷。但到甲午战争时，一代人已经老去，能够站在前台决斗的完全换了另一代人，他们决定了彼此国家的命运。

两个国家都"师夷长技"，所谓穿别人的鞋，走自己的路。双方海军也基本由回国的留学生实际掌控——北洋水师几乎所有战舰的管带皆为留欧学生，而日本海军的舰长和中高级指挥官多数也曾留学欧美，东乡平八郎本人就在英国学了八年海军。

都是新生代，大家较量一下吧。

1894年7月，双方在朝鲜丰岛附近的海面发生了第一次碰撞，此即丰岛海战。

在丰岛海战中，北洋水师共出动两艘军舰，主力战舰为济远舰。济远舰管带方伯谦是首批留欧学生，在闽党和整个北洋水师中都是个人物。有关"添船购炮"的建议，刘步蟾尚只能通过丁汝昌代转，他却可以直接上书李鸿章，举手投足已颇有大哥范儿了。

但打仗和有没有大哥范儿是两码事。

作为主力战舰，当然是对方重点围攻的目标。尤其在另一艘战舰先期遭到重创后，日方的三艘军舰全围着济远舰打，一下子便把"大哥"打出了原形。

管带本应站在舰桥上指挥，但甲板上却没有方管带的身影。这兄弟钻进了甲板下的舱房，而且不肯出来。

主角缺席，顶上去的是配角。

沈寿昌，上海人，第四批留美幼童，时任济远舰帮带（副舰长）兼大副。

沈寿昌，曾在挪威大学攻读物理、化学。

史载，沈寿昌从小就"聪颖有大志"，可他也像大多数留美幼童一样，有大志却不得志，混了这么多年，还只是个中级军官——别看副舰长和舰长仅差一个字，实际差距远不止一星半点儿。

沈寿昌站到舰桥上，眼看己舰遭到敌方围攻，第一反应是开炮还击，不然难道等着挨揍啊。

谁知请令传到舱房，方伯谦不知道是不是被吓傻了，迟迟不予批准。

千钧一发之际，沈寿昌慨然接过指挥重任，快步跑到司舵位置，亲自指挥炮手装弹开炮。

从舰船能力来看，济远舰确实有干到底的本钱，这艘德国制造的军舰，刚交货一年，是北洋水师中实力仅次于铁甲舰的大舰。

转折点出现在一个瞬间。

一颗炮弹落在济远舰的甲板上，沈寿昌当场战死，在甲午海战中第一个为国捐躯。

在北洋水师中，这位留美幼童出身的海军将领只是一个配角，但危难时刻却起到了主角的作用。正是他的勇敢和坚持，使济远舰在以寡敌众的情况下，与对手足足相持了一个半小时。

据方伯谦后来说，沈寿昌死时，鲜血和脑浆都溅在了自己身上。事实上，这位管带当时仍钻在甲板下面，与沈寿昌不在一起，如此惨状，他不可能看到，只能是听来的，但这也够他受了。

方管带终于下命令了，却不是继续作战，而是逃跑的命令。

你想跑，日舰可不让。方管带的脑瓜还真没白长，危急状况下让人挂起了一面白旗，又挂起日本海军旗——他要投降，日舰的进攻速度因此慢了下来。

济远舰到丰岛不是来旅游的，它要为一艘运兵船护航，趁着日舰转而围住运兵船之机，方伯谦忽然下令——快溜！

日舰愣了一愣，但马上回过神来，三艘日舰中的主力吉野舰追了上去。吉野舰的速度很快，眼看就要追上了，水手们看不下去，主动用尾炮连开四炮。由于距离较近，炮弹击伤了吉野舰，对方这才停了下来。

方伯谦逃得一命，代价却是他护航的那艘运兵船近千名陆军官兵身死殉国。

二重奏

方伯谦的表现绝非偶然。

战前，英国远东舰队司令斐利曼特尔中将曾造访北洋水师。在交谈中，一位管带对他说："海战是最愚蠢的战争。"

英国将军听后惊诧莫名。是的，战争的确是不祥之物，可这种话绝不应该出自一个军人之口。

作为军人，国家出那么多钱来培养你们，就是能有朝一日用兵一时，不然你们的存在还有什么价值？

当年船政学堂的"小姑娘"们终究难成大器。

丰岛海战时，中日两国尚未正式宣战，作战规模也不大，所以只能算是小考，到了黄海海战，才真正进入大考。

1894 年 9 月 17 日，双方主力尽出。按照提督丁汝昌的命令，北洋水师上前布阵，未料各舰大多畏战不敢前进，结果排出来的

黄海海战战场。

阵形乱七八糟。

刘步蟾的铁甲舰定远号是丁汝昌亲自坐镇的旗舰，可丁汝昌还未下令开战，刘步蟾就匆匆忙忙地打出了第一炮，这一炮距离日舰尚有五千米，根本就够不着人家。

在所有留欧学生中，刘步蟾最为通晓"海战术"，不仅其他留欧学生不及，非海军科班出身的留美幼童也比不上。这样一个海战专家，当然不可能不懂得近距离歼敌的道理，之所以如此急于开炮，只能说明一点，他当时已经心慌意乱，失去了应有的冷静和沉着。

刘步蟾的"先发制人"不仅没能制住敌人，反而伤害了自己人。强大的后坐力震坍了己舰的舰桥，正在观察敌情的丁汝昌毫无防备，从上面摔下来成了重伤，自此失去了指挥能力。

丁汝昌倒了，应该刘步蟾等后继者接替才是，但谁也不管，以至于在近五个小时的海战中，大家各自为战，乱哄哄地瞎打。

有的管带因为害怕，甚至喝了酒装醉趴在指挥台下，把重任扔给别人，丢脸真是丢到了家。

与怯者相对的是勇者，虽然只是极少数。其中一人名叫陈金揆。

陈金揆，与沈寿昌同为第四批留美幼童，两人官职差不多，都是在舰上担任帮带兼大副。

每一个留美幼童都是从最基层干起，他们的收入很低，负担却很重。陈金揆除了妻儿，还要抚养照顾母亲和妹妹，在写给昔日美国同学的信中，他透露过自己生活上的不如意。

大概是在晋升大副后，这种情况才逐渐有所改善。陈金揆的运气不错，因为他遇到了一个好上司——邓世昌。

邓世昌是广东人，船政学堂首届毕业生，他是国内学生中难得一见的异类，身上甚少"娘娘腔"，反而颇有中兴名臣当年纵横驰骋的豪壮之气。

自古英雄惜英雄，陈金揆"沉毅有胆略"，身为管带的邓世昌更是智勇兼备，在黄海海战中，两人搭档指挥的致远舰没有丝毫怯懦，始终在冲锋陷阵，并通过配合作战，使多艘日舰受创退出战场，因而赢得了"最猛鸷"的评价。

论性能，致远舰尚不如方伯谦的济远舰，更不及两大铁甲舰：定远舰和镇远舰。

作为北洋水师的领衔军舰，定远舰和镇远舰的装甲之厚让对手头疼不已。黄海海战中，有数百颗炮弹击中铁甲舰，却没有一颗炮弹能钻入舰身，大多咣的一记就掉入海里了。

可是偏偏这两艘军舰谁也成不了中流砥柱，它们固然很难受伤，但也无法让别人受伤。炮弹打出去，十发中不了一发，命中率竟顶不上对方的十分之一。

于是邓世昌指挥的致远舰只好扛起了本不应扛起的责任。

定远舰是旗舰，打着打着，旗舰帅旗被震落了，邓世昌见到后，立刻高悬舰旗，以安军心，同时借以分担定远舰的压力，但却使己舰遭到了日本联合舰队更为猛烈的围攻。

大敌当前，一帮人却在搞内讧。由于邓世昌不是闽籍，且一向风头甚劲，当他的战舰陷入包围时，周围的北洋舰船竟无一个伸出援手。

这是令人无比心寒的一刻。

炮弹将尽，致远舰也多处受伤，舰船开始倾斜。见此情景，官兵不由慌乱起来。邓世昌振臂大呼："今天不过是一个死字，以一死而能挽回海军声誉，这就是我们的报国之途！"

管带的一声呐喊，使船上的每个人都镇定下来。虽然失败已

图左为留美时期的陈金揆；图右为陈金揆使用的单筒望远镜，上刻他的英文名：Chin Kin Kuai。

经不可避免，但在失败面前，他们还有能力维护自己的尊严。

在日舰中，邓世昌发现了吉野舰的身影。吉野舰是日本联合舰队的主力战舰，追赶方伯谦的正是它。

邓世昌对陈金揆说，如果我们可以把吉野舰撞沉，那么三军便能重振士气，反败为胜也就有了希望。

陈金揆连连点头，他开足马力，"鼓轮怒驶"，向吉野舰直冲了过去。

看到对方要拼命，吉野舰急忙闪避，并用鱼雷进行阻击，其中一颗鱼雷击中了致远舰，导致锅炉爆炸。这艘决死之舰随即沉没，邓世昌、陈金揆同时命殒殉国，英雄二重奏至此画上了休止符。

在整个海战中，北洋水师共战死四名管带，但丁汝昌内心最看重的只有邓世昌，誉其为"万夫特雄之将"，皆因邓世昌不仅有超人勇略，且遵守军纪，从不像刘步蟾等人那样拉帮结派，党同伐异。

作为邓世昌的助手，陈金揆也未辱没留美幼童的声名，李鸿章在奏折上特地称赞他："争先猛进，死事最烈。"

蔫掉了

黄海海战毫无疑问是败了，但并不是那种输不起的败。是役，北洋水师共损失包括致远舰在内的四艘军舰，而日本联合舰队也有三艘军舰受到重创。

如果有足够的勇气，仍然可以再战，而且仍有可能取得胜利。

黄海海战结束的当天，光绪皇帝下旨严责李鸿章，给予拔去三眼花翎及除去黄马褂的处分，同时要求其督促北洋水师整兵再战，这对李鸿章造成了极大压力。

在识人用人方面，李鸿章虽不及他的老师曾国藩，但也并非泛泛之辈。实际上，曾国藩死后，李氏帐下就成了全国优秀人才的最大集中地，想干一番事业的人都到他那里去了。

天天相马的伯乐，不可能是个睁眼瞎，李鸿章曾慨叹北洋这些年轻管带"文秀有余，威武不足"，独当一面实在勉为其难，但这位当家人又没有更多更好的选择。

要说"威武"之气，所有留学生中没有超过留美幼童的，同时他们干活也最卖力，但留美幼童一直被国内视为不可重用的"外人"，备受猜疑和压制，要想提拔起来颇不容易。

李鸿章无可奈何，纵使他对人员现状并不满意，也只能将就

"致远"号部分官兵合影，拍摄位置在军舰的艉楼附近。人群中央双手交叉站立者为邓世昌，他身边的外籍军官为管轮洋员余锡尔。这张照片中的所有人均牺牲于黄海海战。

着先用。

在所有管带里面，李鸿章认为两个管带日后最有前途：其一是邓世昌，谓其"质地朴厚"，踏实肯干；另一个就是刘步蟾，这位仁兄钻研过海军技术，几乎可称得上北洋水师里面的理论权威。

但李鸿章又觉得两人都有缺陷，邓世昌的弱点是技术上不过硬，而刘步蟾除了气质欠缺外，品德似乎也有些问题——发迹之后，竟然不认辛苦把自己养大的养父母。

那几代人都有一个基本看法，即忠臣出于孝子之门，在家都不孝敬爹妈，在外还能指望你忠心耿耿对待上级乃至皇上？

幸好李鸿章对部下的个人品德看得还不是很重，他相信，随着自己的慢慢培养，刘步蟾成为海军中的"丁日昌"是有可能的。

邓世昌战死，丁汝昌又因伤疗养，刘步蟾奉命暂代提督，这时候的刘步蟾无疑成了北洋水师重新振作的希望。

李鸿章盼星星盼月亮，等着刘步蟾给他带来好消息，可惜他的所有期待，最后被证明不过是个人的一厢情愿罢了。

刘步蟾蔫掉了，他代理的舰队几乎处于瘫痪状态，军舰该修理的不修理，人员该动员的不动员。

李鸿章十分着急，发来电报警告刘步蟾，说你要是再不给我站直喽，小心我上本参你，治你的罪。

他却还不知道，现在站不直的不光刘步蟾。

在旅顺基地休整期间，所有管带没有一个人想要再次出海作战，一雪前耻。他们只有一种劫后余生的庆幸，庆幸自己还活着，没有像邓世昌、陈金揆、沈寿昌那样"倒霉"。

大家既不修船也不动员，而是继续去娱乐场所厮混，灯红酒绿，醉生梦死，乃至观者无不为之"触目惊心"。

管带们的最终表现，深刻地诠释了懦夫的含义。

在亲身经历"寄身炮弹之中，判生死于呼吸"的残酷瞬间后，年轻一代终于现出原形，他们一头瘫倒在地。

仿佛又回到了十几年前，那些脸色苍白、身体孱弱的"小姑娘"，那些工工整整、清清楚楚的作业本，以及那个不断摇头叹气的英国军官。

预测未来其实并不需要多么高明。

躺在病床上的丁汝昌察觉到了气氛的异样，便传令下去，将方伯谦予以处斩。方伯谦在丰岛海战、黄海海战中两度扮演逃路冠军的角色。丁汝昌希望杀鸡儆猴，然而此举适得其反，管带们不仅没有受到威慑，还为方伯谦鸣冤叫屈，曰"军中冤之"。

潜意识中，仿佛每个人都站在了方伯谦一边，逃跑也变成了理所当然。

丁汝昌再也坐不住了，仅仅治疗了一个月，伤还没有痊愈就强撑着回到舰队。这时候的北洋水师提督已经完全变成了虚设，命令根本得不到执行——退却命令除外。

北洋水师从旅顺退到威海，第二天凌晨进港时，噩耗传来，镇远舰触礁受到重创，管带因担心问责服毒自杀。

没有与日军有任何接触，人心已经像雪崩一样溃散。

不管朝廷怎么严令，李鸿章如何紧催，丁汝昌都无法组织再进攻，只能被动防御。

退守威海刘公岛的北洋舰队。

随着日军的水陆夹攻，防也防不住了。在 1895 年 2 月发生的威海海战中，北洋水师已无招架之力，最后一艘铁甲舰定远舰都受了重创，多艘军舰被击沉。

就在这期间，管带们有的还在妓院没回来，有的则驾艇跑路了，仿佛一个个追赶着把不要脸进行到底。

丁汝昌传令炸毁已经搁浅的定远舰，以免资敌。管带刘步蟾当晚服毒自尽，这位留欧学生的翘楚毕竟骨子里还有一股傲气，知道作为一舰之长，失去军舰便失去了所有。

可是更多的人连这一点儿志气都没有。

得悉日军已经围住了威海卫，当地居民赶来请求丁汝昌罢兵，以免像旅顺一样遭到屠城。

百姓是无辜的，他们确实不应承受被屠杀的命运，但遗憾的是，那些管带也夹杂其中，并鼓动官兵喧嚣，向丁汝昌不断施压。

丁汝昌本想继续固守待援，然而事到如今也知人心已变，势不可为了。

他把管带们召集到一起，下令道："炸舰吧，不要留给敌人。"

话一出口，管带们哭了起来，没人肯听令去炸军舰。他们怕这么一炸，投降日本人就没了谈判的资本，万一对方恼怒，还会让他们身首异处。

丁汝昌又提议驾舰突围，刚才还抹眼泪的懦夫，立马恶狠狠地拔出了佩刀："鬼才愿意跟着你出去拼命呢！"

老提督长叹一声，明白了一切。

他戎马一生，并不怕死，但决不愿意死在一群只敢举刀向己、不敢提刀朝敌的懦夫手中。

在管带们聚众投降的前夕，丁汝昌也选择了服毒自杀，曾经号称远东第一的北洋水师以惊人的速度走到了终点。

吴应科，亲历北洋水师覆灭一幕。

有一个留美幼童从头至尾经历了这一悲剧性的场面，他叫吴应科，在定远舰上担任作战参谋。

丁汝昌自杀前，特地报请李鸿章嘉奖一批作战有功的将士，吴应科被授予"扬勇巴图鲁"勋章。巴图鲁是满语，意为勇士。

捧着国家颁发的勋章，吴应科的内心却只有难以抑制的愤懑和惆怅。他走到海边，将勋章连同制服上的阶章一起束成一个包裹，扔进了大海。

对于军人来说，胜利没有替代品。战争的失败，使所有褒奖变成多余，连勇士称号都化作一种讽刺。

第十一章

武士与风车

甲午战争期间，在大洋彼岸，始终有一位华人紧张地关注着战事的发展。

当时国际舆论都在议论中日两国的是非曲直，他站在第三者的角度，看出日本实际上是有意挑衅：对，我就是要找碴儿和你打架，以此证明我才是亚洲老大！

当战争的结果尘埃落定，他焦虑万分。

毫无疑问，故国再次站在了命运的十字路口。刹那间，家庭变故、落寞心境、人生打击，一切的一切，统统让位于这一最核心的主题。

此人就是容闳。

雷区

仗已经打败了，如何才能确保国家不吃亏到底，容闳为此绞尽脑汁，终于琢磨出了两条计策，但他不想和李鸿章打交道了。

两人的误会由来已久。容闳认为，与曾国藩相比，这位北洋大臣的城府太深，心眼儿太窄，对人总是藏着掖着，尤其没有尽全力阻止留美幼童被撤，在这件事上他永远不能原谅对方。而李鸿章私下里也觉得容闳"不识大体"，完全不懂潜规则，是个只知道按西方思维行事的洋书生。

更重要的是，李鸿章此时已被清廷委任为议和大臣，而容闳的那两条计策偏偏与议和背道而驰。

既然不想再见李鸿章，容闳便打算找另一位洋务派大臣试试，此人就是湖广总督张之洞。

张之洞曾经也是"清流党"，与张佩纶一样位列"翰林四谏"，有段时间也是雄论滔滔，乃至把弹劾他人视为平生一大乐趣，弄得朝堂上的官吏人人自危。

不过后来的事实表明，张之洞不光会卖狗皮膏药，还是有点儿胆量和魄力的。正是这一点，使他的命运得以与张佩纶等人完全不同。

在中法战争前，二张都被放为外臣，张佩纶督军福建，张之洞则以两广总督的身份坐镇广州，正是他请来了老将冯子材，才有镇南关大捷。

一个中法之战，让张佩纶原形毕露，"书生不知兵"成为外界的一致评语和感叹。可同样的一场战争，却成全了另外一位书生，并且让人们得出了完全相反的结论：书生亦不简单。

这次胜利，使张之洞从此

张之洞，早年是清流派骨干，后成为洋务派的主要代表人物之一。有人将他与曾国藩、李鸿章、左宗棠并称为"晚清四大名臣"。

确定了自己的"愤青"定位。在中日纠纷乍起时，他便力主对日用兵，像在镇南关那样好好地揍对方一下，是一个坚决的主战派。容闳要找他，也正是看中了这一点。

容闳给国内一位好友写了封信，这位好友曾给容闳当过翻译，他在时任湖广总督的张之洞手下做幕僚，可以将容闳的计策予以转呈。

起初，容闳对这封信的期望并不高。原因很简单，他此前从未与张之洞见过面，两人没有任何交往，贸贸然前去敲门，人家会搭理你吗？

出乎意料的是，容闳很快就收到了回信，而且是张之洞亲自发来的急电，上面写明："依计而行！"

战事输了，"老愤青"张之洞的主战立场却没后退，总是思量着怎样才能干到底。不过中法战争的经验告诉他：打仗，其实打的就是钱，没有钱，那你还是不要舞刀弄枪，乖乖回家去吧。

张之洞在湖北搞的也是洋务，但他没李鸿章那么会理财，除了一堆工厂外，拿不出能够继续支持战争的军费。

这时，他正好从幕僚手中得到了容闳所献之计，里面正是筹款的办法，不由喜出望外。

先看其中一条。

容闳说，既然准备将台湾割让日本，那不如把它抵押给欧洲哪个强国，可以筹到一笔巨款，全国海陆军的军费就有着落了。

张之洞翻过来，再看另外一条。

容闳建议，在抵押台湾的同时，可以先向英国人借钱，买它三四艘铁甲舰，再雇上能打仗的外国海军，组成一支"海外兵团"，从太平洋上直抄日本后路。这样既能让中国陆军获得重新整顿的喘息之机，又可使东瀛岛国陷入顾此失彼的困境，局面也许就反转过来了。

这条计策让张之洞拍案叫绝。

得到张之洞的支持，容闳来了精神，当即赶赴英国磋商。

容闳熟知西方交易规则，事情很快办妥，只差最后一点——英国人希望得到信用担保。

问题恰恰就出在这里。

容闳提出可以用关税做担保，但李鸿章站出来说不可以。

日本除了要求割让台湾外，还索要大额赔款，这些赔款正是以关税作为抵押的，这也是大清唯一能拿得出手的抵押品。

容闳无意中踩到了一个雷区：张之洞极端反对和议，其政敌李鸿章却是和议的主持者，不管他内心愿不愿意。

李鸿章曾批评张之洞为官数十年，犹不免书生之见："说到底，你还是摆脱不了'清流党'的架子，就会唱高调、说风凉话。"

张之洞则反唇相讥："李少荃（李鸿章的字）议和多少次，公然以前辈自居——你也就会倚老卖老，本事再大，那些丢尽脸的和约还不都是你签的！"

这样的结果，导致大借款虎头蛇尾，沦为空谈，中国也自此失去了一个翻盘的机会，只能乖乖地在《马关条约》上签字。

或许容闳还不明白，这时的大清上下，早已失去了继续打下去的勇气和意志，如果有，甲午战争就不至于输得那么彻底了。

大魔法

不仅担保不成，连容闳自己也因此陷入了麻烦。

英国那边的借款银行团已办好了手续，就等容闳拿来担保，

英国在香港的汇丰银行。

好取钱给他，孰料等来的回复是要取消这桩交易，大家不由恼火起来。

激动之中，有人嚷嚷着要把"毫无信用"的容闳告上法庭。

容闳狼狈不堪，只好发电报问张之洞该如何收场。

张之洞复电："回国，到我府上效力。"

原来张之洞已上奏朝廷，要求召回容闳。据说他在奏折中还大大褒奖了容闳在幼童留学方面所做的贡献。

张之洞的召唤，让容闳看到了新希望。

自从十几年前离开祖国后，他本以为这辈子不会再回国了，因此也不再涉足国内政事，可是这次他坐不住了。

我还可不可以重来，再做一次重大的人生抉择？

1895 年夏，容闳乘船归国。

屡次失败，让容闳逐渐认识到，这个古老国度必须要来一个根本性的变革，像李鸿章那样哪里漏了补哪里，裱来糊去，房子迟早坍掉。

一般的"小魔法"对"重病患者"已经不起作用了，容闳要启用"大魔法"。

至少招聘四个洋人，分别在外交、财政和军事等核心部门担任顾问。双方订立十年合同，合同期内，如果干得好，那就继续干下去，干得不好，马上辞退，另外聘请优秀人才。

这是一个类似职业经理人的制度。

在职业经理人下面，再嫁接"植柳计划"，也就是把包括留美幼童和其他留学生在内的青年派去做助手，跟着磨炼几年，到时候学到了洋人的本事，便能顺理成章地完成接班。

容闳的这个计划可谓超前，直到今天，仍称得上惊世骇俗。

容闳带着宏阔远图前去拜见张之洞，去之前，还专门花钱购买了崭新官服，可谓用心至深，然而他还是失望了。

张之洞津津乐道的，是和李鸿章的恩恩怨怨。

这老爷子骂起李鸿章来，那叫一个毒，口口声声指责李鸿章是"贪鄙庸懦之匹夫"，说全中国都是因李鸿章一人而蒙受了奇耻大辱。

他告诉容闳，甲午战败，李鸿章已被革职，差点儿连脑袋都保不住了，颇有幸灾乐祸之嫌。

容闳虽然对李鸿章有意见，但那是君子之争，他并不认为李鸿章有那么可恶，更不会幼稚到把举国失败的责任都推到一个人头上。

好不容易发泄完了，张之洞开始问计于容闳。

听完容闳的"大魔法计划"，他默然静坐，什么话也不说，既不说对，也不说错，就把容闳一个人晾在那儿。

容闳在下面如坐针毡，他未尝不知道自己的计划有多么激进，也料到很难立即实施，可总得留点儿未来的可能性吧？没有。

初次会面基本上是不欢而散。

张之洞这个"老书生"把容闳这个"洋书生"当成了怪物，再也不想带着他玩了。

又失败了。

容闳此次回国不同以往，出发之前，他把两个正在上学的儿子托付给了朋友，抱定破釜沉舟、背水一战的决心，不然也不会和张之洞初次见面，就将自己的惊天计划和盘托出。

可是大清官场实在太让人失望了。在容闳印象中，只有曾国藩称得上磊落、大气，之后就一茬不如一茬了。无论人格还是能力，李鸿章不及他的老师曾国藩，张之洞又不及他的政敌李鸿章。

当一个人静下心来的时候，容闳终于意识到自己失败的原因所在，其实他是踩入了另一个雷区。

如果真能像"大魔法计划"中所描述的那样，大清官场无异于爆发一场大地震。要知道，李鸿章搞了那么多年的洋务，也不敢轻易去碰官场，因为这不是好不好的问题，而是会触动许多人的既得利益。

与国家强盛相比，大小官吏无疑更珍惜他们的饭碗，谁会愿意让"洋顾问"和小年轻取代他们的位置？难怪"老书生"当场就要翻脸。

张之洞没有招纳容闳的兴趣，但按照东方社会的人情规则，人家不远万里来投奔，你完全弃而不顾是很不够意思的。于是，他就给容闳安排了一个闲职，每月什么事都不用做，也可照领工资。

当时有很多这样的闲职，也有很多闲人、庸人赖此生活，只不过里面不包括容闳。

官场是连李鸿章
都不敢轻易触碰
的雷区。

　　他辞了职，转而酝酿能被清廷接受的新方案。

　　既然官场碰不得，那就只能涉足洋务，更准确地说，是经济圈里的洋务。

　　浸润新大陆这么多年，容闳对西洋各国富强的秘密已经了然于心。他仿照美国经验，拟订了一个经济复兴计划，其中最关键的就是建立国家银行。

　　在中国境内，很早就出现了票号和钱庄，但银行一直是个稀罕物，过去购买军火或其他机器，都得通过外国银行，手续费人家说了算，没少吃亏。

　　容闳的设想是，办一个国家银行，请洋人做经理，这样除了不再仰人鼻息外，还能多出一条致富途径。

　　当年容闳想筹建江南制造总局，那是一座可以孵化无数工厂的"工厂"，而国家银行则是可以孵化无数财富的金蛋，最主要的是，它可以帮助整个国家在战败后尽快复苏经济。

　　不过，无论多么好的计划，还是得有懂行之人欣赏并实施才行。

地方的洋务派大员里面，李鸿章已经不复往昔，而张之洞又目中无人，还有谁能接招呢？

容闳决定去京城，找中央的洋务派。

搅局者

通过别人的介绍，容闳得以结识户部尚书翁同龢。

翁同龢与容闳只交谈了几句，便发现对方很了不得，讲起银行方面的知识来，"胸中有丘壑，腹内有乾坤"。

经过协商，翁同龢同意以户部的名义向朝廷上呈奏折，以筹建国家银行。

事情似乎水到渠成了，容闳也深信这一点，打算等奏请之事一经通过，就立即奔赴新大陆，向美国财政部讨教建立银行的具体步骤。

盛宣怀，晚清三大商人之一，另两位是"红顶商人"胡雪岩和"状元实业家"张謇。盛宣怀通常被冠以"大买办"的头衔。

可关键时候有人插了一脚，此人叫盛宣怀，国内经济界的教父级人物。与容闳相比，这位商界大鳄没有那么多的家国情怀，他的身份虽然亦官亦商，但本质还是一个地地道道的逐利商人。

盛宣怀长居上海，并不在北京，但他的人脉四通八达，耳目众多，以至于京城里的一举一动，都逃不过他的眼睛。

在听到容闳的计划后，盛宣怀的第一反应是能赚大钱的好买卖来了，第二反应是这个大钱得让我来赚。

不经意间，他和容闳成了生意场上的竞争对手，这是容闳始料不及的。

盛宣怀先给翁同龢打了一个电报，大意是说："翁大人您先把那个计划放一放，别着急，等两星期后我到京再议。"

盛宣怀既是商界大佬，又是朝廷有实力的命官，财政部长当然要给面子，何况翁同龢也想听听盛宣怀的意见，相应奏折批办的进度就慢了下来。

说是要两星期后，可盛宣怀一点也没耽误，他即刻启程赶往京城。到了北京，他将随身携带的三十万两银票，往那些王公权贵家一送，便一切搞定了！

容闳在家苦等的最终结果是被告知："你不用再去美国了，因为情况有变。"

不是说银行不办了，而是他被别人悄无声息地踢出了局，取而代之的主角就是盛宣怀。

盛宣怀深谙钱能通神的妙处，他的贿赂甚至可以直达慈禧太后身边最宠信的太监李莲英，于是，没有一个朝廷重臣不对他表示支持的。

半年之后，盛宣怀另外上了一道折子，由朝廷正式批准兴办银行。与容闳的国家银行不同，盛宣怀要办的是商业银行，而且总部设在上海，北京只有分行。

等到人们重新认识到国家银行的重要性，那已是很久以后的事了。

这是一次完全不对等的较量。盛宣怀老谋深算，闭着眼睛都知道要打通哪些关节，容闳却如一个懵懂的孩童，平时与达官贵人鲜有来往，同时对官场潜规则一窍不通。最重要的是，他做这些事并不是为了升官发财，完全是为了国家的前途。

容闳可以愤怒于盛宣怀的半路搅局，但很快他就会知道，问题的实质并不在盛宣怀身上。

在容闳的经济复兴计划中，除了兴办国家银行，还有修建全国铁路。

这一次没有人来跟他竞争，盛宣怀也没有跑过来抢，原因是相比于银行，铁路的利润既薄，见效又慢。

容闳松了一口气，他不想与任何人争，只是想认认真真地为国家做点儿事。为此，他挖空心思地对方案进行了完善，可谓细致入微。

可还是有人来搅局，这回是德国人。

德国政府提出抗议，说在山东范围内，只有他们才能修建铁路，别人谁也别想，而容闳规划修建的那条铁路恰巧要经过山东！

容闳本身具有国际化的思维，他翻遍国内外的法律，也没找到德国人如此胡说八道的依据。可事情就是这么滑稽，满朝文武背地里对洋人喊打喊杀，但在这类事上没有一个敢对德国说不，都怕惹祸上身。

不能过山东，那就只能绕道，这样一来费用就高了，国家本来就没钱，容闳想来想去，还得吸纳外资。

容闳久居美国，自信对他的第二祖国了解颇深。他认为，与英、法、德、俄、日诸列强相比，这个新兴国家较少有领土野心，也比较好相处，因此向清政府建议让美商入股，以建成贯穿南北的铁路。

然而清政府对外资入股一事不予批准，甚至规定六个月内必须招齐股份，否则作自动放弃处理。

当时铁路在国内仍被视为洪水猛兽，要让国人买铁路股，比登天还难，而且也缺少具备如此财力的富豪。短短六个月的时间，容闳根本就筹不到修铁路的钱，一片心血再次化为流水。

此时，政府里面最有实权的不是翁同龢，也不是早已靠边站的李鸿章，而是慈禧太后最宠爱的大臣荣禄。

荣禄，清末高层腐败堕落的典型。

荣禄是一个极度贪渎之人，可以说，清末的腐败之风，他要负相当大的责任。据说，凡是被他看中的人，大多要向其行贿。他根据贿赂的多少来决定是否满足对方的要求。

他原本以为，容闳自海外归来，必定非常富有，因此一开始待容闳还不错。渐渐地，他发现对方其实是个"洋书生"，于是马上变了脸，容闳不失败才怪了。

其实，与容闳争抢开办银行权的盛宣怀也不轻松。他的商业银行同样费尽周折，直到两年后才在上海开业，其间又不知花了多少银两上下打点。

这个国家已经到了办事不用钱就寸步难行的地步。

末世预言

生平第一次，容闳有了一种彻底的无力感。他就像那个年老的西班牙武士，在与旋转的风车作战过程中，除了落得遍体鳞伤，看不到任何实际结果。

欣慰的是，绝望之中，他看到了志同道合者，虽然人数很少。

除了保守派、洋务派外，第三股政治力量出现在了京城的舞台，这就是维新派。

维新派由一群分别来自广东和湖南的年轻人组成，他们手中没有权力，只有理想和朝气。他们的基本想法也跟容闳类似，就是这间屋子已经破得不成样子了，光缝缝补补无济于事，得从里到外重新翻修一遍。

此时的容闳已经七十岁了，虽然四处碰壁，但他持之以恒的进取精神和传奇般的人生经历，受到了这些年轻人的大力追捧。

维新派的两大领袖人物康有为和梁启超，一个比容闳小三十岁，一个小四十岁，均尊称容闳为"纯老"（容闳号纯甫），经常跑来征求他的意见。

维新派本身缺乏实力，但在光绪皇帝的支持下，维新事业已经得以初步展开。

光绪皇帝亲历过甲午的惨败，对大清的萎靡不振有切肤之痛，其励精图治、革新庶政的决心非常大，因此被维新派奉为难得一见的贤君。在这位皇帝身上，容闳看到了国家再次中兴的可能。

仿佛国家又有救了。容闳来了精神，每次维新派开会，只要对方邀请，他必定与会，大家相互鼓劲打气。慢慢地，他在京城的寓所变成了维新派的会议室。光绪皇帝最后颁布的维新法令中，很多出自容闳的手笔。

可惜好景不长，仅仅一百零三天，情形急转直下。

1898 年 9 月 21 日，一直在幕后窥视的慈禧太后与荣禄联合发动"戊戌政变"。在这场残酷的宫廷政变中，光绪皇帝遭到囚禁，维新派人士非死即逃，顷刻之间黑暗笼罩了整座京城。

容闳虽然并非正式的维新党人，但所作所为大家都是看得见的，再不跑，难免不会被波及。

容闳退至上海，并在那里组织社团，号召废黜慈禧太后及保守派官僚，恢复光绪皇帝的权力。发言时，这位古稀老人在台上声如洪钟，听者意气风发，掌声雷动。

这下马蜂窝越捅越大，朝廷把他定为"谋乱之头目"，要予以通缉。

那就继续跑，到了香港。

冬来秋去，所有事情没有变得更好。在放逐洋务派、清除维新派后，整个国家上下像权力欲极强的慈禧一样，越来越保守，越来越愚昧和落后。

形成鲜明对照的是近邻日本。有一年，容闳考察台湾，特地拜访了台湾总督儿玉源太郎。

两人刚见面，儿玉源太郎就说："我有一个坏消息要告诉你。"

容闳吃了一惊，问："什么坏消息？"

儿玉源太郎说："你们政

谭嗣同，维新派核心骨干，在戊戌政变中被害。

府已发来公函，要我将你逮捕并遣送。"

儿玉源太郎的语气非常平和，而且脸上还带着笑容，仿佛两人正在聊家常一样。

容闳心里咯噔一下，依他的情况，不遣送则已，一遣送必定难逃一死。

今天看来是自投罗网了，但面对日本人，容闳表现得从容镇定："我在阁下的管辖范围，你想怎样就怎样。我愿意为中国而死，死得其所。"

儿玉源太郎一听，肃然起敬，马上收敛了笑容，并郑重保证："您过虑了，我决不会如此做，请放心，不过我有一事想请教先生。"

儿玉源太郎要"请教"容闳的是一份中国报纸。容闳低头看去，上面登载的正是他当年向张之洞所献的"抵押台湾，与日再战"之计。

儿玉源太郎问容闳这个计到底是谁献的，报纸上没有写明。

容闳不假思索，以手拍胸——是我！

他不仅主动承认，而且做了更正："报纸上说可以筹到八个亿，那是错的，事实上只能筹到四个亿。"

屋里的人震惊了，众人的目光集中在了这个胆大包天的访客身上。

容闳坦率地告诉儿玉源太郎："假如再有甲午战争那样的事发生，我还是会这样向我国政府建议，一定和日本打到底。"

出乎意料的是，容闳的话不仅没有使儿玉源太郎生气，反而让他更加肃然起敬，并说如果容闳去日本，他一定会出面请明治天皇出来接见，因为他觉得容闳是一个了不起的中国人。

容闳受到了很大震动。儿玉源太郎的态度显示出的是一种足够的自信和开放，其思维已和西方国家相近，而在日本，像儿玉源太郎这样既掌握实权又具备开阔视野的达官并非少数。

东瀛之国，诚不可小觑也。

果然，三年后，日本在日俄战争中取得胜利，成为国际列强之一，儿玉源太郎在这场战争中扮演了重要角色。

容闳从台湾回到香港，两相比照，真是别有一番滋味在心头。四十多年前，他曾立志要用平生所学改变故国的面貌；四十多年过去了，什么都没有改变，只是街上多了一个孤独的老人而已。

这种孤独感足以令人黯然神伤，他的心完全属于这个国家，却从来不被这个国家认可，以至于他在迷茫的边缘一次次挣扎，

日俄战争后，日本军部举行了盛大的庆祝仪式。这是参加仪式的日军在观看相扑表演。

一次次失去目标和希望。

　　台湾之行表明，香港也不能久居。神州辽阔，但已无容身之处，他只能选择去美国。

　　这一走可能再也没机会回来了，临别时，容闳特地和追随自己的门生做了一番交代。很多人都认为庚子事变中的义和团是"乱民"，容闳却认为这是一股难得的民气——

　　"现在的大清政府如果能够以诚示人，正确引导民气，可以避免扰乱，反之必有被推翻的一天。清廷既倒，后继者不能有所改变，则这个国家的动乱还将无穷无尽。"

　　容闳告诫门生："纳民气于正轨，此中国少年之责也。"

　　在世纪之末，这位年近八旬的老人留下了对母国的最后预言和期许，当晚便坐轮船离开了香港，自此再未能踏上故土。

第十二章

热血青春

"留学之父"走了，但那些留美幼童还在各自的岗位上战斗。

作为一个群体，留美幼童容易给外界的最大误解是认为他们皆出身贫寒，父母送儿出洋是逼上梁山的结果。

事实并非如此，大多数幼童家庭虽算不上阔绰，但也还过得去，极个别家庭的经济条件相当好，比如广东香山人唐绍仪。

唐绍仪的父亲唐巨川是茶叶出口商，唐氏家族的显赫一时，很大程度上归功于其族叔唐廷枢。唐廷枢不仅是容闳的同乡，还是同学，两人曾就读于香港同一所教会学校。"小学毕业"后，容闳远赴新大陆继续求学，唐廷枢则在当地给洋人打工，后来成为英商驻华总买办。

令人吃惊的是，就在大家羡慕不已时，他却辞职了。

最幸运的留美幼童

与容闳一样，唐廷枢也是一个很有追求的人。不同之处在于，容闳渴望教育救国，而唐廷枢则是一个实业救国论者。换句话说，他到外资企业上班就是要"师夷长技以制夷"。

从外资企业出来，该是"学成文武艺，贷与帝王家"之时，唐廷枢的首要目标是开拓外洋运输。

当时海洋上的轮船大多为洋人所有。某次，唐廷枢坐轮船途中遇到大风浪，船只被迫躲到了一处避风带。

一船人饥渴不已，外国船主便给中国乘客分发淡水，不过每人只能分到一小壶，喝水、洗脸都在里面了。

在发生意外的情况下，限制用水无可厚非。但仔细一看，船上除了乘客还有羊，而且羊的待遇大大超过了中国乘客，因为在它们面前放着满满一桶水。中国人的地位还不如羊，这使唐廷枢大受刺激。

假使我们自己有轮船，还会受这种侮辱吗？

唐廷枢辞职后，就任上海轮船招商局总办，这是洋务运动里官督商办的第一家民用企业。但在他到任之前，由于缺乏管理经验，该企业在经营上问题重重，毫无起色。

唐廷枢的到来，使轮船企业活力四射，不仅成功地将外国同行挤出了长江和沿海航运的部分市场，还在世界各地设立分局，加入全球性市场竞争。

除了轮船业务，洋务运动中的很多"第一"也都是由唐廷枢一手创造的：发行第一张股票、制造第一台火车头、开办第一家采煤企业、创办第一家水泥厂……

唐廷枢取得的成就，连李鸿章本人都曾自叹弗如："中国可无李鸿章，但不可无唐廷枢。"

作为领先于时代的急先锋，唐廷枢对于老同学容闳主持的幼童留学计划自然是一百个认同和支持，而他对整个唐氏家族的影响力也毋庸置疑。当很多人还在犹疑彷徨的时候，唐绍仪的母亲就认定出洋留学大有前途，遂力排众议，送儿子去上海报考。

出国前夕的唐绍仪（右）。

这一考就考上了，位列赴美幼童中的第三批。

在美期间，唐绍仪就读于哥伦比亚大学文科，但由于留美幼童过早被撤，他没能拿到哥伦比亚大学的学士学位，甚是可惜。

从整体上来说，回国之后的留美幼童都很不幸，连那些拿到学位的也被耽误了许多年。不过相比较而言，唐绍仪是幸运的。

不知道是不是族叔唐廷枢的缘故，就在很多留美幼童工作生活无着落时，唐绍仪被分配到了海关，虽然只是一个小小的公务员，但还是比其他人强多了，而且还算专业对口。

更幸运的是，一年后，他就被推荐担任德国领事穆麟德的秘书，有了去朝鲜的出国机会。

从明朝开始，中朝两国就建立了宗藩关系，朝鲜国王要顺利登基，必须先得到中国政府的册封，五百多年来一直如此。

在全盛时期，中国周边曾遍布藩属国，可是到了清末，藩属的数量已经越来越少。到中法战争之后，越南也从藩属花名册上被除去，只剩一个朝鲜。

所谓难兄难弟，一方面，大清对外靠朝鲜维系脸面；另一方面，朝鲜自身衰弱不堪，对自己的宗主国也很依赖。

在唐绍仪跟着穆麟德去朝鲜之前，那里发生了兵变，朝鲜政府镇压不了，无奈只得请求中国帮助平叛。

这是最后一个藩属国，李鸿章不能不重视，他立即调派淮军登陆朝鲜，叛乱很快就镇压下去了，朝鲜国王为此喜上眉梢。

惊喜之余，朝鲜国王提出新要求，让李鸿章再给他派一个人才，既能管理海关又能办理外交。

李鸿章身边的得力人手大多是聘请的洋人，德国领事穆麟德就这样带着唐绍仪到了朝鲜。

朝鲜还真不是一个太平地方，来了才不到两年，又出事了。

惺惺相惜

兵变之后，朝鲜政府内部分成两派。其一是保守派，主要由老一代官僚组成。他们主张墨守成规，继续背靠中国以获得保护。其二是开化党，主要由青年官僚组成。他们急功近利，天天幻想着通过换大哥的方式，使朝鲜完全脱离中国而"自立"。被开化党视作"高枝"的是日本，哪怕存在"引狼入室"的风险。

1884年，中法马尾海战导致南洋水师全军覆灭，大清在朝鲜的威望随之大大降低。朝鲜国王开始动摇起来，这让开化党感觉机会来了。

1884年12月，开化党人在驻朝日军的帮助下冲进王宫，在挟持国王的同时，几乎尽歼保守派大臣。这就是朝鲜历史上的"甲申政变"。

在政变过程中，一名保守派大臣侥幸受伤未死，逃出后被家人送到了穆麟德家进行救治。

唐绍仪此时正在穆府，他不仅体形魁梧，而且由于受到的压制和监控较少，身上还保留着美国西部牛仔的习气，以至于走到

朝鲜开化党人。

哪里都有一股敢作敢当、无惧无畏的气势。

危难来临时，唐绍仪毫不害怕，反而更加兴奋且充满激情。

不需穆麟德交代，他就抄起一把手枪，径直站到穆宅门口当起了门神。

入夜，果然有一队人马冲来，唐绍仪毫不慌张，立即持枪上前拦阻。一问却是自己人。对方是驻朝鲜的中国官兵，领头的军官叫袁世凯。

这是袁、唐第一次见面。

男女初次相见就倾慕，可以说一见钟情；两个优秀的男人初次见面互相欣赏，大概只能叫作惺惺相惜了。

犹如眼前树了一面镜子，他们在对方身上看到了自己优秀的一面：敏捷、机智、果敢、朝气……

那是属于年轻人的特质。这一年，袁世凯二十五岁，唐绍仪二十二岁，他们的手握到了一起，虽是萍水相逢，却已成为知己。

时代在前面召唤！

朝鲜发生了政变，究竟该怎么办，一时之间，驻朝淮军从上到下都没了主意。如果动兵的话，必须向国内请示，由于没有电报，得靠兵船运送请示公文，来去得花上好几天。

袁世凯急了。

"现在事态相当严重，要是让开化党人完全掌握政权，朝鲜必然脱离中国，转而依附日本。到那时我辈将死无葬身之地矣，孰如破釜沉舟，背水一战。"

其他将领仍强调至少需得到李鸿章的允许，否则不便妄动。袁世凯明白他们是怕背责任，遂慨然承诺："如果朝廷降罪，由我一力承当，决不殃及诸位。"

见袁世凯如此，于是大家呼啸一声，杀向朝鲜皇宫。

朝鲜皇宫虽有日军，但人数不多，被中朝两国军队围攻后，只得狼狈退回日本公使馆，开化党人也是死的死，逃的逃。

"甲申政变"仅持续了三天，便被袁世凯一手扑灭了，这位青年将领由此崭露头角，俨然一仗剑而立的英雄。

一旁的唐绍仪看呆了。

也许从这一刻起，袁世凯的领导者形象就在他心中牢牢扎下了根：跟着这样的青年领袖闯荡天下，错不了！

可英雄并不一定都能得到应有的奖赏。

年轻时的袁世凯，在气质上与同年龄段的李鸿章颇有相似之处，眉宇之间英气逼人。

对袁世凯在镇压朝鲜政变过程中的"独断专行"之举，国内多有非议，日本人声称要进行追查。李鸿章为了应付了事，就以私人名义说了袁世凯几句。

虽然只是假模假式的几句话，却着实伤了"英雄"的心，袁世凯愤懑不已。

1885年1月，袁世凯以养母有病需要照料为由，请假回国。唐绍仪闻讯后，立即辞去秘书一职，选择与之同行，可见双方此时已到了可以同进共退的程度。

袁世凯并不是一个闲得住的人，隐居期间少不得要发牢骚："想那李鸿章年轻时也是一条汉子，等到白胡子一大把却也蔫了。看看他身上，哪还有一点儿'三千里外欲封侯'的劲头？"

袁世凯有一个在京做大官的堂叔，这个堂叔很识时务，知道如果没有李鸿章提携，堂侄真的只能一辈子"隐居"下去了。

于是，他想办法给两边写信。写给袁世凯的主题是"劝"："日本人一直要找你的不是，李大人用'捣糨糊'的办法帮你来回捣，费了不少口舌，情景很感人啊。"

另一封则是写给李鸿章的幕僚，让他代为转话给李鸿章："我侄儿受到了您的大力庇护，刻骨铭心，老感动了。"

叔叔的良苦用心逐渐让李鸿章认识到了袁世凯"孺子可教"。

演 戏

"甲申政变"后，中日就朝鲜局势进行谈判，最终的结果是双方从朝鲜撤兵。

中国虽然撤兵了，但对朝鲜仍保持着足够的控制力，问题是这台控制机器临时出了毛病。

李鸿章派驻朝鲜的中方代表忠厚有余，才干不足，没什么气势，朝鲜人都不怕他。穆麟德毕竟只是一介洋打工仔，脑袋里的概念是谁给的钱多，就替谁办事。鬼使神差中，他竟牵线搭桥，帮着朝鲜国王制定了"联俄拒清"的计划。

由于前段时间被中日夹在中间，朝鲜国王的日子颇不好过，因此又有了换个大哥做靠山的念头。沙俄绣球频抛，正是对上眼的时候。

唐绍仪血气方刚，当初之所以坚决要辞职跟袁世凯回国，也是早早察觉到了穆麟德容易变节的品行。

李鸿章一怒之下，撤掉了穆麟德的职务。穆麟德顺势另投门庭，一门心思撮合朝俄两国，而且越混越好，竟然得到了可以自由出入朝鲜宫廷的待遇。

这时，李鸿章想到了袁世凯，迅速向后起之秀发出征召令。

袁世凯一到天津，李鸿章亲自接见。

"知道我要让你去干什么吗？去演戏！舞台我已经搭好了，客人也请到了，就专等你登场了。"

袁世凯虽有心理准备，但李鸿章的这番话说得他有些心惊肉跳。

"那请问一下，我要带多少兵力去？"

李鸿章笑着回答："朝鲜人听说你袁大将军到，早已欢声雷动，谁敢抗拒？数十个水兵随行即可！"

李鸿章腹有丘壑。他明白朝鲜之所以突然对"联俄拒清"感兴趣，是想借机抛开中国，实现完全独立。

这池水太静了，所以一帮人才要做妖。

李鸿章的手中一直牢牢掌握着一枚棋子——第一次朝鲜兵

朝鲜是袁世凯
（中）的发迹之地。

变的始作俑者——朝鲜国王李熙的生父李昰应，此时正被拘押在
中国。

如今他要采取"分而治之"的办法，把棋子变成鲇鱼，放进
池子里去，从而把水搅浑。所有这些都是为了保证中国作为宗主
国的利益。

国王的生父，正是李鸿章请到的那个"客人"。

可是李鸿章需要有人把这位"客人"平平安安地送回朝鲜。
前面为什么要撤兵？因为朝鲜人对中国驻军已经产生反感了，不
走不行。倘若再大张旗鼓地派兵护送，无疑会让当地民众重新滋
生恐惧心理。

李鸿章期许袁世凯的是"千里走单骑"。

这是巨大的冒险，但袁世凯毫不在意，这种独闯虎穴式的行
动恰恰非常符合他的个性。

袁世凯带着"客人"，成功地实现了再次回归。在"客人"归

位后，朝鲜王宫果然又分成了若干派系，大家你斗我，我斗你，"拒清"自立的劲头大减。

袁世凯清楚地知道，随着中国国力的日益衰弱，朝鲜的离心倾向会越来越严重。中国又无驻军，若再不施加一些手段，人家是不会把你当回事的。

袁世凯由此作出规定，朝鲜国王遇到任何重大的内政外交事宜，都必须随时和他商量。他要出入朝鲜皇宫就像螃蟹一样，横着进来，横着出去，谁也不敢拦。

同时，他拒绝与各国公使共同出席会议。理由很简单，大清是朝鲜的宗主国，一宗一藩，不是平等的国与国关系。

朝鲜国王这下可难受了，拒清没有拒成，还一下子迎来了两个老子——一个真老子，一个太上皇。

袁世凯在气势上压住对方后，立即逼迫朝鲜国王炒穆麟德的鱿鱼。

穆麟德丢了饭碗，灰溜溜地来找袁世凯："还有活儿给我干吗？"

这是个厚脸皮的洋人，袁世凯大笑。

"好说好说！听说你还精研满文，那就回到我们中国，老老实实做你的学问去吧。"

穆麟德一走，朝俄的联系也就断了，朝鲜"联俄拒清"的计划完全破产。

当袁世凯完成使命回国时，李鸿章才真正把他当成一个不可多得的人才。

经过李鸿章的上奏请功，袁世凯被正式任命为中国驻朝鲜全权代表，加三品衔。这时的袁世凯并无功名在身，不过是个落第秀才，如此年纪就做了大官，确实让人眼红。

袁世凯对李鸿章感激涕零，对命运的垂青感激涕零，他终于尝到"三千里外欲封侯"的滋味了。

守护神

1885 年 11 月，袁世凯再次登陆朝鲜，随后在汉城（今首尔）设立公署，而他的秘书兼翻译就是唐绍仪。

两个年轻人接受的教育和经历完全不同，唯一相同的是他们都属于大清的"无功名者"，没有获得让社会认可的举人、进士等身份，只能靠赤手空拳去打拼。

在"甲申政变"中兴风作浪的朝鲜开化党领袖虽已逃亡日本，但时时都想借助日本浪人之力卷土重来。朝鲜政府怕因此动摇本国局势，袁世凯则深恐影响中国宗主国的地位，于是大家一拍即合，约定由中方带一名朝鲜助手前往日本，神不知鬼不觉地除掉这个祸根。

到日本去刺杀一个人，这任务太艰巨了，可谓"风萧萧兮易水寒，壮士一去兮不复返"。不过，唐绍仪听后热血沸腾，他第一个报了名。

袁世凯确定派唐绍仪带朝鲜助手去日本后，朝方却提供不出这样的人选。

这边过不去，那边也过不来，日本浪人嘴上叫得凶，真要让他们拼着老命去朝鲜杀人，也没那个胆气，所以开化党的造反也就不了了之。

幸好事情黄了。作为留美幼童中难得的政界精英，唐绍仪的能力和价值要远远超过一个"现代荆轲"。

甲申政变后的日本。

袁世凯有胆略，但对国际知识和外交礼仪并不熟悉，这些主要靠唐绍仪去学习和应付。

1889 年 10 月，经袁世凯奏知李鸿章，唐绍仪得以兼任中国驻汉城领事。由于中国坚持自己的宗主国地位，不把朝鲜当成一个独立国家，所以对外不称领事，而称"龙山商务委员"。

在第一次鸦片战争之前，大清实行的是闭关锁国政策，对"不在王土"之内的海外华侨不仅谈不上保护，还非常敌视。

直到大门被洋人轰开后，看到人家是怎么对待自己侨民的，大清政府的态度才有所改观，开始按照国际惯例设立领事。

领事并非一个国家的面子工程，不是坐着和洋人喝茶聊天那么简单，它很大一部分责任就是要保护本国侨民。唐绍仪的新大陆求学经历，更是一再强化了这种认识。

不过，上任之初，唐绍仪的屁股还没坐热就遇到了难题。

很早以前，朝鲜华商的店铺曾先后被人放火烧毁，华人伙计也惨遭杀害。这件案子始终破不了，成了积案，大家不知如何是好。

唐绍仪经过思考，提出了一个双管齐下的方案：一是督促朝鲜方面限期破案，必须在规定时间内拿获人犯；二是没破案之前，首先完成对受害人的赔偿和抚恤。

世上无难事，唐绍仪四两拨千斤，使积年的老难题开始峰回路转。

积案的发生并非没有来由。中国是朝鲜的宗主国，所以华商在朝鲜享有特权，比如关税较低，可以在朝鲜各地自由经商等。再加上华人聪明勤劳，时间一长，汉城一带的商业几乎为华商所垄断。

汉城为朝鲜都城，这里有很多背景复杂的本地官商，他们的获利渠道受到限制，气得牙痒痒，非得让华人尝尝厉害不可。

见纵火吓不住人，本地官商便把状子告到朝鲜国王那里。国王当然不会胳膊往外拐，可他又不敢跟中国政府硬顶，于是下达了一纸密令，让朝鲜商人采取集体闭市的办法以激起民愤，用舆论压力逼迫华商迁出汉城。

这是事关在朝华商生存的竞争。朝商一闭市，唐绍仪就感到其中必有文章，立即介入调查。

唐绍仪的调查结果很快就出来了，中国的总理衙门拿到送呈报告后，随即把朝鲜官员请去喝茶。证据就在眼前，没得商量，朝鲜政府只好通知朝商复市，一场风波刚冒了个泡就消于无形之中。

唐绍仪成了华商的守护神。他那迥异于传统官僚且逐渐与国际接轨的外交风格，使他在任何情况下都能做到有张有弛，从容不迫。

当时的中国之于朝鲜，犹如列强之于中国，有领事裁判权，也有租界，在朝华侨都是我们自己人在管理。

朝鲜捏着鼻子无话可说，可另一方的沙俄不乐意了。由于穆麟德中途出了岔子，沙俄想把朝鲜揽过去做自己"保护国"的愿望没能实现，由不得要变着法儿找中国麻烦。

按照领事裁判权，凡是来朝鲜的华工都要到中国领事馆

俄国公使馆内的中国雇员。

领取执照。有一个华工却在未领执照的情况下跑进了俄国使馆，当中国巡差要跟进使馆查看时，遭到门卫阻拦，双方因此发生了争执。

俄国公使得知后，借此发难："你们这么做，违反了外交礼法，所以我们决定，今后这位华工将归俄国使馆保护，中国官员无权干涉！"

俄国使馆只负有保护俄国人的责任，它突然善心大发，包庇一个无证华工，显然是"黄鼠狼给鸡拜年，没安好心"。

袁世凯情知来者不善。

如果轻易让步，在被沙俄压过一头的同时，必然会被朝鲜人看低，甚至借机闹事。届时，不仅中国的领事裁判权将面临挑战，事态可能会进一步恶化，毕竟大清还不是沙俄的对手。

唐绍仪，还得让他"出战"。

独当一面

俄国不同于朝鲜，那是"真正的洋人"，而跟洋人打交道，向来都是大清官僚的软肋，或者惧之如虎。对方提出任何要求都点头应承，或者敷衍搪塞、蒙混过关。更有甚者，利用"民气"，拿老百姓的血肉去做挡箭牌，结果给国家带来了更大的祸患。

唐绍仪既没有弯腰，也没有"装愤青"，而是当着沙俄人的面翻开法律条文——这是中朝两国所定章程，上面对华工执照一事写得清清楚楚。

唐绍仪先是表示，巡差闯馆时没有把相关法律文件带在身上，的确有些不妥，已经批评教育了。

这是虚晃一枪，下面才是重点——

"你看，按照法律规定，巡差查问华工，完全是中国分内之事，你们不仅不能加以拦阻，还有义务帮我们一起做那位华工的思想工作，让他赶快来办理执照。"

俄国公使本来采取的是攻势，没想到来者在"理屈"的情况下迅速扭转风向，转守为攻。

虽然心里无比恼火，但他知道唐绍仪的话有根据，完全符合国际惯例。

中国从哪里冒出来这么一个人？今天遇到对手了！

发现对方并非泛泛之辈，俄国公使也搬起了法律。他说的是国际法："依据《万国公法》，你们来使馆查问华工之前，应该先通知我并得到许可，否则就是不对的。"

到底是久经沙场的洋人外交官，这一反击甚是有力。

现在又回到了原点，唐绍仪变成守势，俄国公使变成攻势，唐绍仪确实有些束手无策了。

俄国公使气焰嚣张，连带那位华工也狐假虎威。但总窝在使馆里也不是个事，他要出来放放风，逛逛街。没想到唐绍仪早就派人暗伏于周围，他一露脸，就被抓了个现行。

抓了不算，唐绍仪又写了一份华丽的书面函告知俄国公使："你说过最好知会一声，那我正式通知你，人已在我手里了。"

俄国公使猝不及防，手里捏着信函，气急败坏之下发了一份照会："立即释放该华工，否则将上报我国政府。"

分明是想借机升级事态，但唐绍仪不慌不忙，他等的就是这份照会。

"我们是在使馆外抓捕的无证华工，并不违反《万国公法》，你说要我们立即予以释放是什么意思？不过，你这么一说，倒是提醒我了，我也将上报我国政府，抗议你破坏中国的领事裁判权，随意干涉中国官员审办案件的特权。"

唐绍仪再次转守为攻，不同于上次，这次可谓无懈可击。随后他让华工所在的商号出保，将其释放，并补发了执照，从而予以完美结案。

如今骑虎难下的俄国公使，不知如何收场，想来想去只好觍着脸来找唐绍仪，双方握手言和。

看似波澜不惊中，风险已悄然过去，唐绍仪在"洋人外交"中的首秀令人惊艳，其潜藏的外交才能初露锋芒。

当初随袁世凯来朝鲜的要员总计二十多人，短短几年后，只有唐绍仪脱颖而出，成了袁世凯身边最得力的干员，可以代表袁氏参加各种场合的国际会议，被赞为"老成练达，精通西学"。

在朝期间，两人关系继续升温，乃至八拜结交，成了患难与共的把兄弟。有了义弟的鼎力相助，袁世凯如虎添翼，同样，有了义兄的倾情支持，唐绍仪也得以大展拳脚。

清代中外外交官合影。

　　1891 年，袁世凯得知他的养母又病了，而且是重病，这回不是找不找借口的问题，是非得回去看看不可了。

　　临走前，他上书李鸿章，请求由唐绍仪暂代职务。李鸿章也认为唐绍仪出洋十年，在"朝"十年，熟悉外交和朝鲜形势，且胆识兼备，足能胜任，于是大笔一挥：同意！

　　袁世凯一走，唐绍仪独当一面。

　　这时候的朝鲜，随着民族意识的增强，分离倾向已十分明显，从君王到臣民，都想找机会脱离清廷的控制。

　　袁世凯在时，大家不敢乱说乱动，袁世凯一走，免不了就要搞些小动作。

　　朝鲜的海关由清朝海关兼辖，税务司人选虽然全是洋人，但也要由清廷聘请选派，朝鲜政府并无自主权。

袁世凯回国后，朝鲜国王便自作自张，准备增开新口岸，同时自行聘人管理。

事情很快被唐绍仪察觉，他意识到这是朝鲜在谋求海关独立，以便朝国家独立的方向一点点撕口子。

对不起，请留一步！

唐绍仪声明："开埠通商是好事，但应先由我大清国核准，税务司也要由我大清国来选任。"

口子立马被封住了。

朝鲜国王不撞南墙不回头。海关一时不能独立，他又把主意打在了外交独立上。

作为大清的藩属国，朝鲜不能直接派使臣出国开展外交，但袁世凯在时，朝鲜国王就曾偷偷地派人出使美国。袁知道后大为

朝鲜国王李熙。

震怒，逼迫之下，朝鲜国王只得将这位使臣撤职，并答应永不委以外交职务。

现在袁世凯不在了，我能不能将使臣官复原职呢？

唐绍仪回答："你这是在试图翻案，绝对不行。"

包括朝鲜国王在内的君臣狼狈不已，他们这才知道，与袁世凯相比，唐绍仪其实也很"凶"，只不过他不用刀，而是用嘴，且毫不留情。

为了维护自己国家的利益，不能不冷酷到底。事实上，自从代理袁世凯职务后，唐绍仪一直严阵以待，朝方的任何变动都别想轻易绕开他的视线。

汉城地方政府曾登出告示，禁止本地人将房子卖给华商华侨。这又是一股排华暗潮的开始，唐绍仪一拳过去，便把这股暗潮打

被逮捕押送汉城的东学党领导人全琫准（坐于担架者）。

"熄火"了。

李鸿章对唐绍仪代理期间的表现非常满意，认为他维护住了大清的国家利益，因此特将其升为候选知府，加三品衔。

共同的灾祸

1892年5月，袁世凯销假返回朝鲜。

他和唐绍仪执行的政策基本上是成功的。在从朝鲜撤兵后，大清的宗主国地位不仅没有受到削弱，反而得到了巩固和加强，但这并不意味着朝鲜愿意俯首帖耳。归根结底，大清每况愈下的国力，与宗主国的身份已极不相称。试问，如果你连自己都保护不了，又有谁心甘情愿一直当你的藩属国？

一边是朝鲜心猿意马，越来越难以驯服；另一边是新兴强国对朝鲜虎视眈眈，迫不及待地想切上一刀，尝上一口，其中野心最大的就是日本。

在朝鲜人眼中，袁、唐二人无疑是"太上皇"，却没有人知道，处于内忧外患中的他们其实也是如坐针毡。

袁世凯穷思竭虑，想出了上下两策，并上书清廷。

上策是"收"，乘日本还未染指，一不做二不休，彻底收拾朝鲜，将其变成大清的一个省。

如果这条计策实施不了，袁世凯还有下策——放。

学习中国经验，索性让朝鲜门户开放，在确保各国势力均衡的情况下，以其他列强来牵制日本。

无论"收"还是"放"，虽谈不上灵丹妙药，但亦可解一时之急。可惜的是，这时大清的满朝文武，除李鸿章等少数人外，已尽为碌碌之辈。他们既无胆气"收"，又无眼光"放"，只肯满足于现状，袁世凯的良谋最终被束之高阁。

人无远虑，必有近忧。1894年，朝鲜爆发东学党起义，中朝两国共同的灾祸来了。

东学党是一个半宗教的会党组织，宗旨为对抗西方宗教，所以叫"东学"，近似于后来中国的义和团。

朝鲜政府无力对付东学党，便请求大清出兵。这让日本找到了空子，趁机派出大批军队登陆朝鲜。

中日两国出兵的目的完全不同，中国是要尽宗主国义务，日本则很早就有了"征韩论"，处心积虑想吞并朝鲜。

袁世凯发现登陆朝鲜的日军是己方的许多倍，而且来了就不走，情知不妙。他亲自会晤日本公使，告诉对方："你现在看到的大清军队只是先头部队，后面陆陆续续还有大军增援。"

袁世凯建议双方一并从朝鲜撤兵。可是他所说的大清军队却很不长脸，不仅没有增援，就连先头部队也因惧战而自行撤走了。这下日本完全看出了大清的虚弱，哪里还肯让步。

袁世凯急电李鸿章。李鸿章此时也意识到了问题的严重性，赶快祭出自己的拿手绝招——以俄制日。

从长远看，"以俄制日"未必是好策略，所谓"前门赶走狼，后门必来虎"，但在当时，它却是李鸿章所能找到的唯一计策。

在自己没有力量单独抵御日本的前提下，只能以夷制夷。在众多"夷"里面，对朝鲜同样感兴趣的除了日本，还有沙俄。

朝野上下指责李鸿章的人不少，然而一个毋庸置疑的事实是，随着同治中兴时代的远去，有头脑且有能力应付国际局势的只剩下李鸿章一人，实在是势单力薄。

1892年，日本政治家伊藤博文受命组阁。伊藤博文是一个可与李鸿章匹敌的人物，而且他是真正的一国宰相，其职权绝非李鸿章可比。

自组阁之日起，伊藤博文就觉得身边缺乏得力的外交干将，他所做的第一件事便是访求贤者。

当时的日本国内，最为通晓洋务的是陆奥重光，不过他身患肺病，正在乡下静养。当伊藤博文发出邀请时，陆奥重光起初面有难色，最后架不住伊藤的再三邀请，终于答应出山相助，出任伊藤博文内阁的外相。

陆奥重光扭扭捏捏，不是摆臭架子，而是肺病真的很重，怕自己命不久矣，以致辜负对方的知遇之恩。在应允伊藤博文后，他把自己的主治大夫请到家里，开门见山道："请您坦白地告诉我，凭我的身体状况还能活几年？"

主治大夫是日本最有名的医生，他坦诚相告："依我的推断，大概还能活三年。"

陆奥重光如释重负："三年，可以活三年，够了！"

三年，他有绝对把握扳倒大清，振兴日本。

身为外相的陆奥重光起用小村寿太郎为代理驻华公使。小村寿太郎此前为日本外交部青年翻译司司长，四十岁不到，身材矮小，但为人精明。自从出任代理公使后，他便有意识地大量收集中国情报，成为日后侵华"中国通"的先

陆奥重光，号称最通晓洋务的日本近代外交家。

驱，人送绰号：鼠公使。

伊藤博文与陆奥重光督后，小村寿太郎靠前，组成了超一流的团队。这个时候，清政府方面的袁世凯、唐绍仪在朝中仍没有什么地位和影响力，更别说被委以重任了，大家只能依赖李鸿章一人。

一箭双雕

李鸿章的"以俄制日"策略没能逃出"日本团队"的估算，日本政府很快就拿出了一个"一箭双雕"的破解之法。

外相陆奥重光提出新方案，即鉴于朝鲜动荡不安的现状，应由清日两国共同改革朝鲜内政。

这一手十分高明，可以说是号准了国际主流舆论的脉，包括沙俄在内的欧美各国，最看不惯的就是朝鲜的盲目排外和闭关自守，"改革"绝对迎合潮流。沙俄就算想"保护"朝鲜，也不希望这个国家三天两头发生动乱，最后把自己陷进去。

同时，陆奥重光充分运用诈术，信誓旦旦地对沙俄保证，日本对朝鲜没有野心，绝不会侵占朝鲜的一寸领土。

这样一来，沙俄的态度就变了，变得事不关己，高高挂起。当李鸿章敦请沙俄出面干涉时，得到的回答却是：我们只能以友谊劝日本撤兵，不能硬来。

谁都能听出这是推脱之辞，李鸿章手中最大的王牌失效了。

"双雕"——先击沙俄，再击大清。

通过小村寿太郎传来的情报，陆奥重光已经完全掌握了大清的政局内幕：这个国家本质上和朝鲜并无区别，都很保守，又如何会要求朝鲜去"改革"？

陆奥重光料定，大清政府一定会拒绝他的方案。

果不其然，总理衙门的答复是，不干预朝鲜内政。

这话当然不是实话，但正是陆奥重光想要的，因为它意味着大清将完全失去国际舆论的支持，而日本却可以名正言顺地与大清翻脸了。

老年李鸿章，依然目光如炬。

日本的咄咄逼人使得朝鲜政局继续恶化，朝鲜国王发表声明，宣布朝鲜已实现独立自主，不再承认自己是大清的藩属国，并废除两国之间的一切章程。

声明一发出，在朝中方人员的处境变得极其危险，尤以袁世凯为最，过去的所作所为，使他在朝鲜人眼中是个不折不扣的大恶人。

袁世凯给李鸿章发去电报，请求调他回国，却遭到了拒绝。

"以俄制日"失败后，李鸿章已经非常清楚日本的用意，也基本了解了这个国家的实力。

作为藩属国，其实朝鲜并不会给大清带来多大的实际利益，反而还要因此背上沉重的包袱。假如按照李鸿章的想法，既然朝鲜自己都发了声明，倒不如早早退出这场争夺战，还能换得一身轻松。

这期间，李鸿章仍在与朝中的主战派进行辩论。在他看来，袁世凯归国，就等于所有外交努力都失败了，这是不能接受的。

到了这一步，李鸿章还在抱着不切实际的想法，指望袁世凯能坚守岗位，敦促日本撤兵。

袁世凯连发多份电报，李鸿章只回复了六个字："要坚贞，勿怯懦。"

袁世凯认为他继续待在朝鲜，除了白白送命，没有任何作用，如今他连大门都不能出，还怎么去"敦促日本撤兵"？

在这紧要关头，袁世凯再也顾不得许多，直接躺倒在床，说自己患了重病，根本不能理事，现在一切已交由唐绍仪代理。李鸿章无法，只得同意袁世凯回国。

生病不过是托词，接到复电后，袁世凯立即从床上一骨碌爬起，易服准备撤离了。

袁世凯要走，唐绍仪却要留，而且所有担子将全部压到他一

日军在汉城凯旋门。

个人肩上。唐绍仪不仅没有丝毫怨言，还亲自担负起护送袁世凯安全撤离的任务。

就像那个晚上他和袁世凯初遇时一样，在危难情况下，唐绍仪的壮士风范再次展露无遗——他手握双枪，腰挎双刀，护卫在袁世凯左右，随时准备与敌人血拼。

日军听到袁世凯撤离的消息，立即派军舰进行追击，虽未追上，但袁世凯倘若再晚一步，情况就很难说了。

袁世凯走后，在随时可能丢掉性命的险恶环境下，唐绍仪仍然坚守朝鲜，并向李鸿章和总理衙门通报朝鲜的有关局势。

1894年7月，日军向大清驻朝鲜公署发动进攻，与此同时，李鸿章的"主和"也被身后的"主战"声浪覆盖：除了李鸿章，几乎没有人了解日本的神速进步，都以为这场战争大清必赢。

朝鲜公署失陷后，唐绍仪便杳无音讯，到处都打听不到他的下落。

幸运的是，他还活着。

唐绍仪有牺牲的决心，却不是傻瓜，人也机灵。前面日军冲进来，他则一溜烟从后院脱身了。

整个朝鲜已非安全之所，唐绍仪果断地逃进了英国驻朝总领事署，寻求政治避难。

一周后，在英国人的帮助下，唐绍仪乘船回国，这才脱离了险境。

第 十三 章

霜重色愈浓

作为曾经在朝鲜半岛呼风唤雨的两位主角，袁世凯和唐绍仪此时变得无比沮丧。幸运就像跟他们开了一个玩笑，刚刚露出笑脸，就马上挥手说再见了。

似乎一切都在悄悄溜走，但这并不意味着结束，恰恰相反，新的故事才刚刚开始。

袁世凯逃回国后，必须先到李鸿章那里报到。他一见自己的上司就说："赶紧把朝鲜让给日本吧！"

当时，中日之战已成定论，大战在即，李鸿章当然不允许自己一贯器重的部下变得如此怯懦不堪。

"看来你没病啊，那好，我现在命令你'即回本任'，赶快去平壤前线，联络各军，筹办饷械。"

听说要让他再返故地，袁某的魂都被吓飞了，一个劲儿地要求调任他职，反正死活不肯上前线。

袁世凯这个模样，李鸿章心里很不舒服。经历过同治中兴那个战火纷飞年代的人，特别见不得怕死鬼，尤其袁世凯曾经是自己倍加赏识的人。所谓"士为知己者死"，怎么能这么没出息呢？

你不想去，那我偏让你去历练一下！

聪明人

袁世凯算是运气背到了家，能够成功逃回国本是件暗自惊喜的事，孰料最后变成了有惊无喜。他内心不断挣扎，无奈之下，托人求当朝重臣翁同龢和李鸿藻，希望设法求得豁免。

翁同龢、李鸿藻一向和李鸿章政见不合，尤其翁同龢和李鸿章之间，更是形同死敌。袁世凯要找他们帮忙，正是看中了这些人位高权重，又与李鸿章不对付这一点。

可惜的是，袁世凯弄错了一件事，李鸿藻是清流党领袖，在中日问题上，他和翁同龢都是主战派。在这种事上包庇塞责，那不等于给主和派制造攻击的借口吗？

李鸿藻二话不说，立即上奏请求让袁世凯领兵前往朝鲜。

世上再没有比这更悲摧的事了，闹了半天，竟变成了"搬起石头砸自己的脚"，袁世凯只好认命。

还好，由于不在第一线，甲午战争打完，袁世凯仍然捡回了一条命。不过，由于战败，四面八方充斥着谴责李鸿章的声音。

袁世凯意识到，他曾经的"恩师"已经失势，便悄悄地从李府退了出去。

袁世凯不得不重新站队，跟翁同龢、李鸿藻站到了一起，而且凭着他对内情的了解，亲自撰文，通过列举种种不利于李鸿章的证据来弹劾李鸿章。

袁世凯的反水，让急于把李鸿章推下水以推卸责任的翁同龢、李鸿藻如获至宝。

其结果就是，李鸿章被扫地出门，扔到京城贤良寺去了。

虽然直隶总督和北洋大臣的实缺都没了，但李鸿章头上仍罩着一个协办大学士的空名，等于还是名誉上的宰相，跟着李鸿章的人也仍然称他为"李相"。

这让翁同龢心里很不爽，于是便有了下面这一幕。

李鸿章正在贤良寺里穷极无聊，袁世凯来访。

袁世凯上来就用美言铺垫："中堂大人是中兴时代的元勋，实有汗马功劳。"

李鸿章不动声色。

袁世凯继续："可是现在朝廷对您太不够意思了，顶着这么一个'李相'的空名，却把人晾在一边，未免'过于不合'啊！"

那你说怎么办？

袁世凯这才进入正题："依在下之见，不如暂时告老还乡，等到朝廷一旦有事，'闻鼓鼙而思将帅'，到那时将不能不倚重您这样的老臣。"

李鸿章在贤良寺与随从及俄军军官合影。

一方说得起劲，另一方却已按捺不住了。

李鸿章厉声打断袁世凯："别说了，我知道你是来帮翁同龢做说客的。若翁同龢能从别人手中把'协办大学士'夺去，那是他的本事，与我无关，但要想补我的缺，休想！"

李鸿章越说越来气："诸葛亮有'鞠躬尽瘁，死而后已'，我认为我配得上这句话，一息尚存，就还是国家的人，为什么要自己申请退休？

"你说'过于不合'，臣了对皇上，效忠而已，根本就没有什么合不合的，所以你千万不要在我面前卖弄漂亮话，我也绝不会上你的当。"

一番话说得袁世凯面红耳赤，哑口无言，只得诺诺而退。

虽然碰了一鼻子灰，但背叛"恩师"和重投门庭还是给他带来了不少好处，起码在李鸿章失意的时候，仍然有人重用他。

由于袁世凯的再次崛起，唐绍仪也迎来了新机会。

逆流而上

唐绍仪身上多多少少还带有留美幼童的那种"愚"，与袁世凯相比，他还不太擅长托关系找门路，尤其不会两面三刀那一套。

在当时的时代氛围下，这等于把自己的路给堵死了。最后的结果是，像他这样的一流外交人才，前驻朝鲜领事、三品候选知府，回国后竟沦落到找不着工作的地步。

关键时刻，重新上位的袁世凯拉了他一把。

在《马关条约》上，大清政府被迫承认了朝鲜"独立自主"的地位。但什么东西都有惯性，宗主国和藩属国的关系也不例外，大家觉得不管怎么样，大清在朝鲜的地位还是应该特殊一些的。

但光嘴上讲没用，还得派人去料理一下。

袁世凯打听得消息后，马上建议派一个官员赴朝，这个人应该熟悉朝鲜情形，通洋务，懂外交……

虽然没有明说，但这个人选，除了唐绍仪还能有谁呢？

于是，《马关条约》签完没多久，唐绍仪再赴朝鲜，不过他现在的身份已不是驻朝鲜领事，而是"华民总商董"。也就是说，华商仍在朝鲜做生意，他是去负责维持的。

经过甲午战争，大清败了，日本赢了，朝鲜貌似也"赢"了，因为从《马关条约》上，它看到了自己摆脱藩属国地位的曙光。

朝鲜政府急于同大清建立正常的邦交关系，以便把《马关条约》落到实处，可清廷却是一种别样心情——和过去的小弟平起平坐，脸面没处放啊！

唐绍仪临走时，总理衙门交代给他的任务是一方面维护在朝华商和华侨的利益，另一方面打探情况，看是否能让朝鲜回心转意。

在此前提下，自然要坚决避免"正常外交"了。

1896年5月，朝鲜方面派一位中文翻译拜访唐绍仪。

来者说："我们已经是独立国家了，可以互派公使了吧。"

唐绍仪笑了笑说："你们朝鲜是独立国家吗，我怎么不觉得呢？"

来者听了十分诧异。

唐绍仪从容不迫，侃侃而谈："甲午战争期间，我听说你们国王曾因日本人威逼而逃进俄国使馆寻找保护。请问，哪个独立国家的元首会如此不堪？这说明你们根本没有独立之权，既如此，还派什么公使呢？你们要派也可以，不过丑话说在前面，去了之

春帆楼，《马关条约》谈判和签字场所。春帆楼当时是马关著名的河豚料理店，打开房间的窗户，可以看到附近海面穿梭的日本军舰。

后，我国将不能以平等之礼相待。"

碰了钉子的朝鲜政府有些急了，第二次面谈，他们把翻译升级成官员，话题也由"派使"变成了"立约"。

这位朝鲜官员对唐绍仪说，你们在《马关条约》上明明承认我们可以"独立自主"，这个不能否认吧。

唐绍仪点点头："是的，这个我们承认。但那是我们大清国与日本签订的，那上面并没有说明我们一定要与你们订立条约。"

这话虽然赖皮，可朝鲜官员一时还真找不到合适的话予以反驳。

于是唐绍仪索性把话明说了，好让对方彻底死心。

"我老实告诉你，所谓'自主'，不过是不再执行我大清国与尔朝鲜从前的章程，但根本就不可能跟你们互换什么条约——

那样一来，岂不等于把你们视为'平等之国'了，这一点是办不到的！"

朝鲜官员怏怏而退。

虽然表面上可以戏耍对方一番，但唐绍仪知道，真正的麻烦还在后面。

既然原先的章程都已失效，又不能签新约，那万一遇到华商跟人家打官司，他这个"华民总商董"又如何从中交涉？

这是一件非常难办的事。

1896 年 10 月，经唐绍仪再三请奏，总理衙门终于按照国际法，正式委任他为中国驻朝总领事，自己终于像一个正正经经的外交官了。

可这位外交官的境遇并没有因此变得更好。

朝鲜政府已经打定主意，要趁此机会分家：你不是不肯"派使"和"立约"吗，那好，我就从其他方面挤对你。

当地原先有一座"迎恩门"，是专为迎接大清使节的，现在拆掉改建成"独立门"。

对大清的称呼也改了，变成"贵国"，朝鲜国王自称"大君主"。

凡此种种，都不是唐绍仪所能干涉的，而朝鲜官员对他的态度也开始趋于强硬，渐渐露出了本来面目。

除了朝方变脸外，其他列强也在旁边煽风点火，撺掇朝鲜与大清彻底划清界限，其中

甲午战争后，朝鲜君臣的对华态度发生极大转变。图为当时的朝鲜官员。

跳得最起劲的当然是日本。

一切都与甲午战争前不一样了，现在真的是"独在异乡为异客"，情感落差不是一般的大。但老话说得好，"霜重色愈浓"，最能考验和锻炼人的是逆境，不是顺境。

唐绍仪仍然兵来将挡，水来土掩，拼尽全力履行外交官的神圣职责。

国际惯例

这天，总理衙门转来了一份紧急文件，打开一看，竟然是日本公使提出的交涉，说甲午战争期间，一艘日本雇船及其货物在大清仁川租界失踪了，要求赔偿。

唐绍仪敏感地意识到这是来找碴儿的。但孰是孰非，不能红口白牙凭一张嘴，而是得先调查清楚了再说。

唐绍仪像探长一样，对整个事件进行了追踪，终于理清了所有线索。

这艘所谓的日本雇船确曾出现在大清国仁川租界，但属于违例运输，租界方面便按照规定扣留了船橹。

后来日本领事发来照会，说明这船是他们日商雇的，鉴于当时正值甲午战争即将爆发之际，为免生事端，租界很快把船橹还给了船主。

本来事情已经了结，没想到战争爆发后，船又神秘失踪了。

日本公使认为，船既然是在大清租界丢的，大清当然要负责任，不赔不行。

让总理衙门感到格外忧虑的是，赔一艘船事小，怕就怕日本借此生事，继续提出各种无理要求。

自鸦片战争以来，此类事例层出不穷，最后清政府大多以屈辱退让告终，而生事者所能得到的，往往比当初想要的多得多。从前负责跟洋人交涉的清廷官僚，或者不调查事情原委，或者不知道应该如何谈判，这往往成了吃亏倒霉的根源。

唐绍仪将此事调查得一清二楚，最重要的是，他还擅长谈判。

"你们要求赔偿船和货，我告诉你们，我们一样都不会赔！理由有二：其一是船，既然战前已还了船橹，说明跟我们没有关系了，战时大清人员已全部撤走，两者无半点儿瓜葛。其二是货，这是船主负责的，还船橹的时候，他没有提出有遗失，所以你们不见了货，不应该找我们，而应该想办法找到那个船主。"

要证据有证据，要法律则完全依照国际通行的准则，然后唐绍仪将整个事件写成报告公布于世，日本公使提出的索赔案就变成了一个公开勒索别人的笑话，只得不了了之。

在战败的前提下，仍能不卑不亢，把外交办到这种程度，不

朝鲜社会的人情交往。

能不让朝野上下对这个外交新秀刮目相看。

除了经济和军事，外交曾经是大清更为孱弱的部分，这是一个可以打倒一切能人的超级魔咒，连洋务运动的祖师爷曾国藩都未能幸免。

与前辈相比，唐绍仪初步具备了近代外交家的水准，其理念与处事风格不再与国际社会格格不入，同外国人坐在一起，大家也不再是鸡同鸭讲，各行其是了。

眼看各国先后承认朝鲜独立并派公使驻扎，唐绍仪感到总这么僵持下去也不是个办法。从前的"上国"也得学着跟原来的"属国"面对面好好说话，否则只会更加被动。

经过慎重思考，他向政府去电："如果朝鲜还是坚持要'派使'和'立约'，就答应下来吧，以便实现两国关系的正常化。"

此时，大清同样在酝酿改变，这就是光绪皇帝所主导的"维新变法"。因此，以自我为中心的传统外交思维受到了很大冲击。

1898 年 5 月，总理衙门谕令传到朝鲜，同意唐绍仪所请。

终于不用硬着头皮死撑了，但当拿到谕令，唐绍仪仍然异常失落。十几年惨淡经营，最后留下的却是伤心，唐绍仪开始变得不淡定起来。

再仔细推敲谕令，他找到了维系母国尊严的法子。

谕令上说，让朝鲜先派使臣到华，唐绍仪改了一个字，他把"先"改成了"后"。

中国要先一步出使朝鲜，这样可以向外界展示，即便是"派使"和"立约"，也是过去的宗主国开恩于旧藩属国：我们是老关系，不是新朋友。

总理衙门认为唐绍仪言之有理，遂对谕令作了修改。

朝鲜政府此间已打听到了第一次谕令的内容，他们为此很开心，兴致勃勃之余连国书都拟好了。可第二次谕令的正式送达，却让他们脸色大变。

一字之差，差的是面子。朝鲜代表为此吵上了门，唐绍仪仍不慌不忙，以静制动，而且还学着李鸿章捣起了糨糊。

"唔，我也不知道谕令究竟出于何人之意，但我可以告诉你们的是，朝谕已定，不可能再行更改了，你们自己决定吧。"

朝鲜政府当然不愿意放弃这样的机会，纵然嘴上嘟囔，但还是接受下来了。

1898 年 9 月，唐绍仪接到国内发来的电报——父殁。他随即请假丁父忧，这一走，竟再未返回。

自第一次踏入朝鲜土地，十六年过去了，岁月赐给他的不仅有失去，还有更多的经验、练达，以及应对惨淡人生的勇气。

旧日朝鲜一景：贵族小姐出行。

教 训

"丁父忧"期满，又要找工作了，唐绍仪进入李鸿章的幕府，当起了幕僚。

这时候的李鸿章，正式身份是两广总督。

甲午战败后，李鸿章被扫地出门，独居北京贤良寺闭门思过。别看他后来把袁世凯骂了个体无完肤，让其诺诺而退，其实他心里也非常忐忑。所有责任都已归于他一人，朝堂之上，弹劾他的奏章堆成了小山，官爵也被削得差不多了。此时此刻，正所谓"君要臣死，臣不得不死"，这位中兴老臣几乎每天都生活在恐惧之中，不知什么时候厄运会降临到自己头上。

有一天半夜，贤良寺前忽然车马喧嚷，整条巷子的人都被吵醒了，原来是朝廷来了旨意，说要召见他。

大清皇帝召见大臣，一般都是早朝时分，这半夜三更的……李鸿章脖子凉飕飕的，以为多半不是什么好事。

临走前，他当着全家人的面立好了遗嘱，并且千叮咛万嘱咐："凡李家子孙，世世不得为官！"

李鸿章上朝后，碰到了刚刚从皇宫走出来的恭亲王奕䜣。奕䜣是一个跟文祥一样精明强干的满人王爷，跟李鸿章的关系也不错。

依靠无人可及的国际声望和周旋能力，李鸿章得以一次次化险为夷。

他见到李鸿章，只说了两个字，便让李鸿章的心沉到了谷底。

他说："恭喜！恭喜！"

李鸿章心想，我都落到这步田地了，喜从何来？

倒是另有一解，大臣被赐死时，宣布执行死刑的人也会说"恭喜"。

李鸿章想问个明白，可问了又能怎样？

他战战兢兢入了皇宫，慈禧太后和光绪皇帝都在那里秉烛以待。李鸿章这才明白，朝廷不是要让他死，而是准备起用他为全权议和大臣，与日本议和以挽救可怕的局面。

奕䜣所说"恭喜"，正是此意。

当李鸿章谢恩出来时，早已汗流浃背，里外衣服全湿了。所谓伴君如伴虎，大概就是这个意思。

等到维新变法失败，李鸿章又一次面临险境，尽管并未实际参与进去，但他对变法的同情和支持连慈禧太后都了解。

慈禧要砍李鸿章的脑袋，其实也就是一句话的事，这时候得想避祸之策了。

在发动"戊戌政变"后，慈禧想把光绪废掉，另立傀儡皇帝，可她不知道洋人意见如何。

环视朝堂之上，洋务派和维新派都被扫得差不多了，剩下的全是保守派。这一派尽管得势，却仅仅是家里得势，在外面并不招人待见，尤其无法跟洋人打交道。

能跟洋人说上话并让对方正眼瞧的，只有一个李鸿章。

慈禧让李鸿章前去探风，李鸿章便说，你让我外放两广吧，那里洋人多，而且私下里打听，也不伤朝廷体面。

于是李鸿章当上了两广总督，借此脱离了旋涡中心。

但这并不等于说，从此就没有是非了。

某天，李鸿章正和唐绍仪等幕僚在督府聊天，忽然接到一份朝廷急电。

看完急电，李鸿章征求幕僚的看法，一时间，刚刚还热闹不已的聊天室立刻沉寂下来，大伙面面相觑，没人敢吭声。

因为这份电报跟维新变法的核心人物康有为和梁启超有关。

康、梁都是广东人，先前李鸿章三天两头地接到慈禧太后以皇帝名义下达的谕令，要求将这两人拿获。

李鸿章根本没当一回事，他的立场本来就站在康、梁一边，再说变法失败后，康、梁就出国避难了。天高皇帝远，到哪里去逮"通缉犯"？

这回慈禧换了个方法，所谓跑得了和尚跑不了庙，她电报的内容就是要李鸿章派人铲平康、梁的祖坟。

两广总督府的幕僚和办事人员。

祖坟又不在国外，没法推托了，所以李鸿章觉得难办。幕僚们也没主意，谁敢得罪慈禧而惹祸上身呢？

不怕死者还是有的。

其中一个幕僚霍然站起，说："不能这么做！"

众人惊诧莫名，循声看去，正是唐绍仪。

唐绍仪说："康、梁犯了罪，那是他们的事，不应该连累祖宗，掘人家祖坟太残忍了。如果让国外人士知道了，必然有损朝廷形象。"

话犹未了，李鸿章勃然变色，怒吼道："你好大的胆子，敢公然违抗朝廷旨意，简直大逆不道！"

大伙都给吓坏了，唐绍仪的反应却直截了当——辞职，老子不干了。

李鸿章当众发火，背地里却让人把唐绍仪请到了家里。

"你以为我真想刨康、梁祖坟啊，虚应故事罢了。你还年轻，脾气大，不知道在众人面前议论圣旨是什么后果，所以我得教训你两句。"

唐绍仪虽已官居三品，但他久在朝鲜，从事外交，对官场缺乏足够的认识。

李鸿章教训他的目的，正是出于保护。

圣旨不能违背，但又不想遵从，怎么办？所以你得换一种办法，比如捣糨糊——李鸿章后来也的确是这么做的，他奉命"铲"掉的康、梁祖坟，不过是几座无主孤坟。

对唐绍仪来说，这是很有必要的一课。

命悬一刻

辞别李鸿章，唐绍仪接到了结义兄弟袁世凯发来的邀请函，于是转投袁府当幕僚。

一直以来，袁世凯都混得不错。

从朝鲜归国，本来是要问责的，但由于站队快且到位，所以袁世凯晋升得比李鸿章都早，被任命为"新建陆军督办"，开始在天津小站练兵，为他后来发家打下了基础。

等到维新变法开始，袁世凯再次站队，这次为他染红顶戴的是光绪皇帝和维新党人。他因此获得荣禄的信任，升为候补侍郎，仍管练兵，从此一路发达。

维新变法失败后，大清的整个政治氛围和环境急剧恶化，中外文化冲突不仅没能得到缓解，反而日趋剧烈，其中又以义和团的发源地山东为动荡中心。

就好像朝鲜的东学党一样，中国的义和团也以"仇外洋、恶教民"为宗旨。这个松散的会党组织一开始并不显眼，到最后发展到如火如荼无法收拾的地步，都是拜前任巡抚毓贤所赐。

毓贤自命清官，然而却是个昏庸蛮横之辈。他性格残忍，杀人不眨眼，对义和团历来是主剿的。义和团首领朱红灯就死在他的手上，但后来他又主抚，承认义和团的合法性。

"主抚"不是对义和团突然大发慈悲，而是要加以控制和利用，借义和团之手帮他毁教堂、杀教民。

在毓贤的有意纵容下，义和团对山东境内包括英、美、法、德在内的外国教堂连连发起冲击，使得反宗教案件层出不穷。

各国公使要毓贤保护教民教堂，他就推托说自己的兵力不够，只能作壁上观。

天津义和团拳民。

洋人也不是吃素的，美国公使率先照会总理衙门，要求将毓贤撤职，改派另外一名"能干、勇敢、有胆量"的人去接替。

所以，毓贤当即被撤职，接替他的正是在天津练兵的袁世凯。

1899 年 12 月，袁世凯调任山东巡抚，随他一同去山东的还有小站编练的新军。

中国的义和团并不比朝鲜的东学党厉害多少，碰到训练有素的正规军根本无法对抗。山东曾是义和团运动最为汹涌的一省，但袁世凯去后，很快便归于沉寂。

义和团初起于山东，但因为袁世凯来了，只能转入河北，这次又有人想利用他们了。

这个人不是别人，正是利欲熏心的慈禧太后。

慈禧认为洋人不支持他废除光绪，是有意跟自己作对，可她又力不能胜，这股气正不知如何撒出去，身边的保守派官僚便"力言拳民可恃"。慈禧遂承认义和团的合法性，并默许和鼓励他们大批进入北京。这之后，便有了庚子事变，有了八国联军占领天津。

此时唐绍仪已由袁府幕僚转任关内外铁路总办，办公地点正在天津。

这真是一个倒霉的差事，他需要为中国军队输送武器提供火车，而他自己的安全却无人能提供保护。

八国联军占领天津后，扬言要毙了他！唐绍仪九死一生，率领全家狼狈出奔，躲进了天津英租界。

可那里也不安全，清军攻来，唐绍仪的夫人和一个孩子不幸中弹身亡。

天津英租界对唐绍仪并不信任，索性将他抓起来，准备移交军事法庭。就在这命悬一线之际，一位朋友伸出了援手……

大杀价

这位朋友不是中国人，而是美国人，更准确地说，是一位美国矿业工程师，中文名叫胡华。

或许唐绍仪的教育背景是留美幼童的关系，两人虽接触不多，但非常投缘。胡华认为唐绍仪有能力，有品格，也有理想，是个可交之人。

胡华是清政府请来找金矿的，金矿还没找着，义和团运动就爆发了，他和一群洋人被困在了天津英租界。

那个时候，天津城炮火不断。有一天，胡华听到马路对面有孩子的哭声，跑过去一看，是个与家人失散的中国小女孩，当即把她抱回了避难所。

后来胡华才知道，他救的不是别人，正是唐绍仪的另一个女儿。

唐绍仪已经顾不上家小，因为连他自己也被关在了英国人的牢房里。还是这个胡华，出面向附近的俄军求救，才把唐绍仪救了出来。

很多年后，胡华发达了，成了政府高官。在一次宴会上，一位中国公使夫人向他走来，对他说："我见过您，当年在天津，就是您救了我。"

这位公使夫人就是唐绍仪获救的那个女儿。

后来，胡华参加美国总统选举，政敌拿他在中国的经历做文章，说他曾通过非法手段为自己攫取了大量财富。胡华百口莫辩，就在他陷于困境的关键时刻，唐绍仪从中国拍来一份电报，证明了胡华的清白，使得胡华摆脱政敌的无理纠缠，顺利当上了总统。

胡华，就是美国第三十一任总统胡佛。

庚子事变稍稍平息后，唐绍仪受到了袁世凯的邀请。袁世凯奏请朝廷，让唐前往山东，出任山东省洋务局总办。

在北方大局糜烂之际，只有袁世凯掌控的山东保持住了稳定局面。但让袁世凯头疼的是，他必须面临巨额索赔的问

美国总统胡佛，唐绍仪曾帮助他摆脱政治危机。

题。这笔赔款包括前任毓贤留下的"遗产"，还有朝廷向各国宣战时老百姓对"涉洋"器具的破坏。

庚子事变一结束，各国都涌上来，争先恐后地把赔偿单交到袁世凯手上。

不看不知道，一看吓一跳，款项之巨堪称天文数字。袁世凯为此焦头烂额，于是再次想到了唐绍仪，决定由其负责理赔谈判。

山西传教士夫妇一家，在教案中同时被杀。

唐绍仪接手一看，这么多国家，那就排着队一个一个来吧。

先是德国，索赔五十五万两白银，条目列得清清楚楚，教堂、铁路、机器……一点儿也不含糊。

但是，照额赔偿是不能够的，只好走感情路线。

唐绍仪先派人到民间四处寻觅，将许多器材找了回来，除此之外，还想尽办法替对方修理机器。

这样一来，数额一下子就少了。最后经过协商，一口价，十六万两，比原定索赔额度大幅减少。

接下来是英、美、法。

唐绍仪一家一家谈判，英国教案以三万两结案，美国教案以四万两结案，都是别人很难谈成的低价，这令袁世凯非常满意。

最后是法国，也是所有教案中最棘手的，因为那是积案，毓贤主政山东时留下近七十万两，如今新旧赔款一叠加，已超百万两。

袁世凯曾多次派人找法国人谈判，对方先是让了一点儿，但到八十四万两时咬死不放了。

唐绍仪接手后，情形马上就发生了转变。因为他不仅了解国际局势，对洋人的心理和惯用伎俩也了如指掌。

经过多个回合的谈判，对方的态度渐渐缓和下来，最后数额敲定——十七万两，不到对方坚持的四分之一！

袁世凯惊呆了，尽管在朝鲜时他就知道唐绍仪的外交潜能，但唐绍仪功力增长之快，还是让他大感意外。

为了表彰唐绍仪，袁世凯专折保奏，不忘称赞道："洋务中杰出人员，环顾时流，实罕其匹。"

也就是说，在袁世凯的眼中，当时国内还没有一个洋务外交人才可与唐绍仪相提并论。

第十四章

巅峰之作

如果说甲午战争把中国逼到了悬崖边上，那么庚子事变相当于补踢了一脚，此后的大清国离中兴时代越来越远，离分崩离析越来越近。

国运衰微，李鸿章也走到了生命的终点。在最后的日子里，他的遭遇实在是既滑稽又辛酸。

因战败和签订《马关条约》，国人皆曰可杀，李鸿章成了地地道道的卖国贼，被直接赶到了边角旮旯。1900年，京城被八国联军攻陷后，大家穷折腾的力气没有了，被洋人刀架脖子时又想起了他。

当大清唯一的"和约专业户"赶到京城时，没有人不颂扬他、仰赖他，连反对过他的人都说他有扭转乾坤、稳定大局的力量。

李鸿章硬着头皮，代表大清签下了《辛丑条约》。和约既成，人人松了一口气，于是舆论马上变调，"伟人"又被贬回了"卖国贼"。

甲午战争中出现过的那个叫吴应科的留美幼童，此时正在李鸿章府中担任幕僚，他亲眼见证了李鸿章忧愤吐血乃至不治的全过程。

1901年，在留美幼童悲哀目光的注视下，李鸿章终老于病榻之上，带走了自己洋务自强之梦。

弥留之际，他做出了一个重要决定——保荐袁世凯。

转折点

就个人品性而言，袁世凯实在对不住自己的良心，也对不起李鸿章这位过去的"恩师"。

当年李鸿章落魄之时，袁世凯来到贤良寺给翁同龢做说客，差点儿没把李鸿章给气死。

李鸿章不仅当面训斥，而且等他一走，还斥其为小人："我宦海浮沉数十年，什么事没有经历过，要受此辈捉弄！"

气愤之下的李鸿章想到了自己的老师，想到了曾国藩写下的"挺经"：挺者，坚挺也。我要学我的老师，坚决与他们挺着，他们要我告退，我偏不告退！

李鸿章从贤良寺乘轿去进行议和谈判的情景。轿夫随从皆衣衫褴褛，折射出大清奄奄一息的惨状。

在道德上，李鸿章确有十足的理由视袁世凯为反复无常的小人，但流年不利，环顾整个大清，尽是误国误民的毓贤之流，有头脑有想法且能在官场周旋得开的只有一个袁世凯。

李鸿章曾经有机会到国外转了一圈，回国后驻节天津，其间袁世凯等僚属依例晋见。

两人寒暄几句后，袁世凯便谈到了小站练兵的情况，说已经安排得差不多了，并且选聘了德国教官，数日内就将订立合同。

正说到得意处，李鸿章忽然沉下脸来，毫不客气地打断袁世凯："呸！你个小孩子家家，又懂得什么练兵！订的什么合同！"

李鸿章一边训斥一边拿起手杖猛敲地面，惊得一屋子的人面如土色。

"我治兵数十年，还不敢有什么把握，你竟如此自信？你以为兵是那么容易练的吗？雇几个洋人做教官，肩上扛一杆洋枪，吼上两句英文就是新式军队了吗？"

真是损人不带脏字。猝不及防下，袁世凯被训得尴尬不已，恨不得立即找个地缝钻进去，其他同僚也是一个个低着头，彼此对视都不敢。就在大家以为袁世凯将很难受到重用的时候，李鸿章却在接班人一栏里郑重地写下了"袁世凯"三个字。

中兴老人的胸襟，是同时代人不能相比的。哪怕你伤害过他、背叛过他，但只要你还在努力、在奋斗，国家还能指望得上你，他就会毫不犹豫地上前拉你一把。

此时的袁世凯已然靠小站练兵在国内崭露头角，但与唐绍仪一样，他同样年轻、骄傲。一个小站练兵，他就如此嚣张，所以必须敲打敲打，挫挫其锐气。

李鸿章一死，其威望再次到达顶峰，大家又想起了他的种种好。不仅满朝文武如丧考妣，就连曾经算计过他的慈禧太后和光绪皇帝也哀痛不已。

可想而知，在这种情况下，李鸿章临终前的举荐会有多大分量。

李鸿章去世的当天，朝廷就提拔袁世凯为直隶总督兼北洋大臣，这是李鸿章最辉煌时的官职，现在成了他的衣钵传人奔向未来的出发地。

论道德水准，袁世凯实在是乏善可陈，但能力确实很强，他的脱颖而出，本身就说明时代已经选择了他。

李鸿章的胸襟和见识远在同时代人之上。

这个人身上，确有别人不能及之处，比如他的选才标准不拘一格，唯才是举。

曾经有一位姓梁的人参加科举考试，中了进士。可中进士与能否顺利分配官职是两码事，所以梁进士一直在后备干部名单里排着队。排了好几年，眼看青春快耗没了，还是没能轮到他。

大受刺激之下，书生一跺脚，便自己去找伯乐，找来找去，找到了袁世凯府上。

袁世凯对"文凭"完全不感兴趣，不要说进士，状元又怎样？他感兴趣的是对方究竟有何特长。

梁进士说："我的特长可多了，比如书法、作诗。"

袁世凯大笑道："君乃书奴耳，像你这样的，我见过太多了，整天就知道咬文嚼字，一点儿出息也没有！"

结果，梁进士闹了个怏怏而退。

出了门，他私下里找到袁府家丁，想套出自荐失败的秘密。

"袁大人连状元都不屑，写字、作诗也被视为无用，那究竟什么样的人符合他的心意呢？"

家丁直言不讳："我们大人最看重的是外交和经济人才，你要有这样的本事，他肯定奉若上宾。"

梁进士读书读到现在，除了圣贤书，哪儿懂得什么外交、经济，顿时脑子一片空白。

回到家后，他左思右想，怎么也不甘心。

外交、经济难道比圣贤书还难懂？我就不信了，非得去碰一碰不可。

梁进士决心很大。没有钱，他就把随身衣物能卖则卖，买回经济、外交方面的书籍，然后关起门来下苦功夫研读。

过了几个月，袁世凯又看到这个穷酸书生，笑道："多日不见，还在写诗吗？"

身穿朝服，意气风发的袁世凯。

梁进士摇摇头："非也，在下已经掌握了一门新学问。"

袁世凯十分好奇："哦，那不妨说来听听。"

梁进士当下侃侃而谈，把袁世凯听得一愣一愣的，实在不敢相信眼前之人就是前不久那位对西学一窍不通的进士。

袁世凯立即聘请梁进士为财经顾问。梁进士——全名叫梁士诒，从此正式进入袁府重要幕僚行列。

梁士诒的西学不过是半路出家，跟他相比，李鸿章曾呵护过的那些留美幼童才绝对正宗，其中袁世凯最为欣赏的当然还是曾与他同生共死的老部下唐绍仪。

衣钵传人

1901 年 11 月，被任命为直隶总督的袁世凯前往天津，作为他的第一助手，唐绍仪紧随左右。

想进天津却进不去，那里仍然被八国联军霸占着，而且俨然已跟大清没什么关系了。

天津庚子事变期间，八国联军在天津组建了一个临时政府，除租界外，划分八块，由八个国家分管。

袁世凯委任唐绍仪为天津海关道，负责去推开这道门。

如果硬生生地去推，可能永远也推不开，得换一种思路才行。

八个国家并非铁板一块，比如美国的态度就和缓得多，一直坚持"差不多"策略。

这就说明有戏。

唐绍仪首先与美国接洽，并通过它去做其他列强的工作。

先前在是否瓜分大清这一问题上，美国就坦言："所谓宁拆一座庙，不毁一桩婚。真把大清国瓜分掉，大家也得有那个消化能力才行，但结局显然并不美妙。"

至此，同样可以用来形容天津卫。

依靠唐绍仪的纵横捭阖，八国终于交出了天津主权，袁世凯的直隶总督衙门也得以重返天津。

对袁世凯来说，返回天津意义重大，当初他以小站练兵崭露头角，如今则可以把整个天津作为大本营，快速积蓄力量。

当然还是要练兵。

甲午之败，若仅就军事而言，海军是以闽党为主的船政学生，陆军则是李鸿章所辖淮军，两军都有一个通病，那就是太庸弱。

彼时的袁世凯之所以像个十足的怕死鬼，正是缘于他在战场上的所见所闻：官兵没有战斗意志，一攻即破。就连李鸿章也清楚，他手下的淮军早就没有了中兴时代驰骋疆场的那种勇猛与彪悍，这也是他对开战始终犹豫的原因所在。

淮军走下坡路的情形，其实与北洋水师并无不同，都是中了腐败之毒，导致军纪涣散。涌进军队的尽是一些社会败类，平时欺负老百姓，上了战场就当逃兵。这样一支军队，竟成了李鸿章立足的政治资本。在政敌环伺的情况下，他根本下不了决心动大手术，也不可能重起炉灶。相反，袁世凯没有这方面的顾忌，因为每个刚起跑的人都有这方面的优势，一如当年湘军和淮军初创之始。

从小站练兵起，袁世凯就实施铁腕治军。新军的军纪十分严苛，有"十八斩"之说。不光临阵退缩，就连打仗的时候交头接耳都在必斩之列，新军面貌由此焕然一新。

当然，这只是初级阶段，光靠这些还不能铸成一支新式军队。

李鸿章的淮军在鼎盛时期，靠的是洋枪洋炮打天下。十几年太平光阴过去，人们竟已忘了洋枪洋炮的威力，转而迷信起了义和团的刀枪不入。

有些人自称会画咒，能避枪弹，袁世凯一开始将信将疑，就把他们请过去。起初用手枪射击以验证真假，结果对方毫发无伤，众人惊诧莫名。后来改用后膛步枪，几十个人围上去一通乱射，只听得轰然一声，"神人"倾倒于地，呜呼哀哉了。袁世凯这才明

被袁世凯纳入新军体系的淮军，虽已装备德国的新式毛瑟步枪，但依旧沿用李鸿章时代的缠头装束。

义和团声称刀枪不入。

白，早先试验用的手枪是被预先做过手脚的，自此他再也不信什么刀枪不入的鬼话了。

袁世凯编练的北洋新军，不仅装备了洋枪洋炮，还引入德国兵制，无论军队规模还是训练质量，都远远超越并取代了走下坡路的淮军。

直到这时，袁世凯才算真正继承了李鸿章的衣钵。

唯一入围者

在需要相互提携的年代，袁世凯红运当头，意味着唐绍仪可以减少很多无谓的阻挠。就像一场帆船比赛，这位运动健将已经行驶一半，在过去的一半赛程中，他充分展示了自己的智慧、勇气和努力，无论海浪多么骇人，此时也阻止不了他乘风破浪，继续向前。

然后一个从未见识过的巨浪来了，它的名字叫作"中英西藏谈判"。

在十九世纪末，主要有两个国家打过西藏的主意，一是英国，一是沙俄。英国主要靠武力，曾发动过第一次侵藏战争。相比之下，沙俄进来较晚，但它搞意识渗透，而且后来居上。

沙俄曾派了人以寺院进修的名义潜入西藏，并想办法当上了达赖的经师。

武力征服的好处是见效快，缺点是目的过于明显，在侵藏战争中，因死伤惨重，西藏各界对英国人痛恨不已。

然而沙俄竭力把自己打扮成"抗英先锋"，怂恿达赖"投俄"。

达赖作为精神领袖，他的意见十分重要。这时甲午战争刚结束，大清政府既自顾不暇，又不知内幕，眼看着便要被沙俄得逞了。

可人算不如天算。跟喜欢四处抢占殖民地的英国相似，沙俄也没闲着，西藏它想要，中国东北和朝鲜它也想要，这就有了日俄战争。

日俄战争一打，俄国就没有更多力量来关注西藏了，这让始终感到"愤愤不平"的英国人找到了空子。

1904 年，英国印度边务大臣荣赫鹏率英军再入西藏，并攻陷了拉萨。

达赖吓得夺路而逃。起初他想去沙俄，但此时的大清已经恢复了一丝元气，开始重视西藏问题，经过严加防备，阻止了达赖的计划。

荣赫鹏傻眼了，因为找不到达赖就没有办法进行交涉，他只能被迫放弃达赖，转而把西藏地方政府的临时负责人找来，通过

正在休息的侵藏
英军士兵。

又吓又骗的方式，强迫对方签了一个《拉萨条约》。这个极其苛刻的条约，不仅驱逐了俄国人，还顺势排除了大清的主权，把西藏变成了英国人的势力范围。

显然，这样的条约，必须经过大清朝廷承认才行。

驻藏大臣有泰随后被喊了过去，让他在上面签字画押。

历任驻藏大臣都视派驻西藏为苦差事，跟发配充军差不多，没人愿意来。有泰来了，说明他没什么了不得的背景，既然背景不硬，就得想着法子避祸。

英国人让他画押，他敢不画吗？

正要提笔，身边一个姓何的文案（相当于现在的秘书）上前阻止："此时总理衙门已改为外务部，外务部没有下达文件，我们就这么做，那是要负责任的呀。"

听了此话，有泰一哆嗦，不敢签了。

荣赫鹏瞪了何文案两眼，继续骗有泰道："不要怕，不要怕，假如你们外务部不同意的话，条约还可以作废嘛。"

这是利用中国官僚大多不通外交来行骗。接下来便是恐吓。

"我们英军驻扎拉萨，每天都要花数不清的钱，要是你还不肯签字画押的话，我告诉你，多驻留一天你们就得多赔一天的钱。"

有泰没怎么见过世面，哪里经得住这样的夹棍伺候，慌乱之下，他又提起了笔。

何文案急了："大人，你千万不能因此铸成大错啊！先容我去发个电报请示一下。"

外务部一接到电报，意识到了问题的严重性：只要一个圈圈画出来，西藏就将分裂出去。

有泰的"画押"立刻被叫停了，外务部同时照会英国驻华公使，要求以政府出面，两国正式举行谈判。

朝廷既然表了态，就是借一百个胆给有泰，他也不敢落笔了。荣赫鹏无计可施，眼看大雪就要降临，只得率军撤出西藏。

虽然英军撤出，但其咄咄逼人以及欲将西藏一口吞之的狰狞嘴脸展露无遗，使得举国上下都紧张起来。

抵御英军入侵的藏族士兵。

在失去最后一个藩属国且军事又接连失利的情况下，大清已经伤不起了，必须要有外交能手在谈判桌上力挽狂澜才行。一个个筛，一个个选，最后大家的目光都落到了天津海关道。

袁世凯力荐唐绍仪："我在天津，外交上之所以从未出错，全靠唐绍仪。此人办理外交，在坚持原则的基础上，能于无形中补救任何错漏，相信他，没有错。"

有袁世凯这样的实权派担保，又能拿出如此亮眼的业绩表，唐绍仪成了担当这一使命的唯一入围者。

1905 年 2 月，出任全权大臣的唐绍仪完成了所有准备，奉旨前往印度参加谈判。

谈判桌上的较量

当唐绍仪现身谈判会场，在场的人心中涌现出无数个问号：他是谁？他能站在这里多久？

没有人相信唐绍仪会成功，包括他的谈判对手和围观的国际舆论界。

这并不奇怪，一直以来，大清官僚留给国际社会的印象一向如此。所以，在国际外交这个高级别舞台的高手一栏里，至今没有出现过大清官员的名字。这里没有掌声，但唐绍仪的眼中充满坚定和自信。

英国人倚仗自己的坚船利炮，在谈判桌上历来气势汹汹。这一次，英方谈判代表、印度外部大臣费理夏如法炮制，刚一见面就"啪"地把"拉萨条约"往桌上一甩，要求签字画押。

费理夏认为，他只要一伸手就能放倒对方。这是过去与大清官员交涉的经验，可以说无一例外。

可这次成了首个例外。

唐绍仪双手一摊："我们还没谈，签什么字，画什么押？"

费理夏没有料到会遭拒绝，立刻把脸一板，拿出了"撒手锏"。

"我们的驻华公使告诉我，你们不会改动'拉萨条约'。你们来就是签字的，现在又说不签，看样子是要废约了，那还有什么可谈的。"

唐绍仪不动声色道："当然要谈。况且我们今天之所以坐在一起谈判，根本原因是西藏的主权在大清国，但'拉萨条约'里有干涉大清国主权的条款，这个必须解释清楚。"

费理夏一时语塞，他的"撒手锏"打在了空气里。

侵藏英军士兵拍
摄的拉萨。

"那你认为'拉萨条约'应该如何表述呢？"

唐绍仪笑了笑。

"既然是对等谈判，就别那么张扬，低调点儿。这样吧，我回去修改一下再签字。"

话说到此处，费理夏只得点头同意了。

第一回合暂告结束，唐绍仪撤步离场。回去后，唐绍仪拿起笔，将"拉萨条约"中干涉大清主权的条款全删了，并且替英国人做主，加了一句华丽的语言："我们英国没有侵占西藏的意思。"

当费理夏接过修改版的"拉萨条约"时，整个人惊呆了，里面的内容早已面目全非，几乎就是一份大清单方面发表的白皮书。

费理夏又急又怒。

"你知不知道，我们英国费了数年心力，耗用军费八十余万英镑，冻死百余名士兵，才弄到这份'拉萨条约'。你竟然要将它毁了，哪有这样的好事！"

眨眼间，费理夏成了癫狂的"足球"流氓，狂呼乱叫，不知不觉中，还把他们英国的秘密说漏了嘴。

太不专业了，同时说明他已自乱阵脚。

等费理夏能够安安静静地坐下来时，唐绍仪又把球踢过去："那你说，应该怎么改？"

人都是贱皮子，费理夏的态度已经比谈判之初老实多了，一边谈一边擦汗。

"根据我们驻华公使提供的交涉情况，你们政府曾经答应过，只要在前面的总纲上添句话，声明'藏为华属'，其余都用不着修改。"

果然是老狐狸，亏他编得出。费理夏还说："'拉萨条约'是西藏人自愿与我们签的，没有理由不能实行。"

听他说完，唐绍仪上下打量他许久，然后说道："照你这么说，那只要我大清国给你们的驻华公使发个照会，让其加上'藏为华属'，西藏问题就了结了，那为什么还要派我不远万里赶来与

清末时的西藏喇嘛。

你谈判呢？再者，你们要是觉得与西藏自订的条约可以自动生效，那荣赫鹏又何必逼着有泰签字画押呢？"

"反正改约就是不行。"

唐绍仪等的就是费理夏这句话："既然改约不成，那我们就来签订新约。"

新约会怎么样，费理夏已经通过"改约"见识过了，当然不肯，他要求坚持老约。

至此，谈判场上的火药味越来越浓。

欲擒故纵

外交场跟其他竞逐场类似，只有对手足够强，才能把你的潜能完全激发出来。费理夏起先没当一回事，这时不得不打起精神，使出浑身解数。

经过反复辩论和较量，双方不约而同地抓住了西藏问题的要害，那就是西藏与大清的关系。

费理夏："大清国是西藏的上国。"

唐绍仪："大清国是西藏的主国。"[①]

"上国"与"主国"，虽一字之差，却非常关键。如果是"上国"，西藏就和大清的藩属国差不多，完全可以宣布独立，而有西藏地方签字画押的"拉萨条约"也就获得了合法地位。

反之，"主国"即祖国，表明大清对西藏拥有主权，英国与西

---

① 参见郝秀：《〈中英续订藏印条约〉的交涉》，《白城师范学院学报》，2011(1)：3。

藏地方订立的条约，大清完全可以不予承认。

唐绍仪在来印度之前，做了大量准备，当他把历代达赖班禅都须经朝廷册封等资料搬出时，费理夏变得相当被动。

外交谈判就像唱歌一样，一个实力唱将，既要能喊出嘹亮且有爆发力的高音，也要善于在清澈缠绵动人的低音区徘徊，同时还要在恰当的时候迅速自然地完成高低音部分的即时转换。

下面，高音一转，要进入低音了。

谈判破裂，往往对弱势一方是不利的，所以唐绍仪并不希望谈判破裂，哪怕己方理由非常充足。

他提出了一个折中方案：以实代虚。

具体来说，就是在新条约的条款里，以英国间接承认的方式，确认中国对西藏的主权。

费理夏在谈判场上也算身经百战，经过"上国"与"主国"的辩论，他已经对结果做出了符合实际的评判，那就是自己赢的

印度的英国殖民军，士兵背后是负责运送装备和补给的骡子。

可能性微乎其微。

"赢"做不到，那就要尽量靠近"和"，避免输，这也是一个成熟外交家的进退之法。

唐绍仪的折中方案大致相当于"和"，是费理夏能够接受的，但当他向英国驻印总督寇松请示时，寇松直接给出了否决的答复。

寇松是一个狂热而顽固的殖民主义者。此人好大喜功，

向来以自己为英国在海外开疆拓土为荣，两次侵藏战争皆由其幕后策划和操纵。

他指示费理夏："西藏问题不能糊涂了事，中方的折中方案是不能接受的。中国人来印度谈判，是在我们的地盘上，我要怎样就怎样，怕什么。"

抱着"天塌下来，有上司顶着"的想法，费理夏回到谈判桌之后，除了不断摇头，已没有一点儿谈判的诚意了。

"我告诉你，'拉萨条约'就是末次议稿，不能再改了，也不能立新约。你签也得签，不签也得签。"

英国人的蛮横无理，让唐绍仪大为愤怒。

"我很愿意听到你说'末次'。'拉萨条约'并非两个平等国家的条约，如果没有我国的签字确认，你们将得不到任何国际法所认可的权利。还有，把你这个所谓的'末次译稿'从我面前拿开，我绝不签字！"

从春天谈到夏天，什么都没能谈出来，双方僵持住了。

寇松拉着费理夏便走，说是要去找地方避暑，把唐绍仪晾在了一边。

那还谈不谈了？谈，让人带话就行。

在外交场上，这当然也是一种战术。熬你，耗你，怠慢你，让你自动地失去信心和耐心。

然而唐绍仪此时却做出了一个令人惊诧的举动。

1905 年 9 月，他以水土不服为由，在外务部的同意下，卸职全权大臣，离开印度回国去了。

谈判由此戛然而止。

不仅寇松和费理夏，各国观察员都没有想到大清官员会这么做，或者说敢于这么做。

近代以来，英法发动鸦片战争、日本发动甲午战争、八国联军攻进北京，没有哪一次不是割地赔款。负责谈判的大清外交官苦苦哀求不得，最后都是忍辱签约收场。像唐绍仪这样把声音拉到极致，态度也强硬到极致的做法，在整个清末外交史上极为罕见。

看似十分冒险，寇松却也作声不得了。

离开印度之前，唐绍仪当着来回传话的英国使者的面，毫不客气地说："如果在印度的谈判不能成功，我自有办法！"

此语并非空言威慑，全部的秘诀在于唐绍仪已掌握了一个内幕。

原来英国内部分为缓急两派，寇松做梦都想一口吞并西藏，所以主急。趁日俄战争的时机，英国在西藏极力排挤沙俄，早就

赤脚走路的藏族女子。照片为俄国探险家拍摄，被认为是"最早的西藏影像"。

引起了沙俄的不满，所以英国政府的另一派还得顾及与沙俄的关系，所以主缓。

唐绍仪的谋划非常到位。如果他继续待在印度，英国人会认为大清将像从前那样软弱可欺，"缓派"和"急派"很有可能站到一起通力合作。

唐绍仪欲擒故纵，临走时，他留下一位参赞在印度，以继续观察和试探英国。

舍小取大

谈判中断，痛苦的不是中国人，而是英国人。

归根结底，他们没想到东方古国会突然冒出这么一个完全新型的外交家。在这个人面前，他们的内幕、伎俩和性格特点都无处遁形。

这下有的吵架了。

即使在印度，殖民者的意见也不一致。费理夏嘴上不说，心里一直在怪寇松："所谓喝酒不谈事，谈事不喝酒。谈判场上最忌冲动，我能谈到'和'已经不错了，可你却猴急地否掉了。"

与费理夏抱有同样情绪的是英国驻印陆军统帅吉青纳，他也认为寇松既鲁莽又愚蠢。

寇松的个性就是骄狂，而且刚愎自用。虽然费理夏对之敢怒不敢言，但拥有军权的吉青纳却不买账。两人互相攻击，官司打到英国政府，主缓的政府最后让寇松引咎辞职。与此同时，英国政府内阁实现了换届，换上来的新班子更加主缓主和。

双方再次坐到了谈判桌前，英国政府同意将谈判地点移往北京，并且由驻华公使萨道义与唐绍仪直接洽谈。

中国功夫的最高境界是什么？是把所有的招式都忘掉，以无形胜有形。唐绍仪看似不经意的撤步，让双方拥有的筹码出现了奇迹般的转换。他等到了。

当然，这并不意味着所有问题都可迎刃而解。

萨道义是知名的国际外交家，他的外交论著是西方外交界的经典教材，非费理夏之辈可比。他在第一次接触中就对唐绍仪的折中方案表示疑义。

"你要将'上国'改为'主国'，不可以！"

如果换成一个完全不了解西方人心理的普通中国官僚，没准就会傻眼：怎么回事，谈判之门又被关上了吗？

然而萨道义说的是这个"不可以"，没有说其他东西"不可以"，换言之，他在待价而沽。

面对理智之人，必须要有理智之法，唐绍仪果断绕开纷争，直奔主题。

修改后的方案，词句中不仅没了"主国"，也没了"上国"，但具体条款中主权概念呼之欲出。

萨道义是一个很实际的外交家，你要让他对这个价码完全认可，还必须做出一些让步，比如承认英国的通商权。

在当时的情况下，"拉萨条约"中有关英国在西藏通商等条款已成既定事实，清政府承认也好，不承认也罢，人家已经在那里做生意了。

对于外商渗入，唐绍仪的主张一向是能拦则拦，拦不住则让商人自己去竞争。他在做天津海关道时，有一条铁路要从直隶进入山西，因为筑路人员都是洋人，外商就以要为筑路人员提供食物为由，提出了到山西去开店的申请。

藏民利用兽皮制成的筏子渡河。照片为入藏的英国人拍摄。

唐绍仪说："我们自己也行啊，饿不着你们。"随后他向直隶商界发布告示："大家快去山西开店，卖与洋人。机不可失，商机无限。"

在唐绍仪的利益权衡中，主权为大，通商之类为小，舍小而取大，买卖划得来。

这一轮得失进退的调整，大家都很到位，所以一拍即合。

1906 年 4 月，双方在北京正式签订《中英续订藏印条约》。在谈判过程中，唐绍仪展示了一位外交家所应具备的水准和外交策略，世界也由此记住了唐绍仪的名字，就连他的谈判对手、英国公使萨道义都认为，唐绍仪是清廷外务部中唯一可与之讨论实际问题的杰出人物。

第 十 五 章

庖丁解牛

早在中英西藏谈判期间，就有人大胆对唐绍仪做出预言："此君不同凡响，必能迁升。"

果然，唐绍仪不久便被任命为外务部右侍郎，此后官职一路往上，其擢升速度之快、事权之广，令人咋舌。

应该说，唐绍仪的才能确实出类拔萃，在胜利完成西藏谈判后，海内外声望更是达到了顶点。这是一个人获得成功的不可或缺因素，但我们仍然不能否认，假使没有袁世凯作为靠山，唐绍仪纵然得以走红，也不可能走得如此顺畅。

事实上，命运早已将这两人牢牢地绑在了一起。

针锋相对

唐绍仪的特长是熟悉外情，对国际大势和行事规则可谓了如指掌；袁世凯的特长则是掌握内情，而且天生就是一个官场高手。

袁世凯有很多领导，但起关键作用的只有一个——慈禧太后。

为了讨慈禧太后的欢心，就算李鸿章也不得不小心翼翼，而袁世凯更是无所不用其极。

慈禧爱摆排场，
每次出行都极为
隆重。

　　所有当官的都在讨好慈禧，当她过生日时，封疆大吏挖空心思搜珍选异。然而，这一次袁世凯成了例外。

　　大家不免诧异，难道这家伙突然转性子了？

　　当然不是，袁世凯自有计较。

　　有一天，慈禧去"视察"进贡给她的奇珍异宝，边看边连连点头，最后她忽然望着墙壁，一副若有所思的样子，沉吟半天，什么也没说便离开了。

　　这一幕被袁世凯知晓了。

　　袁世凯当时并不在慈禧身边，他贿赂了宫中太监，太监们随时向他透露慈禧的动向，哪怕是一个微表情变化。

　　袁世凯确实聪明，当太监把上述情形透露给他时，他第一时间就悟到玄机。很快，袁世凯为慈禧送去了礼物，那是几幅装裱得十分精美的名画。

　　慈禧收到画后，乐得合不拢嘴，说："慰亭（袁世凯的字）真懂我啊。我正想着画，他就送来了。"

　　原来在所有贡品中，唯独缺了名画，但又不好直接开口索要，故而有了慈禧望着空白墙壁出神的那一幕。

与先前收到的那些奇珍异宝相比，这几幅画其实最不值钱，然而它妙就妙在画龙点睛，暗合了慈禧轻易不肯道出的心思。

对官场规则的熟练运用，加上突出的办事能力，使得袁世凯权势日隆，乃至于"朝有六政，每由军机处向诸北洋"，也就是很多国家大事都得听取他的意见。袁世凯不表态，清政府这台机器都没法正常运转了。

站稳脚跟后，袁世凯开始逐步保荐包括唐绍仪在内的得力部下参与大清政务，从而形成了一个以他为中心的新北洋集团。

大清官场就像一个大圆圈，里面还有许多小圆圈，不同的圆圈之间必然会产生矛盾和摩擦，直至势不两立。很快，其中两个小圆圈——袁世凯和盛宣怀撞车了。

追根溯源，两个小圆圈都是从李鸿章的老北洋集团发展出来的。袁、盛二人早期均由李鸿章一手提拔，也曾惺惺相惜，在很多方面拥有共识。他们之间的问题主要出在李鸿章过世之后。

李鸿章一共给北洋集团留下了两份"家产"：一份军事，给了袁世凯；一份经济，给了盛宣怀。袁世凯要想获得李鸿章那样的地位，就不会甘心于只守一份"家产"。

于是，两人的惺惺相惜渐渐变成了针锋相对。

盛宣怀的能量有多大，从他当年与容闳争夺银行开办权就可见一斑。清末富可敌国的红顶商人，除了胡雪岩就是盛宣怀，而胡雪岩还不是盛宣怀的对手。

这是一个精明的商人，也是一个老练的官僚，他对官场规则的运用已达到了炉火纯青的地步。在他主政的势力范围，别人根本无法进入。

袁世凯也是在很长时间后，才等到了契机。

这个契机就是丁忧。在古代，无论多大的官员，面对父母亲的去世，都得老老实实回家守孝。这一年，盛宣怀的父亲因病去世了，他不得不交出手上的实业和职权。

这是天赐良机，袁世凯迅速派得力部下接管电报和铁路。接管电报的是梁士诒，接管铁路的是唐绍仪，他顶替盛宣怀，出任督办铁路大臣。

快刀斩乱麻

两任铁路主管都很有头脑，但盛宣怀看起来更像一个生意人，而唐绍仪则和他的老师容闳类似，本质上是一个政治家，所以他能看到很多盛宣怀看不到，或者即使看到了也不以为意的东西。

盛宣怀主持全国铁路事务达十年之久，筑了很多铁路，成绩斐然，但问题也不少，其中最大的问题就是国家利权丧失过多。

修筑这些铁路的资金都是借的外债，既然要引进外资，免不了要让对方尝到甜头，可如果在这一过程中让人家反客为主，那情形就不大妙了。

盛宣怀主持铁路事务期间，光算经济账，忽略了政治得失，尤其不重视对铁路的行政管理权，导致很多铁路筑成后，好坏全由外方说了算。

丧失路权的危害性，唐绍仪早在担任关内外铁路总办一职时，便有了切身体会。

"关内外铁路"系英国人投资，铁路也被他们控制着，导致唐绍仪这个总办不管做出什么决策，都要征得英国委派的总工程师同意方可施行。

最恶劣的例子，便是庚子事变时，连往前线运送军火都逃不过英国人的眼睛，还差点儿为此送命。

后来唐绍仪出任天津海关道，一得到机会就马上从英国人手里收回了铁路。

在唐绍仪看来，引资筑路是好事，但绝不能让洋人借机鸠占鹊巢。他注意到，有些筑路合同中注明了权利归大清，只是没人当回事，让这些权利形同虚设。

比如刚刚完工的京汉铁路，作为一条纵贯南北大动脉的铁路工程，称得上盛宣怀的一大政绩，但这条铁路在完工之初就显示有被外方全盘掌控的苗头。

经过调查核实，唐绍仪发现问题并不只是出在洋人身上，盛宣怀所任命的京汉铁路官员渎职才是根本原因。这些人中饱私囊，损公肥私，渐渐演变成了一种"陋规"，等同于在逼迫或引诱别人贿赂。所谓"拿别人的手软，吃别人的嘴短"，各级官吏得了钱财便睁一只眼闭一只眼，随便洋人怎么折腾。除此之外，还有些人则是在其位不谋其政，对业务不精不熟，纯粹混日子。

弄清楚状况后，唐绍仪来了个奖优罚劣，沿着京汉铁路一路查过去：有舞弊行为的，立即革职；没有明显劣迹但整天糊里糊涂的，或撤或降；而对那些做事勤勉的，则通过涨工资的方式进行激励。

对于铁路管理人员来说，这是一次大风暴，风暴过后，高级职员的席位便空了出来，唐绍仪举贤任能，顺势将一些真才实学者推上去。

料理完京汉铁路，唐绍仪又转向沪宁铁路。

与京汉铁路不同的是，沪宁铁路还未完工，但盛宣怀离职前

部分留美幼童聚
会，后排正中为唐
绍仪。

所借的第一批款项已经用完，要想接着修，就必须跟英属合资公
司续借新款。

　　按照盛宣怀早前的计划，还要向英国人借一百万英镑。唐绍
仪让人重新核算，发现只需借六十五万英镑就够了，为什么差距
如此之大？

　　盛宣怀号称"财神爷"，也是出了名的精明强干，这笔账怎么
会算不清楚？

　　唐绍仪由此及彼，对整个工程产生了怀疑，追查下去，果然
和京汉铁路一样，沪铁铁路官员也贪污挪用，有近一半经费都是
在悄无声息中消失的。

　　唐绍仪快刀斩乱麻，立即将原铁路负责人予以撤职，让他的
美国同学钟文耀顶替。钟文耀就是当年耶鲁划艇队的队长，把哈
佛大学划艇队甩在身后的那位。

　　算完经济账，还得算政治账。在盛宣怀原订借款合同中，沪
宁路大权由总管理处掌握，总管理处又由三名英国人和两名中国
人组成，有事大家开会决定。

三对二，显然对中方不利，意味着未来管理权的旁落。

权利肯定要想办法收回来，但与某些过激观点不同的是，唐绍仪主张尊重契约，即已经订立合同的，不能脑子一发热，单方面说废就废，这样只会引来不必要的国际纠纷。

最好的办法，还是谈。

谈判这个东西，既要有智慧，更要有耐心。为了铁路管理权问题，唐绍仪执着地谈了三年，甚至在他调任时，谈判还没有结束。

最终的结果是，虽然并未能使总管理处的人员比例发生变化，但唐绍仪却得以像西藏谈判那样，舍此就彼，成功地换到了另一个筹码，那就是由清廷委派人员担任总管理处的主席。

唐绍仪主持全国铁路路政后，基本廓清了前任的影响，也腾出了许多重要位置，在他的大力提拔和推荐下，与其理念一致的留美幼童纷纷崭露头角。

与此同时，唐绍仪的另一位留美同学早就在铁路界名声在外，他便是詹天佑。

耶鲁划艇队，坐在船头指挥的是钟文耀。

用马拉的火车

在留美幼童中，只有两人顺利取得了大学文凭，詹天佑是其中之一。他毕业于耶鲁大学的土木工程专业，定位为工程师。

可惜，当时国内对修建铁路并不上心，导致学成归国的詹天佑无用武之地，于是"由陆而海"，当海军去了。

其间，唯一能让他用到专业的一次，还是张之洞任两广总督时。彼时的南洋水师已在马尾海战中沉入江底，张之洞便想自己组建一支海军，以与北洋水师抗衡。为此他准备找人绘一幅沿海形势图，以便向朝廷说明沿海到处要守，光靠一个北洋水师肯定是忙不过来的。

詹天佑奉调广州，干的就是这个绘图的活儿。

画完图，张之洞又让他培训海军军官，由于中途又调职湖北，最终什么成绩也没干出来。

一晃七年过去了，仍然是学非所用，毫无作为。到了第八年，上苍终于开了一回眼，让詹天佑有机会"由海而陆"，进入"中国铁路公司"，当上了梦寐以求的铁路工程师。

虽然名为"中国铁路公司"，但主事的都是洋人。在这里，詹天佑只能算"普工"，不管如何表现，论功行赏都没他的份儿。

只有等到洋人也搞不定了，他才有机会一展实力。

这道令洋人也发怵的难题，是要造一座可供火车通过的铁路大桥，叫作滦河大桥。

工程先是承包给了英国工程师。英国号称拥有当时世界一流的施工技术，可施工前那位工程师一门心思捞钱，勘测马虎了事，拿"估计、大概"来应付，等到正式开工就傻了眼。由此英国只能退出，工程转包给了日本。日本报价倒是很低，可他们的工程

詹天佑在滦河大桥工地上，中间站立者即为詹天佑。

师水平比英国人差太远了，不得已也出局了。

眼看交工期限就要到了，"中国铁路公司"的洋人主管急得如热锅上的蚂蚁，不知如何是好。

这时的詹天佑已在"中国铁路公司"上了几年班，尽管功劳总是分不到他头上，但已给洋人上级留下了深刻的印象。这一次，他们决定让詹天佑来试试。

滦河大桥最关键的难点在于打桩，因为滦河河床很深，而且水流湍急，没有过硬的技术，根本不敢承接这样的工程。

詹天佑经过反复测量和试验，设计了一个令所有洋人都意想不到的方案。

中国人打桩，用的是犹如浪里白条一样的"水鬼"。在西方造桥技术中，有一种先进的"气压沉箱"，可以保证"水鬼"在无水的室内进行作业。二者结合，便组成了独特的"气压沉箱法"。

詹天佑不愧为耶鲁的优等生，他的"气压沉箱法"付诸实践后，难题迎刃而解。

滦河大桥虽说只是让詹天佑初露锋芒，但足已奠定他在业界的声名，可让人发愁的是，"中国铁路公司"常常揽不到生意。因为在这片古老的土地上，一直有一门十分神秘的学问，叫作堪舆术，现代名称叫风水学。照古人的说法，大至一国一朝，小至一族一户，它们的命运都跟山川形胜一一对应，这被称为地脉，是轻易动不得的。

中国的第一条铁路由李鸿章发起，那是一条运煤的铁路，史称唐胥铁路。当听到铁路开工的消息时，从普通百姓到达官贵人，一片哗然，都说不能修，会破坏地脉，影响国运。

李鸿章被逼无奈，只好拿出捣糨糊的老套路，说这条铁路跟其他的铁路不同，它不用火车头，改用骡马拉，不会破坏地脉。

没有人觉得这是一则笑话，所以当铁路铺好后，大家真的要求用骡马来拉，否则就拆掉。

仅九公里长的一段铁路，用骡马来拉火车，就算寻遍全世界，也找不到这样魔幻又滑稽的事例了，故时人戏称"马车铁路"……

李鸿章携幕僚视察唐胥铁路，前排左起第四人为李鸿章，第二人为唐绍仪的族叔唐廷枢。

这是詹天佑刚回国时发生的事。在"马车铁路"开通后的十年时间里,整个中国统共才修了四百六十千米铁路,摊到一年才四十多千米,可见发展之慢。

尽管詹天佑很用心,他所在的"公司"也令李鸿章十分满意,但"公司业务"就像是被骡马拉着,一步一挪,慢慢腾腾,直耗到李鸿章一命呜呼了,也没有什么改观。

游刃有余

这世上原本就有截然不同的两种人:第一种人可以为公义不顾生死,比如容闳;另一种人则可以为私利不择手段,比如慈禧。

在慈禧心中,占第一位的始终是权力,只要能巩固权力,她可以做出任何事,对洋人是这样,对国人也是如此。

她知道自己抵抗不了潮流,索性也学着做起了"弄潮儿"。

在慈禧下令实施的"新政"中,有些举措甚至比当初的维新派还要激进:废除科举,创立新军,引入西方法律……

1902年,她以皇帝的名义,宣布了一个破天荒的决定:乘火车出行。

这不是慈禧第一次坐火车,十几年前她就坐过一次,那也是一列与唐胥铁路一样的"无头火车",只不过拉纤者不是骡马,而是太监。

有了"西狩"逃跑那样心惊肉跳的经历后,慈禧再也不敢玩游戏了。一回到北京,她就提出要去西陵祭祖,而且要乘火车去,以便向世界展示自己开明的一面,为"新政"开一个好头。

不过,当袁世凯接到修建西陵铁路的懿旨时,一开始想到的

慈禧与各国公使的家眷合影。

工程师人选并不是詹天佑。

新官上任，袁世凯非常清楚这趟差事办好办坏决定自己的前途。他思虑许久，觉得中国工程师水平稍欠，还是倾向于请洋人来主持设计和施工。

问题是洋人不止一个，为了揽下这笔生意，不同国籍的洋人互相掐架，闹个没完。西陵铁路的交工期限只有六个月，眼看一天天过去，袁世凯干脆谁也不得罪，把门一关——一个洋人也不请。

在时间紧迫的情况下，袁世凯被迫起用了詹天佑。

当詹天佑急匆匆赶到工地时，发现这是一个比"滦河大桥"还要艰巨的工程。

西陵铁路全长四十多千米，当时正值隆冬，在天寒地冻的情况下，工程量成倍增加。不仅如此，原本六个月的工期，已经被耽误了两个月，如今只剩四个月，别说修一条铁路了，就是钢轨也凑不齐。

面对这种根本不可能完成的任务，需要冷静而务实的头脑。

西陵铁路是给慈禧太后等人祭祖用的，运的是人，不是煤，而且是短期使用，标准可以适当降低。

想通了这个问题后，詹天佑决定先做特殊处理，待慈禧的"秀场"结束，再对铁路进行长期加固。

通常的修路程序是等路基建成风干后再铺路轨，但詹天佑打破了这一定律，他一边筑路基一边铺设铁轨。

四个月不到，铁路修好了。

1903年，慈禧带着光绪，乘坐火车风风火火地到关外转了一圈，十分满意。

事后，她将所乘列车上的陈列品都奖给了詹天佑，并将其升为"选用知府"——从四品，相当于现在的地级市市长。

从严格意义上来说，西陵铁路是中国人自建的第一条铁路，但这条"皇陵专线"作秀的意义远大于实用，真正引人注目的是后来的京张铁路。

与西陵铁路一样，京张铁路最初也是倾向于请洋人主持设计和施工，结果洋人为了抢夺这笔生意，又开始互相掐架。

这么重要的铁路，当然不能让互相掐架的洋人给耽搁了，于是朝廷开始重新筛选工程师。起先大家议论纷纷，莫衷一是，最后庆亲王奕劻说了一句："西陵铁路不是'洋学生'主持修建的吗？"算是一锤定音了。

奕劻的态度，也就是袁世凯的态度。此言一出，连慈禧也点

头同意，机遇再次向詹天佑敞
开怀抱。

詹天佑身着官服的半身照。

1905 年，詹天佑接到袁世
凯的命令，他被正式任命为京
张铁路总工程师。

京张铁路上马之初，并不
被外界看好。因为京张铁路不
仅长达两百千米，而且沿途地
形复杂，山高路险，施工难度
极大。洋人不相信中国人能独
立完成这项工程，就等着看笑
话。然而后来的事实证明，他们低估了詹天佑，忽略了留美幼童
厚积薄发的能力。

在《庄子》一书中，有篇文章描写了一个不同凡响的屠夫，
说他屠牛的水平已达臻境，连一旁的国君都看呆了，直呼不可思
议，这就是著名的"庖丁解牛"。

千年之后的今天，詹天佑也以"庖丁解牛"般的至臻技术，
对即将施工的山体进行"分解"。

詹天佑被后人称道一共两招：其一是降低坡度的"之"字线
路，其二是可以把列车连接起来的自动挂钩。它们虽然都不是詹
天佑的首创，但运用得恰到好处，可谓点睛之笔。

詹天佑所在"中国铁路公司"的洋人主管前来考察，这位老
资格的工程技术专家考察完后，不得不承认整个工程设计既"卓
越"又经济，已经具备世界一流水准了。

"青龙桥车站西上下火车同时开行由南望景"。这张照片展示了两列火车沿"人"字形铁路分别上下山的壮观场景，线路坡度之大令人惊叹。

绝处逢生

自从主持京张铁路后，经袁世凯保举，詹天佑已由从四品的"选用知府"升任三品的"候选道"。

詹天佑对涉足官场并无多大兴趣，他的志向始终是一个纯粹的工程师，希望能踏踏实实为国家做点儿事。但坎坷的经历告诉他，现实是残酷的，如果自己手中无权，将寸步难行。

比如一个叫广宅的人，曾是锦州道员，和詹天佑差不多品级，虽然退休了，但官场关系还在，尤其当朝重臣、镇国公载泽与他是亲戚。有了这层关系，广宅有恃无恐。当京张铁路经过他的家族墓园附近时，被立即叫停了，理由是火车会破坏他家风水。

能不能绕过去呢？

詹天佑朝四周一看，傻眼了：北面是铁帽子王的墓园，南面是宦官墓园，西边是慈禧她爹的墓地，哪一个都得罪不起。可若是全部绕开，工程量和所耗资金就实在太大了。

关键问题是，京张铁路系从野外横穿，沿途的房屋、墓园数不胜数，如果大家有样学样，铁路根本就不用修了。

詹天佑一番思虑后决定，线路不改，一定要过。

广宅见镇国公的名号吓不住詹天佑，便去找詹天佑的上级部门。随着京张铁路的正式立项，詹天佑的直接主管已由袁世凯移为邮传部（即交通部）。邮传部的人都是蝇营狗苟之辈，他们最后传给詹天佑的信息是改线。

詹天佑愤怒了，这个一向沉默寡言、埋头做事的老实人拍案而起："要么我走，要么你们改线。"

事情僵持下来，整个工程暂停，詹天佑为此忧心如焚。

老天似乎也急了，十几天后，它找到机会安排了一场"意外"。

那段时间，慈禧一直在实施"新政"，她派包括载泽在内的五名王公大臣出洋考察，为"预备立宪"做准备。

如果时光倒退七年，维新党人云集京城的时候，高级官员集体出访去异域取经，毫无疑问是件了不起的大事。可惜蹉跎七年，清廷在百姓心中的形象早已崩塌，毫无威信可言。正值此时，行驶在末路上的清廷迎来了革命派。

王公大臣出洋，在英国伯明翰"考察政治"，前排中为载泽。

革命派与维新派不一样，他们不用嘴，用炸弹。

暗杀时代到来！

刺客冲进五大臣所在的火车包厢，引爆了炸药，当场炸死炸伤数十人，五大臣中也有人受伤。

载泽被炸得晕晕乎乎，虽然侥幸未死，但受到极大震撼，至此变得风声鹤唳，草木皆兵。广宅前来敲门，他根本不搭理，只求自己平安无事，哪里还顾得上什么亲戚。

这下广宅也怕了。广宅态度一软，被迫暂停的京张铁路重现生机。经中间人说合，广宅同意京张铁路由自家墓园的墙外修过去，而詹天佑也答应对方另修一条小河，以便维持"风水"，同时派人拈香设祭。

另一件让詹天佑无比头疼的事是经费问题。

京张铁路的修筑经费主要来自已建铁路的收益，但这些收益又由英国汇丰银行控制。由于英国人没能参与到这次的工程中来，所以表现得很不积极，拨款总是拖拖拉拉。

没有钱，铁路就得停工，詹天佑不擅奔走权门，更不会溜须拍马，但为了京张铁路的工程能够顺利推进，他只得硬着头皮前往京城"斡旋"。

邮传部是新成立的部门，是慈禧所谓"新政"的产物，这个部门的特点就是尚书（即部长）都做不久，最长的一任为一年零八个月，最短的只有半个月。

詹天佑见到的尚书也是刚刚上任，做了一个月，算是不错的了。此人名叫岑春煊，是袁世凯的冤家对头。

不过，詹天佑的运气极好，岑春煊是那个年代难得的大清官，号称"官屠"，仅两广总督任上，就参劾涉贪官吏一千余名，举国为之震动。他并没有因詹天佑是"袁世凯的人"，就将其拒之门外，而是认真接待并倾听了詹天佑的意见。

詹天佑说："中国人的铁路应由中国人自己来修建，若能尽快完成京张铁路，还可以将有限的工程师资源抽出来，转调至其他铁路的修筑。"

听到这里，岑春煊立即答复："好，我一定想办法。"

两周后，岑春煊筹集到了六十五万两白银，为詹天佑解了燃眉之急。

1909 年 10 月，京张铁路建成通车，比原计划提前三年完成，由中国人修筑的铁路终于诞生了。

凭借这一伟大工程，詹天佑荣获"中国铁路之父"的称号，同时他在国际上也声名鹊起。

当激动人心的时刻到来，出现在詹天佑脑海里的还有很多年前的那段异国柔情，在过往的岁月里，它曾一次次温暖自己的心扉。

詹天佑给留美幼童时代的"美国家长"寄了一封信，信中特

京张铁路修成时，修路人员在验道专车前的合影。前排是工程技术人员，后排是铁路工人，前排右起第三人为詹天佑。

地附上一份关于京张铁路竣工的剪报——

"请您了解，当年由您照顾和教导的一名中国留美幼童，已经做出什么和正在做什么……"

现实总是那么让人哭笑不得。当国运逐渐走向没落，留美幼童却意外地迎来了利好，他们突然迸发出的才华和成就，令头顶的天空绚烂多彩。

1909 年冬天，清政府对十九人分别授予进士和举人，其中不少是留美幼童，"铁路之父"詹天佑更是位列进士第一。

这不是一个人的成功，而是一个群体的成功，他们依靠不懈的努力，终于使自己的命运发生了逆转。

第 十 六 章

希望与失望

一个实业，一个政治，詹天佑和唐绍仪犹如两条铁轨上奔跑的火车。不过，相对于詹天佑，唐绍仪的故事无疑更加传奇，因为他已经进入了清廷的权力核心，在那里，他能改变的不再是区区一条火车线路，而是惊心动魄的历史走向。

　　那几年，唐绍仪官运亨通，兼职多到令人眼花缭乱的地步，而且都是重量级的——在被任命为督办铁路大臣后三个月，他进入新设立的税务处，出任会办税务大臣。

　　清末海关税务皆由洋人一手把持，英国人赫德担任总税务司达半个世纪之久，不仅总揽海关邮政，还经常以顾问的身份为清廷提供各种建议。

　　平心而论，赫德是一个业务精熟的人。他就任总税务司后，引入了西方公务员制度，薪金很高，管理严格，使得海关面目一新。

　　不过事物都有两面，有好的一面，就有不好的一面。

　　海关尽管名义上归总理衙门管辖，可长期以来，这种管理基本上停留在"名义"的层面，实际全由赫德一个人说了算。对于主权国家而言，这显然是不合适的。

　　设立税务处，就是要把海关真正管起来，而唐绍仪的走马上任，直接让赫德本能地感受到了威胁。

借鸡是为了生蛋

赫德的优势，在于他比一般的中国人更懂洋务。你要管他，就必须比他懂得多，否则就容易陷入为管而管的陷阱，所以一直以来，赫德都是单干户，有没有上级并无区别。

唐绍仪不同，他接受过西方教育，就算在洋人堆里也属精英式人物，从西藏谈判到沪宁铁路交涉，英国人在他身上从未讨到过便宜。

毫无疑问，这个上司很难对付。

赫德清楚自己的身份，作为清政府雇员，他直接跳出来嚷嚷，不管怎样，都是愚蠢透顶的做法。最好是由别人帮着说，而帮他说话的正是赫德的母国。

赫德虽是英国人，但他系清廷雇员，英国政府所担心的是大清政府借收回利权之机，趁势掀起一个排英风潮。另外，由于关税是大清政府挪借外债的主要担保，一旦发生动荡，到时候很可能竹篮打水一场空，连自己的本钱也收不回来。

于是唐绍仪上任没多久，就收到了包括英国在内的各西

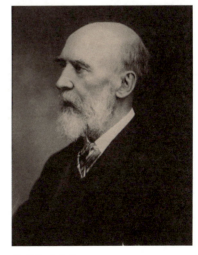

总税务司赫德。

税务处管辖的税务学堂，由唐绍仪等人倡议创办。

清末上海海关。

方列强的抗议和质问。

唐绍仪针尖对麦芒，反驳道："赫德，一雇员耳，我大清国政府完全有权限制其行动。"

在涉及国家利权的原则问题上，唐绍仪从不含糊。上任伊时，他就斩断了海关与外务部（原总理衙门）的联系。

赫德也是见过世面的人，在他最活跃的时期，主持总理衙门的奕䜣、文祥无不对其青睐有加，而且官衔品级也高出唐绍仪许多。要让他乖乖服软，还真不是一件容易的事。

唐绍仪为此专门准备了一个下马威。

虽然赫德一开始就刻意提防唐绍仪，不让他触碰自己手中的权益，但"面子工程"还是要做的——新上司上任不能不拜，这是规矩。

对于赫德而言，拜见上司本来是件极其轻松的事。过去不管去哪个衙门，连手本（即名片）都不用送，便可大摇大摆地进去。但那是过去，现在税务处，赫德被摆了一道：唐绍仪避而不见，只有两名普通职员出面接待。

这是一个危险的信号。赫德紧张了，急忙托人询问原委。

唐绍仪让人传话："税务处是全国税务的最高衙门，我作为会办税务大臣，是你的顶头上司，你见过哪个下属初次拜见上司可以不递手本的？你可以看不起我唐绍仪，但递手本是大清国官制所规定的，理应遵照办理。"

赫德被当头敲了一棒，只得老老实实递上手本。

唐绍仪这才准予接见。落座之后，唐绍仪端坐正中，赫德只能陪坐一侧，谁主谁次，一目了然。

不拜见还好，这一拜见就让赫德彻底威风扫地了。海关的人事任命历来是赫德一个人说了算，在这个"独立王国"里，重要职位皆被洋人占据。中国职员即便拥有一官半职，也像詹天佑在"中国铁路公司"那样，始终得不到重用和提拔。

唐绍仪对此极不满意，这是中国的海关，所以海关权益必须由中国人掌控，于是一次次谈话开始了。

重重施压下，赫德不得不妥协，于是海关第一次有了重用华人、限制洋人的内部通知，而且华人拥有更多升职空间。

赫德的危机感越来越强烈，唐绍仪很明显就是要借鸡生蛋，逐步用华人顶替掉洋人。可以想见，在不远的将来，他这个总税务司注定会被詹天佑、钟文耀等人取而代之。

让他大感庆幸的是，唐绍仪还没来得及全面推行自己的计划，就先一步出了状况。

明枪暗箭

与实业界相比，政界显然更加复杂和多变。

1906 年 11 月，唐绍仪出任邮传部左侍郎，主管全国铁路邮政，同时兼任外务部右侍郎、督办铁路大臣、会办税务大臣。

如此多的重任兼于一身，显然不是一般的"副部长"。事实也确实如此，自唐绍仪进入邮传部后，他的声势和权力就一直凌驾于邮传部尚书张百熙之上。

这个张百熙也非泛泛之辈，他被称为"中国大学之父"，京师大学堂（北京大学前身）就是其一手创办的。

张百熙认为自己是"正部长"，理应统管所有部门业务，但唐绍仪把部里的案卷、合同都捧到自己的办公室，抢着把事情处理了。两人明里暗里互掐，最后矛盾集中到了邮传部的人事任免上。

张百熙坚持要聘用京师大学堂的毕业生，唐绍仪则反其道而行之，坚持以他的标准来聘用雇员。

唐绍仪所聘用之人如钟文耀等，大部分是他的美国同学或广东籍同乡。此举被张百熙抓到了把柄，讥之为"结党营私，组织粤党"，而唐绍仪性格倔强，当然不肯轻易让步。

"你说我结党，我还说你是在拉利益小圈子呢！大学堂的学生初入社会，能有多大办事能力？可你硬要大批使用，你敢说自己没有一点儿私心？"

一时间，两人你来我往，争吵不休，甚至互递奏折，闹到了朝堂之上。最后越闹越僵，难以收场，只好双双称病，都不去部里上班了。

见邮传部因此停摆，慈禧火了，一拍桌子："均着传旨申斥。"

传旨申斥，就是觉得你这人十分讨厌，但尚未触犯大清律法，于是就派太监当面斥责几句，以示告诫。但由于不是皇帝或太后亲自执行，所以这斥责和打板子一样，轻一些重一些，里面有许多讲究。

唐绍仪做官多年，哪里会不知道这些"陋规"，别的"陋规"他可以不屑，唯独这种伤自尊的事，不能不在意。于是他宁愿多花钱少受罪，就托人偷偷地给太监送去了四百两银子。

太监收了钱，自然心领神会，照着旨意一念，再补上"下次注意"之类的场面话，这事就算翻篇了。

张百熙是老官僚，资历比唐绍仪深得多，同样清楚宫中"陋规"。但他因资历深，又是"部长级"重臣，自认为太监不会也不敢把他怎么样，就没花银子打点。

他错了！他忘记了一句话，"阎王好见，小鬼难缠"。负责斥责的太监等啊等，结果连一两银子都没盼到，自然是很生气了。

所以，等到他被斥责时，这位太监搜肠刮肚，把平生能想到的脏词损语统统过了一遍，末了撂下一句："我今天斥责你的这些话，不要求你死记，但要你记死！"

张百熙毫无心理准备，羞愤之下当场痛哭流涕。没多久就病了，虽然请医吃药，但最后还是一命呜呼了。

政敌的意外死亡，并没有给唐绍仪带来什么好处，反而给自己的仕途蒙上了一层阴影。一时间，唐绍仪接连遭到了五次弹劾。

有说唐绍仪专横跋扈的，但因为有各打五十大板的上谕在先，所以效果并不好。

有的说唐绍仪花钱如流水，比袁世凯还厉害。

证据一：一般人每天最多吃三餐，唐绍仪要吃四餐，而且每餐"费十金"。

证据二：唐绍仪来北京上任时，装修房子非常出格。"一切举

广州街景。

动，皆模仿西洋豪华，非中国诸王大臣所可及"。

说唐绍仪的生活标准在向美国人看齐，这可能是事实，但要说超过了一般王公大臣，那就太夸张了，所以这两条论据看似有力，实则经不起推敲。想以此来扳倒唐绍仪，显然是不切实际的。

后来，有人索性把张百熙对唐绍仪的责难再次拿出来炒作，说唐绍仪组织"粤党"，甚至诬蔑说快要和他的那些广东同乡结成"男同"了。

可这条"罪过"除了起到抹黑唐绍仪形象的作用外，并无多大杀伤力。在洋务运动中，广东有开风气之先的声誉，那里的人敢于也乐于钻研西学，出来的人才自然就多。留美幼童中广东籍占了相当大的比例，这是人所共知的事实，难道因此就将广东人统统拒之门外不用？

靠谣言是扳不倒唐绍仪的。

劫数难逃

既然小伎俩不行，那就得换一个绝招了——反腐。

说起来还真是滑稽，此时的大清，腐败早已是公开的秘密，人人心中有数，但放到公开场合，又个个装聋作哑，仿佛大家都是清廉守法好官吏。

官场腐败虽已司空见惯，但只要撞上了这条线且被人针对，中箭落马的概率还是很高的，前提是找出来的"罪证"必须立得住。

政敌到处搜罗，终于眼前一亮，像发现"新大陆"一样：唐绍仪在处理京汉铁路一案时，曾任命施肇基为京汉铁路总办，而施肇基是唐绍仪的侄女婿！

没有哪条法律规定不能举荐自己的侄女婿，关键是这个侄女婿能不能担当大任。能，说明唐绍仪举贤不避亲；不能，那就是搞裙带关系，属于人事腐败。

在弹劾案中，施肇基被说成是刚刚留洋归来的学生，没有社会阅历，与京师大学生相仿，正因为有唐绍仪罩着，竟然就爬到了如此高位。

慈禧看到这份奏章后，当即怒形于色。她原本很欣赏唐绍仪，尤其在中英西藏谈判之后，更对之青睐有加，但随着周围流言蜚语的不断增多，印象开始变了。

最终慈禧放下话来："唐绍仪如此胆大妄为，非重重惩治不可。"

眼看着劫数难逃，有人伸手拉了唐绍仪一把，此人就是庆亲王奕劻。当然没有无缘无故的爱，铁帽子亲王肯站出来为唐绍仪说话，后面出力的是袁世凯。

奕劻上了一份奏折，特地澄清，说施肇基并非唐绍仪的侄女婿，而是他一个远房族弟的女婿。

唐绍仪也赶紧上疏为自己辩白："施肇基毕业于美国康奈尔大学，有博士学位证书，是洋学生不假，但绝不像有些人说的那样毫无阅历。他留学归国后，在招商局及铁路上都干过，有一定的管理经验，并且还曾是涉外谈判的代表，在收回铁路管理权方面颇有建树。"

作为一个留美幼童出身的官员，唐绍仪很清楚留学生的"硬伤"在哪里，因此再三声明，施肇基参加过朝廷举办的西洋留学生考试，因成绩优异而被赏进士，是有功名在身的。

听到这里，慈禧才算稍稍消气，没有再追究下去。

然而流言和弹劾仍未停止，伴君如伴虎。在已经失去慈禧信任的情况下，唐绍仪很清楚自身的处境有多么危险，遂主动辞去邮传部左侍郎一职。

自唐绍仪卸职离任，邮传部就变成了一个最不淡定的部门，不仅做事效率低，而且相互倾轧，直到岑春煊上任都是如此。不然，詹天佑主持修筑京张铁路时，也就不会遭遇到那么大的阻力了。

施肇基，近代著名外交家。

继退出邮传部后，唐绍仪又一并辞去了外务部右侍郎、督办铁路大臣等职，只保留了一个会办税务大臣。

税务处刚刚起步，海关的借鸡生蛋也尚未最后完成，他不甘心。

但残酷无情素来是官场争斗的固定标签，政敌一招得手，不会因为你的让步而停止攻击。唐绍仪一忍再忍，终于忍不下去了。

官场险恶，李鸿章当年给他的警示历历在目，于是他也采取了和李鸿章一样的策略：避开京城，转去地方。

唐绍仪请求放外，并且表示如果朝廷不允，自己只能告职还乡，退隐山林。

同时期，像唐绍仪这样集才能、声望于一身的能臣是稀缺人才，特别是在李鸿章去世之后，擅长国际交涉的外交家中，唐绍仪是第一人选，政府自然不能说放就放。

1907年4月，唐绍仪改任奉天（今辽宁）巡抚，原兼职全免。

他一走，税务处就像邮传部一样，群龙无首，效率大减，对海关的管理也自然松弛了下来。

唐绍仪被派去奉天，是因为辽东半岛已实际处于中国外交的旋涡中心，对外交涉事务最多也最复杂，必须得唐绍仪这样的外交高手前去坐镇不可。

辽东危机，起于甲午战败。

在马关谈判中，日本首相伊藤博文要价非常高，不仅要割台湾、澎湖，还想打辽东半岛的主意。

相对于台湾、澎湖，辽东乃大清龙兴之地，负责谈判的李鸿

沈阳城外的"忠魂碑"，日本人建造，以纪念在日俄战争奉天大会战中战死的日本军人。

章当然想把这个地方保住，就上奏折请示朝廷，答复却是"酌量办理"。

能怎么办呢？若继续打下去，别说辽东，恐怕整个东北都会沦陷。无奈之下，李鸿章只能祭出他在国际外交中的老招数，将有关信息透露给沙俄。于是沙俄拉上德国和法国做起了中间人，要求日本不得染指辽东，条件则是可以获得大清的一笔赔偿。

日本敢于无视清政府，但不敢无视沙俄、德国和法国。最后，日本揣着货真价实的银子暂时放弃了对辽东的争夺，这被视为李鸿章"以俄制日"的一个成功策略。

沙俄在这个时候跑出来充当好人，当然不是因为思想境界有多高，而是有自己的打算。沙俄通过"仗义执言"，其一是可取得中国人的好感，其二是可以"恩人"的身份到辽东插一脚，占足便宜——事后沙俄果真取得了修筑中东铁路的特权，同时还强行租借旅顺和大连，实际上是把日本在中国所获特权的一大半夺走了。

"还辽事件"成了日本的一块心病。

有锯就有末

1904 年，日俄为争夺中国东北，终于爆发了一场大战。

沙俄起先并没把日本放在眼里，孰料日军准备充分，先发制人，导致开战后俄军连连失利。当然，限于国力，日本打到后来也坚持不住了，双方在美国的调停下签了和约。

按照和约，沙俄答应把在东北得到的权益分一大半给对方：除让出旅顺、大连的租借权外，作为中东铁路支线的南满铁路也转让给了日本。而在这一过程中，中国竟被双方一致无视了。

虽然"以俄制日"弊端多多，但毕竟保住了辽东不致彻底丢失，但随着俄国的靠边站，制约力量发生了失衡，危机再次加剧。

唐绍仪出任奉天巡抚，一个最重要的任务就是对抗日本的不断进逼，肩上的担子很重。

中国自身的力量有限，一对一根本应付不了日本，所以李鸿章的智慧仍然有效，仍需要有其他列强来代替沙俄。唐绍仪选择了欧美国家，并制定了"以欧制日"的外交策略。

只要将欧美势力引入辽东，就能改变日本一家独大的状况，辽东乃至整个东北必然形成一种各国相互争夺又彼此牵制的平衡局面。

作为一个外交家，唐绍仪一向对国家利权看得非常重。如果日本势力不是已经侵入辽东，他根本不会允许欧美国家插足，过去他在西藏谈判和收回路权交涉中所彰显的强硬态度都证明了这一点。

停在南满铁路上的火车。

可形势不一样了，两害相权取其轻，他只能做出和当年李鸿章差不多的选择。

东北与欧美有瓜葛吗？看上去还没有，但要让它们有。具体来说，就是要想方设法地鼓动这些国家去东北投资筑路，筑一条与南满铁路并行的铁路，这就是"新法路"。

唐绍仪具有很典型的美式外交家特点，到奉天后与英美领事频繁交往，私下里成了朋友。

外交并不仅仅是利益的权衡，还有双方理念的共鸣，所以唐绍仪此举立即起到了先声夺人的效果，其中美国驻奉天总领事对修筑新法路最为积极。

这位总领事在美国国内找了一个投资方，并与唐绍仪签订了借款备忘录。可惜的是，人算不如天算，碰上美国金融市场不景气，投资也就此中断了。

锯只要一响就一定会有末。唐绍仪并不气馁，他又把英国铁路公司拉了进来，一家的钱不够，那就凑两家。

唐绍仪的一系列行动大大刺激了日本人，借款备忘录墨迹未干，日本驻华公使就向大清外务部提出了抗议：新法路与南满铁路并行，这让我们如何做生意，太过分了！

见大清外务部顾左右而言他，日本公使一连四次发出照会，声称大清如果一定要筑路，他们将不惜动用武力进行阻止。

日本政府的气急败坏，正中唐绍仪下怀——说明"以欧制日"的大方向是对的。

他秘密致函外务部，建议不管日本人如何抗议，新法铁路都要尽早开工，同时推荐他的美国同学、已蜚声海内外的"中国铁路之父"詹天佑担任监工。

在唐绍仪的不断鼓吹下，英国商界和舆论界普遍表现出了对日本的不满。"门户开放嘛，大家都是来做生意的，凭什么你们日本人可以投资东北，我们就不可以？"

对此表现出分外谨慎的恰恰是英国政府。

早在日俄战争前，英国和日本就结成了同盟，在远东，两国成了一根绳上的蚂蚱。对于英国政府而言，赚钱固然重要，但前提是不能影响英日的政治同盟，因此决定不在外交上支持英国铁路公司。

如此一来，大清外务部就很尴尬了，为此他们专门把唐绍仪叫到北京，与日本驻华公使直接谈判，希望日方能够对新法路放行。

唐绍仪的新法路计划原本就是为了对付日本，在这一点上，大家心知肚明，所以这样的谈判根本就谈不出什么结果来。

新法路的夭折，说明国际上的合纵连横是一件非常复杂的事：你想借钟馗打鬼，若钟馗跟小鬼是亲戚，只要他们彼此不翻脸，你就拿他们没办法。

看来光跟领事和商人打交道还不行，政府的态度更关键。

这时唐绍仪注意到了一则消息，美国战争部长塔夫脱访华，并在上海对在华美商做了一次演讲，内容十分劲爆。

塔夫脱说："你们在中国做生意尽管放心，因为我们的政府会尽一切合法手段予以保护。"

塔夫脱的话不只是有感而发，而是针对日本的。

美国的对华政策一直是门户开放，即大家在中国进行公平的经济竞争，任何国家都不要实行政治或军事垄断。

可日本并不这么想。于是，美日两国明里暗里相互较劲、相互提防。后来，美国又积极介入日俄战争，居中调停，也是想拉拢沙俄牵制日本。

沈阳街头的店铺。这些店铺的门面拥有龙凤等木刻装饰，极具特色。

日俄战争后，美日在中国的摩擦渐渐多了起来，日本国内开始兴起反美的浪潮，而美国海军舰队也驶入太平洋，外界甚至猜测，美日很可能会开战。

变脸

好消息不止一个，继派战争部长访华后，美国又提出要核减"庚子赔款"。

政治和军事上对日本的示威，相当于在经济上对中国进行间接援助，这些都不能不让唐绍仪产生一个新的设想：美国很可能代替英国，成为中国在东北遏制日本的理想选择。

当然，光一个美国是不够的，唐绍仪又相中了德国。

德国在欧洲一向以不合群著称，它跟法国不合，与英国的关系也很糟糕，看到别人纷纷结盟，自己却被孤立，滋味并不好受。

所谓敌人的敌人就是朋友，既然英日拴在一起，德国便频频示好于美国和中国，并提出结盟的建议，而三国结盟的核心在于争取美国。

1908 年 3 月，东三省巡抚秘密开会，商讨对日策略。会上唐绍仪拿出了他的计划，即利用美国减收的庚款作担保，建立东三省银行，以实业来对抗日本在东北的扩张。

巡抚们都表示赞同。现在的问题是如何将这一计划上升到国家级的外交活动。

带着巡抚们的托付，唐绍仪动身进京。临走前他表示，这一去将是背水一战，不获成功决不返回奉天！

三国结盟，是唐绍仪维护东北利权的最后一张王牌。他知道，

奉旨访美的
唐绍仪（中）。

如果这张王牌打不出去，东北的前途就危险了，那他还有什么脸再回来呢？

袁世凯其时已出任军机大臣兼外务部尚书，他也是继李鸿章之后最为通晓外情的朝中大吏，因此完全能够理解唐绍仪的外交策略。

1908 年 7 月，唐绍仪奉旨出使海外，对外宣布的事由是就美国退还庚子赔款一事进行答谢，同时考察各国财政。

具体行程为，先考察日本，再到美国，然后赴欧洲。

在日本，唐绍仪即将遇到他在外交生涯中的最大劲敌：小村寿太郎。

小村寿太郎和他的前任陆奥重光都是十九世纪日本顶尖的外交高手。

陆奥重光当初病重被伊藤博文相邀出山时，医生说他能活三年。结果甲午战争后的第三年，陆奥重光果真死了，其外相职位由他一手破格提拔的小村寿太郎接任。

早在担任驻华公使时，小村寿太郎就有"鼠公使"之名，对于搜集情报很有一套。他不相信唐绍仪出使美国如表面看起来那么简单，因此一直在探查唐绍仪此行的秘密。

这个秘密，被他从德国人那里得到了。

在唐绍仪出发之前，德国皇帝曾接见了美国《纽约时报》的记者。他很神秘地对记者说："你知道吗，中国即将派一个最高级别的官员访问美国和德国。"

记者当然对爆料很感兴趣："哦，他来干什么？"

皇帝卖起了关子："你不要问得那么具体，只要知道，有一天人们一觉醒来，会发现一个小小的德美协议诞生了，这两个国家会共同宣布保护大清国的门户开放。"

德国太急于跟美国拉关系。德国皇帝搞这么一次接见，本意是想通过记者向美国总统示好，不料隔墙有耳，小村寿太郎也听到了。

打探到唐绍仪手中的牌，小村寿太郎提前展开部署。

他要与美国展开秘密谈判，以求得对方的谅解，而在谈判取得成功之前，必须在日本拖住唐绍仪，为谈判争取时间。

当唐绍仪一行抵达东京时，他们受到了前所未有的盛情款待。日本首相亲自主持欢迎宴会，在接待费用上一再打破规格，仅宾馆装修和歌伎表演就耗去了八万金之巨。

不过唐绍仪该走还是要走的，归根结底，他所谓的考察日本，不过是为了避免日本猜疑的一个幌子，自然不肯久留。

小村寿太郎还有更厉害的招数。

此时朝鲜已被迫沦为日本的"藩属国"，被其完全控制。日本政府故意向中朝边境出动宪兵，无故射击，制造事端，从而使东北局势瞬间紧张起来。

在此情况下，清廷外务部电连唐绍仪，让他不要急于离开日本，就地与之展开谈判，以求早日解决事端。

小村寿太郎的计谋得逞了，唐绍仪再不情愿，也只能遵令坐到谈判桌前。

作为小村寿太郎来说，他纯粹是为了拖延时间，同时还想通过谈判打乱唐绍仪的阵脚。

大家心不在焉地谈了一会儿，小村寿太郎就回到了主题："说吧，贵使到美国究竟是什么目的？"

对着假人，不能说真话。唐绍仪仍然表示，就是答谢和考察这么简单。

小村寿太郎皮笑肉不笑地说："看来我们的思维方式不在一

汉城附近的村庄，民居所贴春联系用汉字书写。

个空间啊！中国为什么在几次危机中都能逃脱被瓜分的厄运，还不是靠日本及其盟友英国的力量！所以，贵国政府要想安然无恙，就应该与日本改善关系。"说着，小村收起了笑容，"可是现在偏偏有那么一个国家，整天制造矛盾，离间大清国与日本的关系，不知道安的什么心，希望你们一定不要上当。"

听到这里，唐绍仪急忙问："你说的到底是哪个国家？"

小村寿太郎老奸巨猾："唐绍仪君应该更清楚。"

唐绍仪当然清楚，心中隐隐有了不祥的预感。

在日本被拖了一个月，唐绍仪才得以启程赶往美国。在这之前，小村寿太郎已一步步地在拉拢美国。

美日关系最紧张时，美国曾派舰队进入太平洋，用以震慑日本。为了给唐绍仪访美创造良好气氛，清政府打算向这支舰队发出访华邀请，不料日本的邀请函却提前飞到了美国政府的桌上。

美国舰队开往日本，标志着美日关系不仅出现了缓和，甚至走向亲密。

紧接着，美日秘密谈判也有了结果，双方宣布，美日将共同维持远东地区的"现状"，实际上就是美国承认了日本在中国东北的特殊地位。

唐绍仪抵达华盛顿的那一天，正是美日交换文件正式公布之日。对他来说，这是一个极其沉重的打击，因为这份文件的互换表明，中国已失去了美国的政治支持。虽然刚踏上美国国土，但唐绍仪的外交使命已经宣告失败。

美国之所以迅速变脸，与日本外交拉拢有关，但最主要的还是缘于清政府自身懦弱无能。

唐绍仪还没有到美国，美国总统老罗斯福就得到消息，光绪皇帝和慈禧太后先后去世，他马上得出结论："这个国家肯定又无法控制国内局势了。"

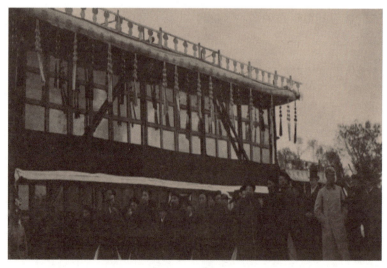

出席慈禧葬礼的各国使节。这是临时搭建的看台。

一个内部动荡不安的国家，能是如日中天的日本的对手吗？

所以，三国结盟有可能又会弄出一场中日战争，在这场战争中，清军还会继续不堪一击，而此时的德国又无暇东顾，最后的结果必然由美国一家来扛，这怎么行呢？

于是，他明确拒绝了德国提出的同盟建议，同时也让唐绍仪的希望彻底落空。

"我告诉你，美国舆论绝不会赞成和支持新的中日战争，即便这场战争真的到来，它的理由也必须是美国的。"

老罗斯福的预言后来在"二战"中得到证实，不过那是很多年以后的事了。

除了东三省银行计划外，其他涉及东北或者有可能激怒日本的举措，美国也统统说不。他们感兴趣的只是单纯的经济投资项目，而这与唐绍仪的期望相去甚远。

明知失败无法挽回，唐绍仪仍试图做最后的努力。政府不支持，他就找美商，想方设法打动他们投资东北。这时他忽然收到了一份外务部发来的急电，让其迅速结束访美，取道欧洲归国。

其实就算再耽搁下去，唐绍仪也明白，他已回天无力，之所以还在设法转圜，只是心有不甘而已。

唐绍仪访美在当时的国际外交领域曾掀起了不小的波澜，美日观察家都把他称之为出色的外交家，但唐绍仪本人并没有掩饰自己的挫败感。

他说："日本人还是比我强，在我到达美国之前就出手与美国达成了协议。正是这个协议，让我失去了机会。"

尽管唐绍仪把外交失败的责任完全归咎于自己，但毫无疑问，身后故国摇摇欲坠才是昭示命运的真相。

第 十 七 章

亡国之音

老罗斯福估计得没错，大清果然再次发生了动荡，而这次动荡的祸根，正是慈禧自己亲手埋下的。

即使感到身体快不行了，慈禧仍保持着大清第一女强人的强悍作风，不仅神色如常，说话的声音也洪亮严厉，见者无不心悸。

光绪没有留下一儿半女，不过慈禧已经提前为他选好了王位继承者，和同治、光绪一样，也是一个襁褓中的孩子。

慈禧这一辈子，感到最心惊肉跳如丧家之犬的事，无过于庚子事变。在那次事变中，她所宠信的荣禄虽奉命攻打外国使馆，却真戏假作，围而不打，事后还被慈禧认为是明智之举——"国家不亡，实彼之力"。

为了赏赐荣禄，慈禧作主将荣禄的女儿嫁给了醇亲王载沣做福晋，当时便有意将载沣的儿子立为嗣君。

到慈禧病重之时，载沣之子溥仪不过三岁，就像很多年前的光绪一样，不过是一个听任别人摆布的傀儡罢了。如果慈禧不在了，执掌朝政的便是站在溥仪身后的长辈：光绪的皇后隆裕或溥仪的父亲载沣。

慈禧选立嗣君，自有她的逻辑，那就是生前好垂帘、死后不翻案，所以她不需要强人，小孩或懦弱者乃上佳之选。

隆裕是慈禧的亲侄女，又与丈夫光绪不和，即使垂帘听政，也不会翻什么旧案。需要摸清底细的只有载沣，因为载沣还有另外一个身份——光绪的亲弟弟。

将荣禄的女儿指定给载沣，说白了就是一桩政治婚姻，也是慈禧对载沣的一个试探。慈禧必须测试一下，看看这个亲王肯不肯听话，能不能驾驭，以及将来是否会跟自己对着干。

结果很令她满意，载沣不敢违抗，你说什么就是什么，你说让我娶谁我就娶谁。

于是慈禧放心了，下定决心立溥仪为嗣。因为在她的眼里，个人得失总是比国家社稷重要得多，这正是她和容闳等人的最大差异所在。

君要臣死

做出决定后，慈禧把两位军机大臣张之洞、袁世凯召入宫中，征询对方的意见。

这是一种带有托孤意味的垂询，张、袁当然不能表示异议，接下来，只是如何给溥仪生父载沣冠名的问题。

张之洞建议叫"监国"，袁世凯则说"摄政"更好。慈禧来了个折中，封载沣为"监国摄政王"。

"监国"加"摄政"，等于既当裁判又做运动员，听上去不伦不类，但急切之下也顾不得这许多了。

载沣被急召入宫，在听到旨意后不是欣喜而是恐惧，一个劲儿地趴在地上磕头，请求另选他人。

同样地，载沣家里也炸开了锅。载沣的母亲，也就是溥仪的

监国摄政王载沣。

奶奶关着门在家里大骂："先杀了人家的儿子，又来杀人家的孙子，给个皇帝的虚名，还不是等于终身监禁！"

老太太看得明白，她的大儿子，堂堂的光绪皇帝被关在深宫，生不如死。

儿子完了，如今又轮到孙子，老太太当然心疼了。

可有些事是无法改变的，载沣就算把头磕破了，该过的火山还是得过。为了保全一家老小，只能牺牲儿子。回到家后，他咬着牙，把溥仪从老婆怀里抢过来，送进了宫中。

自从"托孤"后，袁世凯就明白了，只要慈禧一死，载沣必然上位。

当年维新变法，光绪和维新派人士本来属意袁世凯，想依靠他的军事力量发动宫廷政变，抢先一步将慈禧和荣禄抓起来。但袁世凯是何等聪明之人，一看势单力孤，立即转投荣禄，这让君臣之间从此留下了难以愈合的深沟。

后来袁世凯奉旨进京担任军机大臣，朝见皇帝时，光绪没给过他好脸色，只冷冷地撂下一句："你的心事，我全知道！"

就这么一句没头没脑的话，吓得袁世凯半天不敢言语。

载沣是光绪的弟弟，等他当政，会不会对自己下狠手？伴君如伴虎，不管袁世凯的权势如何显赫，李鸿章半夜被从贤良寺叫到皇宫的那种疑惧和恐慌，他也有遭遇的风险。

袁世凯派人到英国公使那里打听了一下，英国人说慈禧的安排不错，有利于大清国内局势稳定。

　　私下里，袁世凯早早地把这个底透露给了载沣，一方面是拉大旗做虎皮，表示自己在洋人面前是吃得开的，你不能轻易对我下手；另一方面则是在拍马屁，希望载沣能看在他有拥戴之功的份儿上，忘掉旧怨，放他一马。

　　没几天，慈禧死了，和光绪皇帝一前一后，仅隔一天。

　　袁世凯很庆幸自己有先见之明，可他没想到的是，摄政王载沣不依不饶，定要取他的项上人头。

　　载沣摄政后，刻了一章，名曰"谨守臣节"，意思是要谦虚谨慎，不要做出逾越臣子范围的事。

　　但实际情况是，在溥仪长大成人之前，他名为"臣"，实为"君"，手中掌握着生杀予夺之权。

慈禧葬礼。场面盛大又混乱不堪。

因为宫廷政治斗争的原因，成年光绪几乎无照片存世。这是他小时候的照片，正在护卫的照看下骑马。

载沣以皇帝儿子的名义，草写了一道上谕，指责袁世凯"包藏祸心"。这等于把袁世凯的脑袋按在了铡刀之下，袁世凯因此陷入极度的惶恐之中。

载沣摄政后，每天早上都要召集军机大臣共商朝政，这是袁世凯最心惊胆战的时候。

上谕发布的那天早上，袁世凯照例赴会，可还没走进会场就被一个值日太监拦住了。

太监说："别进去，进去你就完了！今天早上我看见摄政王在发火，还说有一道严惩你的谕旨要下达，赶紧想想如何脱困吧。"

袁世凯急忙问："知道谕旨严到什么程度吗？"

太监摇头道："这我就不知道了。"

袁世凯面如土色，急忙抽身回到府邸，召集亲信商量。他自己的想法是赶紧逃进东交民巷，请求外国公使庇护。

可有一个门客提醒他："外国公使只庇护政治犯，现在你罪名未知，是不是被定为政治犯还很难说。假如被定为行贿罪，恐怕人家未必肯庇护你啊。"

一语惊醒梦中人

讨论半天，千路万路，最后竟然都是死路。

袁世凯急得直跺脚："这也不行，那也不行，总得找个地方躲躲吧。"

这时有个叫张怀芝的亲信提议："去天津，找杨士骧。"

虽同为两大托孤之臣，但张之洞根本瞧不起袁世凯，而袁世凯同样瞧不起张之洞，还说"天下多不通之翰林"。

袁世凯说的并非全部翰林，还有三个半例外，他们分别是张佩纶、徐世昌、杨士骧，另外半个是状元实业家张謇。

马尾海战打成那样，再说张佩纶有多"通"，那袁世凯真是有眼无珠了。最大的可能是，张佩纶后来做了李鸿章的女婿，加深了彼此的关系。

对这一关系学式的评点，同样可以运用到徐世昌和杨士骧身上。二人皆由袁世凯一手提拔，杨士骧已继任袁世凯直隶总督兼北洋大臣之职，几乎就是袁的替身，到他那里躲躲，还是比较靠谱的。

一语惊醒梦中人，袁世凯当下带着张怀芝，二人轻衣简从，登上火车往天津而去。

到了天津，袁世凯留在火车上，张怀芝则打前站，通了个电话给杨士骧，告知情况危急，让杨士骧派人秘密把袁世凯迎进总督署。

杨士骧却回答："千万不要来见我！我已经向北京方面联系过了，那边拍胸脯保证，事情并不严重。若是躲进我的总督署，情况反而不妙。你们还是赶紧潜回北京吧，我会派心腹过去照应。"

张怀芝回来跟袁世凯一说，袁世凯的心彻底凉了。漂亮话谁不会说？正当他暗自郁闷的时候，杨士骧委派的心腹到了，这才把事情说清楚。

杨士骧没有忽悠袁世凯；他已经躲过了血光之灾，而所有这一切只发生在转瞬之间。

把袁世凯的罪名定为"包藏祸心"，相当于"打算谋朝篡位"，完全属于欲加之罪。但要在并无确凿证据的情况下处分这样一位朝中重臣，不得不三思而行。于是在颁布上谕的前一天，载沣希望得到元老重臣的支持，主要是首席军机大臣奕劻和军机大臣张之洞的支持。

先问奕劻，可这位铁帽子亲王长期收着袁世凯的银子，双方早就绑在了一起，自然是不同意的。他还给出了很合理的理由："目前国家最能打仗的就是北洋军队，北洋六镇（镇相当于师）有五镇是其一手打造的，杀袁世凯易，若是那五镇军队造起反来，如何是好？"

见拉拢不了奕劻，载沣接着又去找张之洞。

张之洞翰林出身，恃才傲物，仗着自己功名显赫，对秀才以下的人都不正眼瞧一下。尽管袁世凯对他百般巴结，他却从来不给好脸色看。可当听到载沣说要砍袁世凯脑袋时，他大吃一惊，说："慈禧和光绪刚刚去世，'主少国疑'，这时候怎么可以无故诛杀大臣呢？请摄政王再认真考虑考虑，实在不行，罢了他的官就行了。"

袁世凯（中）与各国外交人员。

　　得不到大家的支持，载沣犹豫了，既不能杀，又不愿留，那就只能采纳张之洞的建议，罢掉袁世凯的官。

　　1909 年 1 月 2 日清晨，上谕正式发布，不过内容已面目全非。"包藏祸心"不见了，转而说袁世凯"现患足疾"，连走路都困难，政府为了体恤他，特准许他回家养病。

　　袁世凯的确有腿疾，但十分轻微，压根没到需要卧床休养的地步，可这不是"病人"自己能决定的。

　　杨士骧正是从京城内线那里得到了准确消息，所以才让袁世凯原路回京，以免逃跑一事被发现，反而坐实了叛逆之罪。

　　袁世凯和张怀芝是悄悄出走的，府中其他人并不知道。主人突然失踪，可把大家急坏了，于是四处寻找，当天全北京城都知道袁世凯不见了，谣言一时传得满天飞。

直到袁世凯匆匆潜回北京，谣言才散去，但却给人们留下了笑柄。不过袁世凯已经顾不得这些了，一回来，他就赶紧去觐见载沣，以便"谢恩"辞行。

1909年1月6日，袁世凯乘车回河南老家，到车站为其送行的只有寥寥数人，已无半点儿往日风光。

袁世凯大权在握时，是唐绍仪在朝中的最大靠山，两人一个掌控外交，一个奉旨出使，拉拢德、美，抵制日本，在外交策略上形成了极好的默契。可惜，袁世凯一下台，唐绍仪就从美国被召回，这些配合自然也就不复存在了。

肥水不流外人田

外界认为，摄政王载沣之所以会拿袁世凯开刀，是要为大哥光绪报仇，袁世凯终于要为自己的不义之举付出代价了。

当年，光绪感到地位可能不保时，曾亲拟了一份密诏，找了一个叫杨锐的官员带给康有为和梁启超，正是这份一直未公开的密诏，被指有废黜慈禧太后之意。"戊戌政变"由此引发，杨锐本人亦遭杀害。

其实光绪写的那份密诏，从头至尾没有一个字说到要赶慈禧下台的意思，他只是让康、梁设法将朝中阻挠变法的保守派大臣一一罢黜。

杨锐死了，儿子还在。当他听说袁世凯已被罢免，当即上书都察院（相当于检察院），把光绪交给杨锐的密诏一并呈上，要求为其父平反昭雪。

载沣看到上书和密诏后不置可否，犹豫半天又去请教奕劻。

奕劻说："密诏不能公开，因为如果杨锐没错，维新党人没错，光绪没错，那有错的就是慈禧了。"奕劻的意思很好理解，因为一旦同意翻案，帝位继承的合法性就成了问题，情况会更糟糕。

载沣听了他的话，只好将密诏交给皇室存档，为维新党人洗冤一事就此不了了之。

把袁世凯赶走后，载沣和隆裕竞相任用己方贵戚。载沣的一个弟弟被任命为筹办海军大臣，掌握海军；另一个弟弟则管理陆军部军咨处（相当于总参谋部），掌握陆军；载沣自己也担任各军统帅，一副要把军权牢牢抓在自己家族手中的架势。

隆裕抢不到军权就抢财权，一口气把自己的姐夫、镇国公载泽提到了度支部（原户部）尚书的高位。

隆裕虽是女人，却颇有步姑姑慈禧后尘走垂帘听政之路的意图，因此与载沣的矛盾越来越深。两人闹僵时，都是奕劻从中调停。

这三个人斗来斗去，甚至将一大批汉族干吏统统替换成满族贵戚，政局进一步混乱，最后却让载泽从中得了势。

载泽就是那个曾出洋考察宪政，结果被革命党人吓了个半死的家伙。论能力才干，他连袁世凯的一半都没有，可借助隆裕与载沣之争，他渔翁得利，差不多成了朝廷的"组织部长"，授官多出其门。

在载沣、隆裕和载泽等人看来，排斥汉臣、提拔满臣纯属"肥水不流外人田"，而从未想过这其实是在自掘堤坝。他们的愚蠢让张之洞看了叹息不已，又无可奈何。

从载沣起，大家都尊重这位元老重臣，但又都不把他当回事，张之洞因此完全成了一道摆设。由于心情不佳，无所作为，他索性称病回家休养，不再出席任何会议。

一开始是心病，后来发展到了身体真生病了，而且病势不断加重。鉴于张之洞在朝野的名望，载沣当然得做出姿态，亲自到张之洞府上探望。

病榻旁，摄政王搬出的是官话，可病重中的张之洞却说的是真心话："公忠体国不敢当，唯廉正无私，不敢不勉励。"

张之洞话有所指，讽谏载沣只顾任用亲贵，希望他能廉正无私，唯才是举。

载沣哪里会听不出来，心里自然一百个不舒服。

1909年8月，张之洞病逝北京。他留下的遗言，是希望得到一个"忠"字的谥号。

按照大清的礼制，元勋重臣死后的谥号非常重要，有的还需要集体商定才行。不过有四个谥号用字不用开会讨论，只要皇帝

载泽，被称为清代最后的大管家。

特谕颁赐即可，那就是"成、正、忠、襄"。皇帝还是小孩子，什么都不懂，这事就落到了摄政王头上。他圈了"襄"字，四个字里面的最后一个，代表着给予的评价是最低位次的。

此时迎接唐绍仪归国的，就是这样一种氛围。

奉天巡抚的原职已被开缺，又不委以新职，唐绍仪竟然又像当初从朝鲜回来一样，只能赋闲在家。直到1910年8月，他才接到署理邮传部尚书的任命。

从以前的邮传部副部长到代理部长，应该是升了，可唐绍仪干得很不爽。他跟一群满族权贵出身的大员完全说不到一起去，尤其度支部尚书载泽处处与他为难，弄得唐绍仪"孤立不能行其志"，什么事都办不了。

1911年1月，干了不到半年的唐绍仪便以妻子病故为由，愤

皇族内阁。

而辞职，退隐天津。

摄政王上台以来，各地已是民怨沸腾，各省排满风气也很浓烈。

早在张之洞生病期间，载沣就为之忧虑不已，还特意问张之洞："你听见外面有什么消息吗？"

张之洞沉吟着说："据我看来，不是汉人排满，简直是满人在排汉呀。"

张之洞临终前对载沣的讽谏没有起到任何作用。1911年5月8日，载沣宣布取消军机处，按照君主立宪的模式成立"责任内阁"。

这本来应该算作五大臣考察宪政的成果，新政的突出亮点之一，可其内囊与漂亮的外表完全不符。

所谓的内阁，是以庆亲王奕劻为总理，阁员一共十三人，满人占八席，皇亲国戚又占其中的五席，称"皇族内阁"一点儿不过分。

"改革措施"一颁布出来，全国喝倒彩，大家对清廷的不满顿呈喷薄之势。

堂皇背后

就好像四周已堆满了草垛，就等有人来点火了，而点火的不是别人，正是摄政王自己。

早在成立"皇族内阁"之前，他收到了一份奏折，上面建议将原属民营的几条重要铁路干线全部收归国有，然后通过借外债来修路。

民间资本涉足铁路，源自收回利权运动，但这一自发的运动与唐绍仪的主张又有区别。唐绍仪虽然不反对引外资来筑路，但他强调的是在铁路修筑完成后，不能把行政管理权完全扔给洋人。

收回利权运动的倡议者明显热情多于理智，觉得借外资就是不爱国。大伙儿只要你凑一点儿、我凑一点儿，建条铁路根本没有什么问题。

愿望是好的，但现实是残酷的。以当时商办的川汉铁路公司为例，已经成立六年了，路还只修了十来公里，结果可想而知。

在积贫积弱的中国，民营资本实在过于弱小，要纯靠民间集资来修一条像样的铁路，不知等到何年何月。因此奏折中"国进民退"的办法立刻让载沣点了头，并在宣布"皇族内阁"名单的第二天，便下令邮传部具体执行。

然而堂皇的理由，只是为了掩盖真相。

载沣要把铁路收归国有，最主要的原因是国库已经被榨干了，必须靠经营铁路来重新寻找财源。

其实类似"铁路国有"的口号，在唐绍仪署理邮传部尚书时就有人提过，但唐绍仪从政治家的立场出发，对此一直抱着谨慎和反对的态度，不过他的继任者就不一样了。

唐绍仪辞职后，接任邮传部尚书一职的是袁世凯的老对头盛宣怀，那份"铁路国有"的奏折实际上就是他授意的。

盛宣怀号称红顶商人的代表，身份虽然亦官亦商，然而官场只是他经商的一个便利渠道，在政治上并没有唐绍仪那样的明确准则。他权衡任何事，都是以个人是否获利为标准。

比如他执掌电报局时，民间涌现想进入这一领域的呼声，他给予的回答是电报必须官办，还列举了一大堆堂而皇之的理由；可等到与袁世凯展开权斗，要免他的职时，马上又换了一番论调，列举电报官办的种种弊端，把以前的信誓旦旦全部抛诸脑后。他这样做，无非是想在电报商办中继续分一杯羹。

盛宣怀对于铁路的态度，跟电报没有两样。

袁世凯被罢职，让盛宣怀看到了重新出山的曙光。他再次施展潜规则大法，拿出二十万两银子四处活动，继唐绍仪之后，如愿以偿地当上了邮传部尚书。

随着身份的转换，盛宣怀不再坚持铁路商办弊大于利，而是大力鼓吹"铁路国有"利国利民，比如百姓负担可以减轻，国家便于统筹管理……

载沣想靠经营铁路来充盈国库，盛宣怀则想着在向外国银行贷款的过程中如何中饱私囊。

铁路国有本身可能是必要的，但在多年的民营过程中，各阶

晚清铁路起步晚，发展也很缓慢。

层的百姓都投入了大量的血汗钱。现在若收归国有，正常的途径是，要么把原有商股折成现金退给人家，要么转成新的国有公司股票。

晚年张之洞。

不是没有这笔钱，事实上，盛宣怀已经向四国银行团贷到了六百万英镑的修路款，但他一毛不拔，拒不退还股本，想来一个全数清零！至此，本来正常的铁路国有措施完全变了味，从打着"国有化"旗号与民争利发展到了赤裸裸的抢劫。

如果说盛宣怀只知捞钱，那么摄政王载沣则是莫名的骄狂自大，根本不管百姓的死活。

张之洞活着时曾和载沣有过一番意味深长的对话。在谈到是否任用某人时，张之洞以为其人"不洽舆情"，即公众舆论对之有指摘，还是缓一缓为好。

载沣不以为然道："中堂有如此重望，你说谁行，当然就行，难道还有人敢说不吗？"

张之洞闻言深为震惊："朝廷用人，如果不顾舆情，恐怕要激起民变。"

不料载沣口出惊人之语："怕什么民变，国家有这么多兵，难道白养的？"

对着颟顸糊涂的摄政王，张之洞不得不提出警示："国家养兵，不是用来打老百姓的！"

据说在载沣离开后，张之洞只发出了一声叹息："不意闻此亡国之音……"

这次对话当然令人很不愉快，所以载沣除了增加对张之洞的反感与不满外，立场未有丝毫改变。但他无论如何也想不到，"托孤老臣"的警示不久就成了活生生的现实。

第十八章

喷发的火山

民情汹涌，各省督抚坐在火山口上，当然第一个感受到这种热度和威胁，纷纷致电朝廷，要求遵从民意，经济账要算，政治账也要算。

可盛宣怀不知轻重，仍然把算盘往桌上一拍："没什么大不了，一个个跟你们谈就是了。"

盛宣怀本事还是有的，各省大部分骚动都被他硬压下去了，除了四川省。正是这个省，不仅绊倒了盛宣怀，还造就了载沣的噩梦。

四川的川汉铁路公司在民营商办后，效益一直不佳，集资到的款项差不多亏空了一半。听说铁路可以收归国有，大家本来还挺高兴，以为可以由此解脱了——你把铁路收过去，亏空当然要由你来填补。

然而他们再精也精不过盛宣怀，他根本就不肯多补贴哪怕一个子儿。如此一来，铁路公司就破罐子破摔，当股民闹上门来时，就尽可能把责任往政府那里推。

人们终于被激怒了。

1911 年 8 月 24 日，川汉铁路股东率先成立保路同志会，各府县参加者达数十万人，从而揭开了四川保路运动的序幕。

我叫顶梁柱

　　四川总督赵尔丰刚刚上任，一开始他想稳健处理，除亲自参加川汉铁路公司的股东大会外，还上奏请示："鉴于川人的情绪实在太过激烈，不如仍将铁路退回商办。"

　　不料盛宣怀竟"请朝旨严责之"，上奏折责备赵尔丰，要求其采取严厉手段进行镇压。

　　一边是朝廷的命令，一边是股民的不依不饶，被夹在中间的赵尔丰也火了。

　　冲上面发火肯定是不敢的，只好朝下面撒火。赵尔丰不仅禁止股民集会，还诱捕了保路同志会的骨干分子。

　　得知首领被抓，同志会会众举着光绪皇帝的神牌聚集到总督署门前，哭着要求放人，当天就聚集了数千人之众。

　　冲动是魔鬼，乱了方寸的赵尔丰又犯大错，竟然下令卫队开枪，一下子打死了数十人。

　　既然搞出了流血事件，事情就再也无法收场了。

晚清铁路护卫队。

潜伏于四川的革命党人乘机发难，攻陷数十郡县，革命锋芒一时难挡。盛宣怀因此被定为"误国首恶"，立行革职。自此，红顶商人退出政坛，再也没有回归的机会和希望了。

戡乱是比处罚盛宣怀更紧迫的事。有人奏请让袁世凯出山顶替赵尔丰，镇压四川保路运动。载沣尚在犹豫之中，其他地方也响起了枪声，而且更加惊心动魄。

1911 年 10 月 10 日，革命党人在武昌发动起义，仅两天后，由他们领导的民军就占领了武汉三镇。

俗话说得好，不见棺材不掉泪。当局面无法收拾时，载沣和那班无用的满族权贵才真正慌了起来。载沣以为自己军权在握，能够以养兵对民变，但这位一天兵都没当过的王爷哪里懂得治军和打仗，他那两个弟弟更是形同泥塑，关键时刻起不到一点儿作用。

全国两大正规武装，张之洞在湖北训练出来的南方新军大部分反戈加入了民军，现在能依赖的只有北洋军了。

载沣急命陆军大臣率两镇北洋军前往湖北，但这个陆军大臣没有打仗经验，根本调动不了军队，去了之后仍然一筹莫展。

就在摄政王六神无主的时候，奕劻等人上奏，再次请求起用袁世凯。每个人都明白，这是挽救目前危局的唯一办法，若是再晚一点儿，民军就要杀到北京城了，所以纵使载沣再不情愿，也只能屈从。

1911 年 10 月 14 日，清廷发布上谕，任命袁世凯为湖广总督，负责剿抚民军。

但谕令发出后，袁世凯一直坐着不动。问他为什么不动，答复让载沣愕然无语——"足疾未愈"！

自从被赶回老家后，袁世凯换了一个造型，整天弄舟池上，持一根竹篙立于船尾，做悠然出世状。不仅如此，他还专门从天津照相馆请来师傅，摄像存照，题曰：蓑笠垂钓图。

"蓑笠垂钓图"中的袁世凯。

这张照片刊登于上海一家著名杂志上，给外界的印象就是他已寄情山水，彻底归隐了。

归隐当然只是做戏，袁世凯从来就没有那么好的闲情逸致，也根本不想做什么隐士。袁宅设有电报房，他在外面作秀摆酷，里面则嘀嘀嗒嗒忙个不停，全是沟通信息、筹商对策的往来电报。

与慈禧一样，久历官场的袁世凯是一个把个人得失看得比国家社稷更重的人。当载沣傻乎乎地在泥沼里越陷越深时，他的表现则是幸灾乐祸。

有一位来看望他的老部下曾当面哀叹："朝政日坏，大乱将至，在平乱人才里面，李鸿章、张之洞都先后去世了，现在仅剩您一人，再不出山，国家恐祸不远矣。"

袁世凯镇定自若，意味深长地说："如果大局不坏，谁会起用我袁世凯呢？"

忍了三年，到第三年政局坏到极点的时候，终于轮到他再次登场。

请他的大轿就在门外，但袁世凯不屑一顾，因为他"足疾未愈"，说穿了就是想借机谈条件。

载沣见请不动他，只好在奏折上再批："汉口事情紧迫，迅速调治，尽快赴任。"这几乎就是在哀求人了。

见载沣低了头，袁世凯毫不客气地提了一大堆要求，包括重新起用曾被载沣清洗和罢黜的那些心腹旧将。

对这些要求，载沣无不照准。

大家以为袁世凯应该得偿所愿了，可出乎意料的是，"顶梁柱"只是敷衍了一下，转身又坐着不动了——他要坐地起价。

袁世凯的最新价码一共六条，概括起来就是要总揽全国军政大权。载沣也不傻，自然不能轻易答应，可答不答应已不是他能控制的了。此时的摄政王已两手空空，随着民军声势越来越大，他只能继续服软，不得不同意。

胳膊肘往外拐

腰包鼓鼓的袁世凯出发了。在他的督率下，实力占据上风的北洋军很快击退民军，攻占汉口。

举朝之上，已无人能挡袁氏之锋。北洋军进入汉口的当天，载沣被迫解散皇族内阁，随即任命袁世凯为内阁总理大臣，出面组织责任内阁。

继把追随自己的北洋旧将捞上来后，袁世凯一伸手，又把政坛上的亲近同僚及老部下揽到了身边。新的内阁名单上，唐绍仪的名字赫然在目，他重新出任邮传部尚书。

在这场政治博弈中，摄政王可谓输得彻彻底底。

1911 年 12 月 6 日，载沣向隆裕上交监国摄政王大印，奏请退位。这一切似乎发生得太过突然，可也许早有预兆。

据说溥仪举行登基大典时，是由载沣抱着坐上金銮殿的。在典礼开始前，照例要由宫廷人员高喊一声，然后用一根黄丝鞭击地，发出叭叭叭三响，谓之"响净鞭"，意思是告诉大家肃静。肃静，要给新皇帝磕头了。

百官都肃静了，溥仪却没办法安静下来。这个才三岁的娃娃被吓得哇哇大哭，直呼要回家。载沣不得不履行奶爸的职责，低声哄道："别哭，别哭，快完了，快完了！"

此言一出，殿下的王公大臣面面相觑，惊恐莫名：快完了，什么快完了，是大清快完了吗？

京城随后便流传一句谚语："不用掐，不用算，宣统（溥仪年号）不过二年半。"

当载沣自作主张地赶走有功之臣，提拔权贵私党，乃至于轻蔑地说出"舆情不足听，民变不足畏"的话时，四周响彻着他无意中说过的那三个字：快完了！

对于载沣的呈请，隆裕没有丝毫犹豫，立即点头同意。

此前早就有人主张，要强迫摄政王退位，改由隆裕依慈禧旧例实行垂帘听政。现在载沣自动退出，显然对皇太后是有利的。可惜隆裕不知道，这盘旧棋虽已被推倒重来，但在新的棋盘上，

溥仪登基大典。在官员的引领下，太监正用轿子将溥仪抬进乾清宫，走向太和殿。

她不过是一个供人移来挪去的卒子而已。

踌躇满志的袁世凯坐到了棋盘前，坐在他对面的是南方临时政府。

袁世凯从来就不是什么忠臣。慈禧重用过他，或许还对之存有几分敬畏。载沣就不一样了，起先迫害他，后又哀求他，让他对清廷王室失去了最后一丝好感和歉疚，反而促使他生出了更大的野心。

有了野心的袁世凯设计好了第一步，那就是与南方革命党展开和谈。对他来说，这是最关键的一步，决不能有丝毫闪失。

1911 年 12 月 7 日，隆裕任命袁世凯为全权议和大臣，而袁世凯则委任唐绍仪为自己的全权代表，南下参加谈判。

唐绍仪是和谈双方能接受的最佳人选。在南方革命党看来，唐绍仪是留美幼童中的佼佼者，又长期从事国际外交，明晓天下大势，不会像顽固派那样设置和谈障碍。

对袁世凯就更不用说了，自朝鲜共患难以来，唐绍仪几乎就是他的影子，无论才能还是私交，都是最值得信赖的人。

在确定谈判地点时，老谋深算的袁世凯倾向于汉口，因为这里被北洋军所控制。万一谈不下来，在会场外面架起两尊大炮，或者直接派兵包围会场，不信你会不屈服。

南方革命临时政府起初没算到这一层，但他们人多主意多，等唐绍仪到汉口时，有人便提出来，不能在汉口谈判，而要在上海谈，因为上海为革命党影响区域。

袁世凯的脸阴了下来，倒是唐绍仪去电劝慰："无妨无妨，就依他们，又能怎的。"

唐绍仪是谈判高手，他说无妨就一定无妨，袁世凯于是不再反对。

可随后事情的发展，让袁世凯大跌眼镜。

当南北和谈在上海正式展开时，唐绍仪的表现完全不像一个久历风云、灵活百变的外交大腕，倒成了南方革命党的粉丝。谈判场上，根本没有针锋相对、唇枪舌剑的紧张激烈氛围，双方代表竟然越谈越投机。

对未来中国走什么道路，南方代表坚持共和立宪，北方带去的最初方案是君主立宪，但在南方代表陈述以后，唐绍仪马上把自己的那套方案抛到九霄云外了。

会上无争论，会后变成了唐绍仪对袁世凯做工作，让其放弃君主立宪的主张。

袁世凯对实行共和立宪还是君主立宪，其实并不在意，他真正关心的是自己会被安排在哪里。之所以对外口口声声要搞君主立宪，纯粹是出于内阁总理大臣的身份——他的职权来自清政府，总不能把自己否定了吧。

袁世凯顾虑重重，唐绍仪便提了个建议，说可以通过召开国民大会进行表决。

袁世凯觉得这也是个办法，不过分歧很快出现了，国民大会究竟在哪里召开？袁世凯坚持在北京，南方代表则建议仍在上海。

参加南北议和谈判的唐绍仪（左）。

和此前的一系列会谈过程类似，唐绍仪竟然又是"委曲求全"，以默认南方的要求告终。

谈判进行到现在，双方都吃惊不小。在南方革命临时政府看来，与其说唐绍仪是谈判对手，倒不如说是革命同志更合适，此人"名为清廷代表，实则事事为民军设计"。

唐绍仪不是一个人在上海谈判，身后还跟着一个代表团，代表团的其他成员都看出了蹊跷，认为谈判所达成的协议不能作数。

的确，如此谈判世所罕见，几乎是那边提一个要求，这边就点头同意了，政府代表团的其他成员认为："唐代表不一定是革命党，但他胳膊肘往外拐是肯定没错的。"

于是众人联名致函袁世凯，要求调回唐绍仪。

逼宫

唐绍仪的思想和行为并不奇怪，作为留美幼童，他只不过是走上了一条自己熟悉的道路。

当年容闳在新大陆打开的那扇窗，让一群中国少年知道了什么叫作民主共和，什么叫作平民政治。长大成人后经历的大事小事、起起伏伏，非但没有让这些萌芽的理念黯淡消失，反而因为时间的累积加重了它们的分量。

私下里，唐绍仪用一种激动的口吻告诉南方代表："我早年留学美国，民主共和思想比你们还要早哩。我们今天所要讨论的，不是反对共和，而是怎样和平地实现共和！"

面对唐绍仪的突然变化，袁世凯有一种措手不及之感。谈判期间，唐绍仪虽然向他请示，但在很多重大问题包括谈判地点和政体选择上，唐都是先斩后奏。不等充分讨论，就自顾自地达成了一些对南方革命临时政府有利的条款，搞得自己十分被动。

本来没有一个人比唐绍仪更适合谈判代表这一角色了，且不说清廷第一外交高手的头衔，仅就私人关系而言，从朝鲜时出生入死的患难兄弟，到新北洋体系的心腹手下，再到可以共进退的官场同僚，可谓亲得不能再亲了。

然而问题正在这里，从袁世凯的成长经历和思维方式出发，他完全无法理解唐绍仪的做法：这家伙到底图什么？

没等袁世凯想通这个问题，一个最新消息让他大为光火。

1911年12月29日，已经宣告独立的南方各省举行代表大会，推举刚从国外赶回来的孙中山担任中华民国临时大总统。

一看大总统都定了，袁世凯当即宣布，拒绝接受南北和谈已达成的协议，重新坚持君主立宪。

孙中山携南京临时政府官员谒祭明孝陵。

袁世凯的这一做法，让唐绍仪陷入了进退维谷的窘境，一时不知如何是好。

　　1912年1月1日，唐绍仪提出辞职，袁世凯顺势取消了他全权代表的资格，准备翻盘重来。

　　在幕后，他气势汹汹，一副不顾一切要干架的气势；在台前，他则不惜亲自与南方代表展开交涉。与唐绍仪不同的是，交涉双方并不见面，而是不停地发电报。你来我往，可谓开电报战之先河，时人从未见过如此议和方式，戏称"滑稽议和"。

　　如此大动干戈，说一千道一万，就是为了那个总统宝座。等到南方政府明确表态，只要他能推翻清廷，实行共和，孙中山就主动让位，袁世凯这才收起他的滑稽相，开始一门心思地上演逼宫大戏。

　　首先要搞定的是奕劻。奕劻此时已是一尊泥塑木偶，袁世凯说什么，他就应什么，完全不敢有什么不同意见。接着，袁世凯以内阁名义上疏密奏隆裕太后，直截了当地威胁道："假如您不答应南方政府的共和条件，整个皇室就可能面临'靡有孑遗'，被人家'一扫而光'的下场。"

　　裕隆被吓得面如土色，不敢相信几天前还信誓旦旦要效忠清室的内阁总理大臣会公然逼宫。

　　在权谋方面，隆裕远不如她的姑姑慈禧，原本有一个摄政王载沣还可以"靠一靠"，可如今他也卷铺盖回家了。随着奕劻跟着倒逼，在毫无征兆的情况下，孤儿寡母已处于一片惊涛骇浪之中。

　　隆裕几次召开御前会议，一边哭一边请宗室成员拿出解决办法。但让她倍感失望的是，那么多曾被她和载沣破格提拔的公子哥，此时全都战战兢兢，不敢言语。只有一个投身军旅的满人肯站起来，并称愿意以自己的生命来保护这个末世王朝，此人叫良弼。

一千多年前，唐太宗写过一首诗，被后人引用最多的是这样两句："疾风知劲草，板荡识诚臣。"对清政府来说，良弼当得起"诚臣"这一称号。在御前会议上，他不顾奕劻等人的反对，发起组织"宗社党"，提出要罢黜袁世凯，组建"战时皇族内阁"，与南方政府进行最后的决战。

良弼虽是清朝宗室，但属远亲，加上小时候家境不好，

良弼，新建陆军将领，宗社党领袖。

身上没有八旗子弟的纨绔作风，反而有一种刚健奋发之气。他早年留学日本，毕业于陆军士官学校，回国后和袁世凯一样练过新军，为清末难得一见的军事干才，民国兵学家蒋百里即出自其门下。

良弼在政府军队中的影响力，可以说仅次于袁世凯。值得一提的是，良弼并非一个顽固守旧分子。他知道时势如此，不进行政治变革无论如何不行，但他主张实行君主立宪，"以立宪弭革命"。良弼的这一仗义之举，无疑给陷于危难中的隆裕带来了一丝希望。

逆潮而动的人都很不一般，但这意味着他可能会输得很惨。仅仅几天之后，良弼就成了"暗杀时代"的牺牲品，被革命党人炸断左腿，血流满地。

初诊时，医生本来说可以治愈，但忽然有人送来药酒，良弼

喝之后就死了。那么，这药酒是谁送来的呢？没有人知道。有一种说法认为，药酒系袁世凯所送，但并没有确凿证据。

《清史稿》称赞良弼"刚果有骨气"，但他并不能挽救一个末世王朝的覆灭。临终前，他发出感叹："其如宗社从兹灭亡何？"大意是说皇家宗室怎么办呢，它就要从此消亡了吗？

博弈

良弼预料的一点儿不差。他一死，宗社党树倒猢狲散，隆裕失去了最后的政治资本。

另一边，袁世凯毫不手软，一步步进行收网。在他的暗中授意下，多达五十名北洋将领联名从前线发来电报，要求清帝退位。

隆裕被吓得魂不附体，只能哭求袁世凯保全她和溥仪的性命，而那些宗室亲贵更是慌不择路，连北京城都不敢待了，纷纷逃向各个城市的租界，寻求洋人的庇护。

空荡荡的殿宇之上，隆裕整天抱着小皇帝痛哭不已，万般无奈，她不得不接受诏告退位的现实。

养心殿里的隆裕太后和溥仪小皇帝。

1912 年 2 月 12 日，隆裕皇太后带着六岁的小皇帝溥仪，在养心殿举行了最后一次朝见。

袁世凯称病未上朝，当隆裕含泪将清帝退位诏书交给袁世凯委托的内阁外务大臣时，也就等于将国家权力拱手交了出去。

立国达二百多年的大清就此结束，这个王朝崛起时有多么辉煌，消失时就有多么凄凉。《红楼梦》就像早早给它的结局做了点评一样："好一似食尽鸟投林，落了片白茫茫大地真干净！"

清帝退位后仅隔一年，隆裕于郁郁寡欢中辞世。弥留之际，她对亡国之恨仍不能释怀，留下的遗言是："孤儿寡母，千古伤心。睹宫宇之荒凉，不知魂归何所！"

有人伤心，自然就有人高兴。

南方革命党人和袁世凯都高兴，只是他们高兴的理由不同。革命党人为推翻清室而欢呼，袁世凯则为他个人目标的如愿以偿而举杯庆祝。

1912 年 2 月 15 日，清帝退位三天后，南京参议院举行选举，一致选举袁世凯为临时大总统，并赞誉他为"中华民国之第一华盛顿"。袁世凯开心得不得了，马上剪去自己的辫子，他要带头"共和"了。

然而博弈不仅没有结束，反而更趋激烈。

孙中山在辞去临时大总统的咨文上特别提出，新总统必须到南京就任，其中就暗含了革命党人对袁世凯的限制。袁世凯作为权谋老手岂能不知，打死也不肯南下。

如何让袁氏南下，成了一件棘手的事。

应孙中山之邀，唐绍仪以袁世凯私人代表的身份，先行赴南京进行商榷，这种商榷等同于另一种方式的沟通。对民主共和理念的认同，使唐绍仪很快就理解了孙中山的苦心，对他的决策深表支持和赞同。

由于袁世凯找种种借口赖着不动身,孙中山决定派专使团北上迎接——你不来,我们就八抬大轿抬你来。

受孙中山之托,唐绍仪打前站,到北京劝袁世凯南下。

这一劝,更加深了袁世凯对唐绍仪的不满和疑忌:看来你真的跟南方革命党穿一条裤子了。

表面上,袁世凯似乎已心有所动。在专使团到达北京时,他特地下令隆重接待,不仅满城遍悬五色旗,还组织群众"热烈欢迎",并当着蔡元培等专使团成员的面,再三表示"极愿南下"。

蔡元培一颗心放了下来,唐绍仪也如释重负。大家以为事情稳妥了,结果意外发生了。

1912年2月29日,专使团到达北京的第三天晚上,北京城突然枪声大作,火光冲天,大批北洋士兵持枪冲进专使团所居地点,将这些人所带的行李文件抢掠一空。

这就是震惊中外的北京兵变。

兵变发生后,专使团束手无策,慌乱中一边躲入租界避难,一边找到唐绍仪,托其向袁世凯进行报告。

唐绍仪同样弄不清状况,于是天一亮就赶往袁府。

还没唠上几句,北洋新军第三镇统制(相当于师长)曹锟顶盔贯甲,匆匆忙忙跑了进来。

曹锟的北洋新军第三镇原本并不驻在北京,是先前袁世凯为了威胁隆裕及清朝皇室而专门调过来的。身为师长的曹锟一进门便嚷嚷,这一嚷让屋里的人闻之色变,唐绍仪的脸色变了,袁世凯也成了一张大红脸。

他嚷的是:"报告大总统,昨晚您给我下达密令要策划兵变,我已经全部搞定啦!"

乱兵运送抢掠到
的财物。

　　人家是打量后再嚷，我们这位曹三傻子（曹锟绰号）是嚷完了再打量，直到这时，他才发现屋里除了袁世凯，还坐着一位唐绍仪。

　　曹锟是个老实人，唐绍仪乃袁府常客，又与袁世凯关系密切，所以他没意识到自己刚才的举动有何不对，照例上前给唐绍仪也敬了个礼。

　　袁世凯此时再也忍不住了，开口大骂："你胡说八道什么，快给我滚出去！"

　　对老主子的突然动怒，曹锟"丈二和尚摸不着头脑"，但也不敢多问，抱着脑袋就逃了出去。

　　唐绍仪多聪明的一个人，通过刚才那一嚷，已然明白了事情原委：原来所谓兵变，不过是袁世凯炮制出来的一个局而已。

　　其实，如果深究下去，此局并非袁某一手炮制，只是被他所用罢了。

　　曹锟得到的密令，来自袁世凯的幕僚段芝贵之手。

　　北洋人物谱中，有两人姓段：一为段祺瑞，称为老段；一为段芝贵，称为小段。论名声才干，小段不如老段，可要论拍马奉迎，小段远在老段之上。

在袁世凯心怀鬼胎，一心要别人给自己抬轿的时候，段芝贵适时而出，找到了曹锟。段芝贵的最初设计是大搞特搞，借曹锟之手来一个民国版的陈桥兵变，在给袁世凯披上黄袍的同时，也给自己捞个开国功臣当当。后来发现不对劲儿，那边的南方民军军容肃整，虎视眈眈，一旦看见情况有变，肯定会立即扑上来，那后果将不堪设想。

　　段芝贵左右一盘算，决定缩小兵变规模，只令曹锟派一个营的士兵进行哗变，借以恐吓专使团。

　　密令并非直接来自袁世凯，看起来好像冤枉了这位北洋大佬。但如此大事，要说袁世凯毫不知情，或者轻而易举地被欺瞒过去，那是不可能的。所以时人评论得很对：北京兵变，虽曰段谋，实为袁术。

　　袁世凯明知有这一出，却故意佯装不知，并且顺手拿来做自己的棋子。其人对权术的掌握和运用，已到了出神入化的程度。

　　得知真相，唐绍仪忧闷不已。他第一次感到，共和共和，并非想象中的那么简单。

京城禁卫军。

第
十
九
章

分道扬镳

段芝贵一手策动北京兵变，起初只是想在野地里放把火，吓吓人，未曾想，火燃起来后就控制不住了。一夜之间，京城风声鹤唳，怎一个乱字了得。

不仅专使团束手无策，连各国驻华公使闻讯也急调军队入京护卫。

大家都过于紧张了。天一亮，禁卫军全军出击，很快就把乱兵给击溃了。

兵变虽被平息，但袁世凯成了大赢家。专使团经历了那一晚的惊心动魄，知道北方如无袁世凯坐镇必会大乱，而北京商界在遭到乱兵抢掠后，也集体请愿，吁请袁世凯万勿南下。

现在不是袁世凯本人不愿南下，是民意不要他南下。在革命党内部，很多人也转而反对定都南京，认为舍南京不致乱，舍北京必致亡。

孙中山只得再次做出让步，允许袁世凯在北京就职。

1912 年 3 月 10 日，袁世凯正式在北京就任临时大总统。这一回合，他的"术"无人能敌。

搭档不睦

当上了大总统，才顾得上回头找那些抬轿子的人。

曹锟费力不讨好地折腾了一晚上，结果发现自己接到的密令并非袁世凯亲授，而且弄得里外不是人，一气之下直接不干了。

曹锟一赌气，回了天津老家。袁世凯得知后，立即派人给曹锟送去十二尊金佛，又让段芝贵前去说好话。

得了实惠，曹锟破涕为笑。想想被谁用不是用，歪打正着能帮上老主子的忙，值了，那就回去呗。

对于兵变的主谋，袁世凯也没亏待。后来他复辟帝制，按皇室规矩赏赐两个儿子时，段芝贵也得到了同样的待遇，因此段芝贵被老北京人笑称"袁世凯养子"，但这都是后话了。

民国肇始，所制定的宪法是"临时约法"，又称"南京约法"。按照"南京约法"，政府采用英国式的责任内阁制，而非美国式的总统制，这就意味着总统成了一种象征，真正对国家负责且起作用的是责任内阁。

担任临时大总统的袁世凯。

袁世凯要做临时大总统，就得对着这部宪法起誓，他心里是一百个不乐意。既然只是当一个挂名总统，那还不如回去给皇帝做内阁总理呢！

争权是必需的，所以博弈永不会停，只不过是进入了新的一轮。革命党人用"阳"的宪法来限制，袁世凯则继续用

"阴"的权术来抵制，他打算用控制内阁的办法来达到目的。

在迁都南京的计划失败后，内阁成为孙中山等革命党人能动用的最后一招，他们一样不肯轻易让步。这使得内阁问题，具体来说，是内阁总理人选问题上升为双方共同关注的焦点。

革命党人说："内阁总理必须从同盟会会员里面选。"

袁世凯表示同意——那是不可能的，所以他推举了唐绍仪。

一块馅饼飞来飞去，谁也抢不到手。这时有人说话了。

"多大的事啊，让你们争成这样。其实很简单，可以劝唐绍仪先生加入同盟会，那不就全解决了？"

这个建议让大家豁然开朗，唐绍仪本来就对南方革命党人有好感，加入同盟会对他来说毫无心理障碍。经袁世凯同意，他很快履行了入会手续。

民国第一任总理及其内阁由此应运而生。

其时，无论南方的革命党人，还是北方的北洋系统，几乎每一个人都相信总统和总理会成为一对完美的黄金搭档。

治国理政，光有热血和激情是不够的。平心静气地说，在内政和外交上都经验丰富的袁、唐确实具有优势。就好像武昌起义后，起义军要把素无瓜葛的黎元洪推到台前一样，因为黎确实更压得住阵脚。

就袁、唐关系而言，从朝鲜第一面起，两人就被命运牢牢绑在了一起。袁世凯倒霉，唐绍仪就跟着倒霉；袁世凯走运，唐绍仪便有了重见天日的机会。在他们共事的过程中，除了共同具有精明强干的特性外，袁的铁腕机变，唐的见多识广，确实形成了一种天然的互补。

然而设想归设想，现实却是残酷的，这对搭档不再和睦了。

同样一件衣服，人穿跟猴子穿真的大不一样。袁世凯虽然戴着大总统的帽子，却是沐猴而冠，本质上跟过去毫无区别。他脑子里翻来覆去打转的，还是旧式王侯将相那一套。

直到担任总统三四年后，袁世凯跟各省大吏谈论公事时，仍经常脱口而出："你那'共和'办得怎么样了？"

"共和"还可以办？让人瞠目结舌。

这就是袁世凯，他根本理解不了这些新式政治理念，不懂什么叫民主协商，什么叫圆桌会议，当然也不知道或者说不愿意接受真正的共和。

对他而言，拿出政绩，就叫办好"共和"。至于总统一角，如果不能掌握足够的权力，那还没有做总督过瘾哩。

袁世凯自就任临时大总统后，南北合并，有很多南方革命党人到了北京，对此，袁世凯在北洋系统内部说过这样一句话："他们来，我们很欢迎，但要在我这个圈儿里。"

自然，"圈儿"必须奉他袁世凯为主，可如此一来，岂不又回到专制社会里去了。以孙中山为首的南方革命党是打死不肯相让的，没有权力制衡，何来民主共和？

与袁世凯不同，留美幼童接受过新大陆的熏陶，这使得唐绍仪对民主共和有一种本能的认同，就像与生俱来的一样。

在唐绍仪组织内阁一个月后，他的老师、"留学生之父"容闳走完了自己的人生。在最后时刻，这位伟大的老人所牵挂的仍然是他的祖国，即使躺在病榻上不能动弹，还试图劝说两个儿子回国效力。

当年被迫离开香港时，容闳曾发出忠告："这个国家应该向新大陆学习，消除分歧，开创未来。"

唐绍仪目前所要做的正是这件事，他把自己定位在调停者角色，力促袁世凯和孙中山达成合作。北方和南方达成合作，国家

民国第一任内阁。前排右首第一人为内阁总理唐绍仪。

才能安定统一。

从这个意义上来说，唐绍仪其实是在帮袁世凯，可惜的是，袁世凯并不知道，也不认同。

袁世凯敲定的政策，唐绍仪都要反复斟酌，特别是考虑同盟会方面的想法，如果觉得有问题，就亲自到总统府找袁世凯商讨，以便缓办或修改。这样一来，袁世凯就很不开心。

作为曾经的好朋友、老搭档，唐绍仪不是故意要与袁世凯为难。凭借多年的宦海经验，他不可能不知道，与以袁世凯为首的北洋政府对着干，将面临什么样的严重后果。更何况，他自己也是在这棵大树下成长起来的。

但是他更清楚，如果自己彻底倒向袁世凯，那样只会扩大分歧，制造出新的分裂。

在总统府，两人谈着谈着，有时会争吵起来，而且经常吵到脸红脖子粗。这在袁世凯和他周围的人眼里，完全是一种以下犯上的行为。乃至于袁世凯的侍从武官们，每次见到唐绍仪驾临总统府，总会窃窃私语："今天唐总理又来欺负我们总统了。"

时间一长，袁世凯觉得这个相知相重二十多年的老朋友真的变了，变得越来越不认识。

袁世凯一贯以权术御人，现在"共和"了依然在用这种思维来揣测别人。他试探着让唐绍仪退出同盟会，但唐绍仪认为当初加入同盟会并非投机之举，而且这个身份有助于他团结南方革命党人，所以宁可辞职，也不轻易退出。

袁世凯由此得出判断：唐绍仪要架空他，独揽大权。

在一次激烈的争论中，袁世凯忽然说："我老了，少川（唐绍

民国历史上第一次阅兵。此处为前清的陆军部衙门，站在门口检阅部队的是袁世凯。

仪的字），你当总统吧。"

唐绍仪惊呆了，一个现代政治家的常规政治操作，却被对方套在了旧式马车上，成了一种不伦不类的东西。

更让唐绍仪感到无奈和苦涩的是，他无法阻止这一切，双方的裂痕越拉越大，直至不可收拾。

宫心计

"现代戏"刚冒了个泡就沉下去了，唱主角的仍然是"宫廷戏"，虽然幕后布景上挂着"民主共和"之类的漂亮口号。

玩宫心计，袁世凯绝对是高手中的高手，非唐绍仪所能及。

在内阁阁员中，内务部长赵秉钧系袁一手提拔，此人自视甚高，以为一人之下，万人之上，天天想着要跟唐绍仪"争宠"。他对唐绍仪任内阁总理很不服气，私下里多次怂恿内阁里的北洋同僚："唐如果能站得住，我们就站不住了！"

袁世凯需要的正是这样的打手，果然，只需一个眼色，赵秉钧便迫不及待地冲了出来。他带头在国务会议上跟唐绍仪唱反调，明目张胆地拆内阁总理的台。

唐绍仪设想在内务部安排几名同盟会员，以平衡双方力量，但赵秉钧置若罔闻，给自己的部门安了个"铁闸"，北洋的人进来没问题，同盟会的一律不得入内。

嘴巴讲不过，赵秉钧便率领内务部全体人员罢工，以辞职相要挟。内务部是中央政府第一重要的内政部门，不可能让它突然停摆。唐绍仪无奈，只能听之任之。

在向唐绍仪发起攻击的袁氏阵营中，赵秉钧可谓一夜爆红。

自此以后，他对唐绍仪直接无视，会议不参加，决议不执行。他只对一个人唯命是从，那就是袁世凯。

唐绍仪的责任内阁里面，重要阁员皆为袁系人马，他们见赵秉钧赤膊上阵，还因此得到了老主子的青睐，便人人有样学样。

在北洋政府里面，袁世凯好比皇帝，徐世昌仿佛宰相，赵秉钧顶多是一个跳梁小丑。朝中事务，小事由赵秉钧一人独挑，大事由袁世凯和徐世昌商量着办，唐绍仪完全成了局外人，他的责任内阁也变成了有名无实的空架子。

事情的发展，对唐绍仪越来越不利。

民国建立之初，由于南方军事对峙，导致财政上极度困难，急需一笔相当大的经费用于开支。袁世凯让唐绍仪出面，向六国银行团提出善后大借款。

洋人精于算计，他们可不愿意借出去的钱打了水漂，因此提出借钱可以，但得遵守两个条件：一是要监督用款，就是看钱都用在了什么地方；二是要监督遣散军队，避免内战，导致最后连本都收不回来。

条件一提出，同盟会认为六国银行团的条件太苛刻，钱怎么用，以及是否遣散军队，都是中国自家内政问题，怎么能让洋人插手呢？

唐绍仪长期从事外交，主权观念极强。他也认为六国银行团是在干涉中国内政，两个条件只是起步，后面跟来的麻烦可能更多更大。

这么多国家，为什么就一定要找它们借呢？唐绍仪决定抛开六国，找比利时财团签订借款合同。

本来向谁借、借多少，都是别人自愿的事。但这六国是当时世界上最强的六个列强，得知这一情况后，立即跳了起来。

在北京街头漫步的日本女性。北洋政府时期，在北京等大城市，市民们已逐渐习惯在街头巷尾偶遇外国人。

六国银行团采取行动，向比利时财团施加压力。比利时人一看不对劲儿，六个列强哪个也惹不起，于是脑袋一缩，不提供借款了。

借款事件本属外交策略范畴，无论成功失败，政府内部应该团结一致，群策群力才是。可在权力争斗的阴影下，此事成了袁氏阵营向唐绍仪发起攻击的又一大契机。

有人捕风捉影，说唐绍仪居心叵测，想私自挪用借款，所以才会拒绝六国银行团的监督。还有人直接扣帽子："唐总理不是同盟会会员嘛，敢情他是要给南方革命党人付军费吧！"

这些舆论都是在袁世凯的暗中授意或默许下进行的，他本人也亲自发难，逼迫唐绍仪以一国总理的身份向六国银行团公开道歉。

自内阁被架空后，唐绍仪的个人形象也陷入困境。

尽管如此，由于唐绍仪的同盟会会员身份和温和态度，他仍然被南方革命党视为政府内部的依靠。

早在北京政府成立前，北方议会代表曾向唐绍仪推荐一位直隶都督的人选。此人叫王芝祥，虽在前清做过大官，但立场较为倾向革命，因此这一推举同时受到了革命党人的欢迎。

唐绍仪一合计，就资格而言，王芝祥担任直隶都督应该没什么问题，回京后他向袁世凯做了汇报。

袁世凯一听，说这事好商量，不困难啊。

唐绍仪据此转告议会代表："没有什么问题。"这些议会代表回去后就弄了个决议，推选王芝祥督直隶。

王芝祥兴冲冲地跑到北京，袁世凯对他还真的很热情，又是请吃饭，又是聘为高级顾问，一副礼贤下士的模样。

可让人意想不到的事很快接踵而至，直隶各路的北洋军队忽然集体发出通电，反对王芝祥督直隶，并且说那些议会代表是受了贿赂，才会弄出这么一个决议来。

这时明里暗里，很多议会代表都收到了一封匿名恐吓信，上面写着："谁要附和此事，拿头颅来见！"

当然，这又是一场权术表演。

其实袁世凯压根就不同意让王芝祥督直隶——那是他发迹的地方，怎么可能交给一个倾向革命党的人去管理。

那为什么又要表面应允呢？当时革命党曾提出由黄兴出任内阁的陆军总长，这样一来，更要了袁世凯的命，他自然是一万个不乐意。他当时正急于当大总统，"南京约法"都忍了，还有什么不能忍？

两害相权取其轻，袁世凯便以这种模棱两可的方式，以一卒换一卒，使黄兴的北上计划先行流产。

黄兴（前排正中）与民报社同仁在东京合影。

事实上，正是因为袁世凯答应了，唐绍仪才出面力邀黄兴担任南京留守，而南京留守的任务不过是替袁世凯遣散南方的民军。

出尔反尔，失信于人，对于袁世凯来说，是一件再正常不过的事了。既然"驻军反对，处理困难"，那就改派王芝祥为南方军队宣慰使，帮着黄兴去解散南方部队，一样是做官嘛。

当着自己的部下，袁世凯不再掩饰真实想法。"直隶是我的发迹之地，北洋的老家底。王芝祥倾向革命党，如果让他督直隶，不啻引狼入室，将来如果他和南方联合，我们还有什么招架之力？"

政治地震

论算计，唐绍仪不是袁世凯的对手，他只能讲道理："个人面子和得失事小，国家利益和前途为大。我们必须尊重'南京约法'，维护政府威信，换句话说，你可以失信于我，但绝不能失信于北方代表和同盟会！"

袁世凯理屈词穷，十分不爽，情急之下，撂下一句让唐绍仪如坠冰窖的话。

袁世凯说："我们是没有几天好做的，这个位子早晚要让给你们的。"

唐绍仪心里要多难受就有多难受。相对于以前那句"我老了，你当总统"，这句更毒。因为"我们"无疑代表着北洋，"你们"却毫无疑问是把唐绍仪和南方革命党放在了一起——两人不再是伙伴，而是政敌了！

内阁被拆台，借款事件遭攻击，唐绍仪心里清楚谁是幕后主谋。与袁世凯不能理解他一样，他也越来越难以认同这位曾经的兄长和上级。袁世凯对权术的痴迷和不择手段，让他倍感痛心。

在这件事上，他再也不能后退了，再后退，就等于完全否定了自己的政治理想。

见唐绍仪紧追不放，袁世凯干脆白眼一翻，耍起了无赖："王芝祥督直隶是你答应的，我事先并不知道。"

唐绍仪瞠目结舌。

事已至此，唐绍仪也把心一横，说："责任内阁凡事要对国家负责，我作为内阁总理也要对国家负责。任免地方军政长官，乃责任内阁的职权范围，我一定要下达这一人事任命。"

袁世凯哼了一声，说："我这个总统不给你盖印，你就是下达了人事任命，也无法生效！"

两位国家首脑就这样顶起了牛，总统不肯给总理的任命书上盖印，总理也拒绝在总统的任命书上签字。颠来倒去，好似一个别扭的绕口令。

最后的结果是，袁世凯撇开唐绍仪，单方面下达了任命王芝祥为南方宣慰使的命令。

袁世凯此举，实际上是一个明目张胆的违法行为，但大多数人在意的不是这个。他们津津乐道的只是"八卦"：总统与总理终于站到台前干架了。

作为全部事件焦点的王芝祥更让人无语。袁世凯给了他一笔宣慰经费，这笔钱远远超过了实际需要。更啼笑皆非的是，袁世凯还告诉他，钱用多用少，由他说了算，剩下的不用上缴，也就是说可全部装入自家腰包。

什么倾向不倾向革命，与乌纱帽和白花花的银子相比，它们都不过是浮云。从袁世凯那里出来后，王芝祥乐得合不拢嘴，欢天喜地就坐车走了。

剩下一个唐绍仪，成了袁世凯一手导演的宫斗大戏中最尴尬和最无助的人物。

袁世凯下达任命的当天，唐绍仪留下一份请假报告，愤然弃职出京。

这时候的唐绍仪，既然敢与袁世凯这个北洋首领作对，自然早就被视为北洋的"叛徒"。对他的出局，北洋系的人无不拍手称快，倒是袁世凯自己不能做出无所谓的样子。

唐绍仪留下的不是辞职报告，而是请假报告，说自己偶感风寒，需请假到天津调治几天。这说明还有挽回的余地，慰留是必需的。

袁世凯的慰留不光是做做样子，他虽然城府极深，但不是一个冷血动物，在政治角斗场之外，同样在乎友谊。

唐绍仪在的时候，袁世凯讨厌他、痛恨他。等人一走，发现双方还是有感情的，而唐绍仪的不辞而别，似乎预告了两人这么多年的情谊彻底完结。

在看到请假报告后，他即刻派秘书长梁士诒前往天津，代表自己慰留对方。

在北洋旧人中，唐绍仪与梁士诒私交深厚，不仅因为同为广东籍，又一起给袁世凯做过幕僚，还因为彼此意气相投，对许多事都有相同看法，能说到一起去。

唐绍仪与袁世凯、赵秉钧等人的争执，梁士诒看在眼中，急在心里。他内心是同情和支持唐绍仪的，可这种争执发展到后来，已不是观点对错问题，而是纯粹的政治站队了。

官场之上，没有比站队更可怕的事了，自始至终，梁士诒只能持中立态度。

见到唐绍仪后，梁士诒重点谈的是友情。

"你与项城（袁世凯是河南项城人，故如此称）自结交于朝鲜，共事于北洋，风风雨雨二十多年，朝野传为佳话，怎么突然闹到如此地步呢？"

唐绍仪十分感慨："论公谊私情，我都不能在这个时候挂冠而去，甚至不辞而别。可观察今日天下大势，国家要统

和平庆典上的梁士诒（正中手持礼帽者）。

一，非项城不可；国家要治理，非项城诚心诚意地与革命党合作不可。我自组阁以来，尽心竭力要促成后面这件事，可你知道，阻碍太多了。既然我的政治理想难以实现，不如及早退出。"

唐绍仪很坦诚地告诉梁士诒，自己与袁世凯的矛盾非关私交，纯属公义，而他不能以私交妨碍公义。

显然，袁世凯不可能接受这样的"公义条件"，几天后，唐绍仪递交正式辞呈，得到了袁世凯的批复。

内阁中的同盟会成员认为唐绍仪是为他们说话，才导致不得不辞职走人的结果，因此也纷纷辞职。如此共有六人告退，从而引发了一场政治大地震。

在唐绍仪的内阁中，总共十名阁员，北洋系的占着最重要的四个位子。光靠这四个人，就足够决定政府的一切决策有利于袁世凯集团。同盟会的六名内阁成员一退，民国第一届内阁就这样土崩瓦解，满打满算也不过存在了三个月。

发生于北京的这场权斗中，唐绍仪毫无疑问是败了。

之前，他在仕途中一再创造辉煌，追根究底还是因为有袁世凯和北洋集团的幕后支持。一旦脱离，他就犹如被赶出了宗族祠堂，事业随之坠入谷底。

革命只是表象，在这里，正正经经的政治运作，总是斗不过诡诈阴暗的宫廷权术，而一个尊重现代政治规则的政治家，远没有一个传统社会的阴谋家好使。

这是唐绍仪个人的悲剧，也是时代的悲剧。

"办选举"

看起来，袁世凯似乎是完胜对手。

自唐绍仪辞职后，由赵秉钧代理国务总理。这家伙溜须拍马一路到底，竟然把国务院的办公和开会场所一股脑儿搬进了总统府，而所谓的内阁直接成了总统的附庸，"南京约法"的政治架构自然只能沦为空谈。

但同盟会并不打算就此罢休，他们握于手中的第一撒手锏仍然是"南京约法"。

按照"南京约法"的规定，参议院成立十个月内必须举行国会选举，并由选举产生的第一大党来组织责任内阁。

1912年8月，在同盟会的发动下，几个政党联合组成一个新的在野党——国民党，并加入竞选行列。

唐绍仪也被受邀参加国民党，但他刚辞职不久，心情十分低落，认为就算重新组阁又能怎样，还不是被袁世凯压制着起不来，所以连竞选议员都没兴趣参加。

对此有兴趣的是唐绍仪组阁时期的下属，原农林总长宋教仁。

宋教仁认为，以前内阁被架空，是因为重要部门都让北洋派的人给占了。如果国民党能顺利组阁，在阁员中取得上风，情况就会大不一样。

民主、共和、选举、政党，拿捏这些舶来品，南方要比北方熟练得多。尽管袁世凯使出浑身解数，拉拢这个，讨好那个，但临时拼凑出来的政党均非国民党对手。在参、众两院的选举中，其他政党加起来的席位，都没能超过国民党。

国民党如愿以偿地成为国会中的第一大党，国民党的实际领袖宋教仁被预定为下一届内阁总理。他离京南下，到各个城市发

宋教仁，政党政治的积极倡导者。

表演讲，抨击政府得失，指摘袁氏过错，一时大受欢迎。

在选举之前，反对党大唱反调，本是政党选举和监督政府的手段，然而袁世凯并不这么认为，他断定宋教仁是在"为难政府"和"故意捣乱"。

赶走唐绍仪后，袁世凯本以为自己稳操胜券，谁知又冒出一个宋教仁。从出身来看，唐绍仪亦属北洋旧人，而且和他之间还有二十多年的交情，宋教仁就不一样了，大家非亲非故，又是纯粹的革命党，他要是做了内阁总理，岂不比唐绍仪还难缠？

如何对付宋教仁，此时成了袁世凯的一块心病。无论白天黑夜，他都在想着法儿如何让宋教仁组阁不成。

果然，1913年3月20日，宋教仁被刺身亡。

这是一桩扑朔迷离的血案，很多人推断系袁世凯幕后指使，但也有史料表明，可能是一众袁的手下"过分体察上意"的结果。

该案的直接指挥者叫洪述祖，时任内务部秘书，犯案后他曾专程到北京拜见袁世凯，就是想好好邀一邀功。

一开始，洪述祖劲头儿十足："现在国事艰难，总统之所以会为难到这步田地，纯粹是那两三个人反对所致，如能设法予以铲除，岂不甚好。"

袁世凯笑了笑说："算了，一面捣乱已经够我受的了，你们还要两面捣乱吗？"

一听话音不对，洪述祖不敢往下讲了。

袁世凯已经收到刺宋案的消息，洪述祖的话让他听出了些端倪。他忽然发问："钝初（宋教仁的字）究竟是被谁害死的？"

察言观色之后，洪述祖已经不敢把"功劳"全部揽到自己头上了，遂回答："是我们的人替总统出力。"

袁世凯听罢，脸色立刻阴沉下来。

洪述祖十分惊恐，不久便以养病为名，避逃天津。

刺宋案后来一直追查到代理国务总理赵秉钧那里，洪述祖正是由他所派。从作案动机上分析，宋教仁如果组阁，固然会让袁世凯不爽，但更为不爽的还是赵秉钧，因为他好不容易取代了唐绍仪，如今一转眼又要下去，岂会甘心？

案发之前，袁世凯正在权衡各种手段，从他的惯用伎俩来看，一般都是胡萝卜在前，大棒后，不到万不得已不会贸然动用杀招，尤其是在如此敏感时刻。

也有可能的是，袁世凯在赵秉钧面前表露过要除掉宋教仁的意思，但不是说马上就干掉，而赵秉钧把"圣意"领会错了，加上他急于保自己的"相位"，导致"皇帝不急太监急"，提前动了手。

不管怎样，袁世凯总是脱不了干系，他太喜欢运用权术和"潜规则"了。这种惯性思维不仅影响了他的部下，也影响了整个北洋集团。事情终于

宋教仁去世后，黄兴等人为他穿上衣服，并请来摄影师拍了这张遗像。

闹大了。

全国舆论一片哗然，在对袁世凯的态度上，国民党内部出现了分歧，孙中山力倡继续革命，黄兴则主张以法律手段解决。

一边是海水，一边是火焰。已经回到家乡的唐绍仪被国民党请了出来，希望他能以中间人的身份，北上进行调停。

可袁世凯对唐绍仪并不欢迎。

这时他已实现善后大借款，从洋人那里拿到了款子。所谓有财气就有人气，北洋军队由此兵强马壮，南北力量立见悬殊，袁世凯自然觉得没有必要再对"敢于造反"的南方革命党客气下去了。

袁世凯的算计真是丝毫不差，重新召集的民军抵御不住北洋军，出现全线溃败，"二次革命"由此胎死腹中。

纵然刺宋案不是袁直接指使，但刺宋案后出现的局势，却一定是他所乐意看到的——随着孙中山和黄兴再度亡命日本，他可以为所欲为了。

1913 年 10 月，国会召开选举大会，选举正式大总统。

袁世凯及其北洋集团对选举的看法，就像对共和一样，没有一点儿神圣感，既然共和可以"办"，选举当然也能如法炮制。

国会开幕当天，会场被军警化装而成的"公民团"包围得水泄不通。前两次投票选举，袁世凯所得票数都不够，于是"公民团"便堵住门不让议员们出来，连吃饭和上卫生间都不允许。

"不选出我们满意的大总统，谁也不许离开会场！"

议员们早上进入会场，一天下来，饿得头昏眼花，哪里还支撑得下去，唯有按题作答。

晚上十点，第三次投票结束，袁世凯"顺利"当选民国第一任大总统，"公民团"这才撤走。"办选举"办到了如此程度，真是令人啼笑皆非。

民主变成了当权者自己做主，选举也成了纯粹走过场的游戏，一切都是那么容易和随便，袁世凯从中尝到了甜头。

他要继续向规则挑战，向加在身上的"束缚"挑战。

首先是宣布国民党为"乱党"，勒令解散，并取消国民党党员的议员资格。在国会中，国民党党员的议员占一半以上，这些人被逐，开会连法定人数都达不到，国会陷于瘫痪。

内阁、选举、国会……所有这些紧箍咒都来自于"南京约法"，这部国家宪法也因此被袁世凯视为眼中钉。

在袁世凯的操纵下，重新制定的"新约法"代替了"南京约法"。袁世凯摇身一变，由任期总统变成了终身总统，而他的权力也被扩大到了当皇帝的程度。

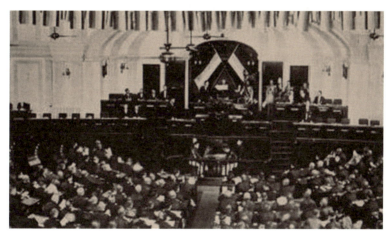

民国议会现场。

割袍断义

想当年，袁世凯曾起劲儿地鼓吹过立宪，口口声声要限制皇权，然而轮到他自己了，也觉得专制更好用。

于是他开始"怀旧"和"复古"，依照清代制度建立了一系列新机构，其中军机处、御使台都——对应，只是名称不同而已。

这些机构实际上比前朝还要集权。比如在过去的军机处里面，军机大臣尚有很大的自主权，但到了袁世凯这里，新的"军机处"由其亲自掌握，成了一个纯粹的命令执行部门。

最后一步，也许就是如何名正言顺地当皇帝了。

做皇帝的欲火早就在心中点燃了，他周围已围绕着一批煽风添柴之辈。

逢迎者中，最典型的是陈宧。

陈宧原为黎元洪的幕僚，在阵营上应属南方革命党派系，但他投靠袁世凯后，很快得到信任和重用，成了袁府"智囊"。

盘点其"成功之道"，不外乎复制二字。

陈宧几乎全盘复制了袁世凯的权术，也收买了袁世凯身边的办事人员，因此对袁世凯私下里的各种念头知之甚详。

遇到袁世凯找他商量问题，陈宧会预先准备正反两个方案，并且每种方案都背得滚瓜烂熟。如果袁世凯认为这个事情好，他端出正方案；认为不好，捧出反方案——只拣袁世凯喜欢的说。

要是袁世凯自己也拿不定主意呢？

那就更好办了，两个方案全上，一个都不白搞。

袁世凯那么腹黑的一个人，也有上别人当的时候。他不知道陈宧是有备而来，还一个劲儿地夸赞对方："二庵（陈宧的号）实获我心。"

就这样，陈宧不久便被提拔为四川总督。

赴任前到袁府辞别时，陈宧忽然一反常态，说起了"真心话"："大总统啊，我马上就要去四川了，有一句真心话不得不讲出来。您决不能以个人为重，以国家为轻啊！"

袁世凯一愣，默然。

不仅袁世凯，可能大家都会觉得奇怪，什么时候佞臣摇身一变成忠臣了？

陈宧题赠法国驻成都总领事白达的照片。

这只是虚晃一枪。

有一个段子，说有人如此"批评"领导："您怎么能这样？您怎么能不顾身体的忘我工作！"

陈宧的新套路与此类似，而且还加入了极其逼真的动作表演，但见他"扑通"一声跪倒在地，眼泪哗啦啦流了下来，止都止不住。

"共和国体，为举世所诟病，大家都说很糟，糟透了。现在亡羊补牢，未为晚矣，总统既负天下苍生之重，怎么能牺牲国家利益，以徇那些革命党人之私呢？"

这就是陈宧对领导的"批评"，毫无疑问，袁世凯听了心花怒放。

陈宧对袁世凯的心理活动了如指掌。做了总统的袁世凯，也许什么都不缺了，缺的就是一个皇帝宝座，一如当年进贡给慈禧的所有贡品中只少一幅名画。

微妙之处就在于，当事者不能直接说出来，得由手底下的人替他做出来。

在陈宦拍完马屁后，袁世凯仍未当场表态，只是说了一句："你跟云台谈一谈吧。"

云台是袁世凯长子袁克定的字，这位公子哥常以皇储自居，平时跟人说话，都不带正眼瞧的。当陈宦奉袁世凯之命前去拜访时，他仍是爱答不理，直到袁世凯派人赶到。

"总统有命，请您速与陈宦将军结为兄弟！"

袁克定闻言，马上换了一副嘴脸，与陈宦互换兰谱，称兄道弟。

陈宦属于先知先觉，但由于袁世凯心机藏得太深，还是有人被蒙在了鼓里。

北洋宿将冯国璋谒见袁世凯，问到了外传称帝的事。袁世凯一听，就知道对方是来劝阻的，他皱着眉叹了一口气。

"你我之间可以无话不谈，我也不瞒你。我身体不好，几个儿子又不成器，哪里会有那种心思呢。"

这番话可把冯国璋给惭愧坏了，觉得自己是以小人之心度了人家的君子之腹。

然而袁世凯实际上对冯国璋的"进谏"很不痛快，回家后就连声说："冯华甫（冯国璋的字）岂有此理！"

"岂有此理"的还有段祺瑞。段祺瑞公开反对帝制，又身居陆军总长要职，属于北洋系统的实力派，因此更遭袁世凯的刻意打压。

袁世凯先是通过收买段祺瑞的重要下属，将其完全架空，接着又将段祺瑞幽禁在家里，不许他过问国事。有一阵子，弄得段祺瑞只能整天下围棋，借此隐身避祸。

溜须拍马者可上位，耿直敢言者不是被骂就是被关，大家都不傻，要好要歹，个个会选。于是，陈宦之后的跟风者络绎不绝，连梁士诒这样还算颇有见识的人也被裹卷进来，亲自拼凑了一个帝制请愿团。

　　到袁世凯正式称帝前，已经在他周围营造出了一个"全国人民"一致要求他当皇帝的所谓"公众舆论"。

　　袁世凯派人找到虽然弃官但在朝野上下仍拥有很高声望的唐绍仪，希望对方能出面支持他复辟帝制。

　　"二次革命"失败后，唐绍仪弃政从商，然而并没有两耳不闻窗外事。他对袁世凯开历史倒车，抛弃共和，一步步走向专制的做法感到异常愤懑。

　　唐绍仪当即与蔡元培、汪精卫联名，以个人名义向袁世凯发出电文："请你以人民生命为重，不要再用兵变之术。若你一定要用，对你也没什么好处，因为现在早就不同于民国初建时的局势了，没人会上你的当！"

　　在这份电报中，对袁世凯的称呼，既不是大总统，也不是兄或弟，而是"慰亭先生"。

　　放在蔡元培和汪精卫身上，叫一声"慰亭"，甚至痛骂你是独夫民贼，袁世凯都无所谓，可唐绍仪也出此言，则让袁世凯又惊又气，在心理上

段祺瑞戎装照。

受到了沉重一击。

他叹息着对梁士诒说："少川以数十年老友，对我如此称谓，情何以堪？"

仿佛一刀掠过，两个老友之间，已然是割席断袍，彻底决裂了。

可即使是这样，也没能阻止袁世凯停下称帝的脚步。在一片吹捧声中，他忘乎所以，犹如盲人骑瞎马，摸着黑就往深渊奔去了。

短命皇帝

袁世凯称帝之心由来已久。

他是一个很迷信的人，既信批八字，也信看风水。有人曾给他批了八字，说他的命"贵不可言"，而在他的老家河南项城，袁家墓园则被描绘成了一个龙凤呈祥的所在：依其地势，一边是龙，一边是凤，龙凤相配，乃一代帝王之相。

对这些荒诞不经的说法，袁世凯既迷且信。

随着个人的不断"成功"，袁世凯的自我感觉也在不断向"成龙"上靠拢。每次遇到事情办得不顺利，他都会理所当然地归咎于制度的毛病，说是"共和"妨碍和束缚了他。

"什么叫共和？只有共亡而已！"

1915 年 12 月 13 日，袁世凯在北京居仁堂匆匆"登极"，宣布称帝，并接受百官朝贺。

袁世凯终于把"共和"扔到一边去了，可他龙椅还没坐热，局势就突然大变。

十天后，蔡锷在云南发起护国运动，要求袁世凯无条件取消帝制。全国舆论由此哄然而起，对复辟帝制一片讨伐之声。

事实证明，要亡他的不是共和，而是帝制。

长期以来，袁世凯欺人又自欺，已经百分之一百相信全国百姓绝大部分是拥护他登基称帝的，所以当真相摆在面前时，如遭雷击。

更让他想不到的是，在蔡锷"反叛"后，其他省纷纷响应。短时间内，北洋集团竟然众叛亲离，分崩离析。

袁世凯的身体本来很好，载沣说他"现患足疾"，不过是要让他滚蛋的借口。二次出山后，袁世凯的健康和精神状况不是好，

袁世凯称帝时举行了祭天大典，这是他正走上天坛祭天。

而是好得很，办公会客从无倦容，但经此之后，他开始忧危成疾，神情恍惚了。

有一天半夜，袁世凯忽然紧急召见徐世昌。徐世昌不知发生了什么事，喘着粗气跑到居仁堂，见袁世凯挣扎着坐起，从袖子里拿出一份事先拟好的电报稿。

徐世昌接过一看，发现这是一份取消帝制的文告。

在袁世凯称帝之前，他并没有与这位"宰相"商量。徐世昌心里对复辟不以为意，既然连事前商量一下的机会都不给，又见冯国璋、段祺瑞如此下场，他也就乐得装聋作哑了。

拿着电报稿，徐世昌一边读一边点头，读完，他说文告写得不错。

袁世凯脸上露出一丝惨笑："你认为好，那就由你之手发出去吧。"

1916年3月22日，袁世凯宣布取消帝制，恢复大总统名义。从他宣布称帝，才一百天出头，若从年号开始算，时间就更短了，仅八十多天，堪称短命皇帝。

袁世凯的一位幕僚问袁世凯："总统取消帝制，事前为什么不再讨论一下呢？"

袁世凯叹了口气说："我昨夜观天象，看到一颗巨星落地，这是我生平第二次见到。第一次见到时，未满一个月，李鸿章死了。现在又见到这种情景，回头想想，我的身体一向那么好，可这次生病就好像瘫了一样，难道是天意吗？"

袁世凯越说越神秘，越说越伤心，接着又聊起了他的家族史。

"我们袁家，从爷爷到父亲，寿命没有超过五十九岁的。五十九岁是个坎，看来我也迈不过去了，恐怕时日无多。"

然而，哪怕时日无多，哪怕做不了皇帝，袁世凯还想赖在位子

袁世凯（前排左三）和各国使节。

上，继续当他的"终身总统"，但这一次人们不再上当受骗了。

唐绍仪在上海发出通电，让他赶紧主动退位。

唐绍仪第一次直呼"慰亭"时，袁世凯觉得很受伤，但自从两人撕破脸皮后，也就无所谓了。真正让他感到难以接受的，是那些心腹的表现。

首先是"第一马屁精"陈宧。

陈宧刚到四川就任时，尚发电"劝进"，要为袁世凯登基保驾护航。等他察觉形势不妙，立刻掉转枪口，反戈一击。

从前的马屁拍得有多响，现在反击的火力就有多猛。陈宧揭发袁世凯的力度和语气，为唐绍仪、蔡锷等人所不及。在电报末尾，他甚至无中生有地爆料："袁逆（指袁世凯）已经秘密将三千万巨款汇往英国，准备逃亡了。"

对陈宦的落井下石，袁世凯又惊又气，喃喃自语："人心大变，才会弄成这样……"

说完便不断咳嗽气喘，病情愈加严重。有好事者戏言："三国陈琳替袁绍写檄文，痛骂曹操，不料反而治愈了曹操的头痛病。同样姓陈，陈宦的电报对袁世凯而言，不啻为一条催命符。看来袁大头远不如千年前的那个曹阿瞒哩。"

投向袁世凯的矛枪不止这一杆。在他倒霉之时，催命符多得跟雪花一样。

袁世凯有一个从小带到大的贴身仆从，名叫唐天喜，一路被他提拔到了高级军官。就在四面楚歌之际，唐天喜痛哭流涕地去见袁世凯，口口声声要报答袁世凯三十年的养育之恩，决定上前线去跟造反派拼命。

这下把袁世凯给感动的呀，当即委任唐天喜为副司令。

唐副司令到达前线后，对手暗地里塞给他三十万两银子作为

称帝失败后的袁世凯。

打点，这家伙立马就造了袁世凯的反。

袁世凯痛心不已，临死前还在念叨："唐天喜反了，唐天喜反了！"

陈宧、唐天喜的背叛，实际上代表着整个北洋集团的背叛。在袁世凯身败名裂的最后日子里，平时围在他身边的人都跑了，来看望他的人也极少，只有徐世昌和曾被压制的段祺瑞对他还比较关心。

人心都要在这一刻才能看得出来，袁世凯感慨万千。他当着徐世昌和段祺瑞的面，亲手把大总统印交给了徐世昌，并说："总统应该是黎宋卿的（黎元洪字宋卿），我就是病好了，也准备回彰德啦！"

河南彰德是袁世凯遭载沣驱逐后的所居之地。多年前，这里是他东山再起的基地，在他准备重返京城的头一天晚上，全家人曾因此欢天喜地，他却忽然叹了口气。

"你们不要高兴了，我是不愿意出去的。这次出去了，怕是不能够好好回来！"

"不愿意出去"当然是假的，它所表达的是袁世凯对前途未卜的某种担忧。

如今，真的是"不能够好好回来"了。到死前一天，袁世凯仍然神志清醒，虽然能够勉强坐起来，可眼睛已经难以睁开了。

这个时候，他会想些什么呢？没人知道，也没人在意。

为了成为"真命天子"，这位政坛第一强人曾经所向披靡，但在这个过程中，他丢掉了诚实，丢掉了挚友，丢掉了声誉，最后还丢掉了性命。

人的一生，究竟什么是真正的成功或失败，要重来多少次，我们才会明白？

1916 年 6 月 6 日，袁世凯于昏迷中去世。这一次他终于回到了彰德——躺在棺材里被人抬回去了。

　　历史中属于他的那一页，被无情地翻了过去。

第二十章

消失的幻象

在众叛亲离的那些日子里，袁世凯一再仰天长叹："我不是可惜我的帝位，我可惜的是天下人心。"

应该说，这句话半真半假，不过树倒猢狲散，确实能看出一点儿世道的混乱。

辫子剪了，皇帝没了，袁世凯也死了，可该变的仍然没有变，包括那些深藏于传统思维中的习性和习惯。

按照袁世凯的遗嘱，黎元洪以副总统继任总统，段祺瑞出任国务总理。黎元洪虽贵为总统，但属于赤手空拳的"北漂一族"，手中无兵无将，握有实权的是北洋新老大段祺瑞。

在北洋的风云人物中，段祺瑞以性格执拗著称，常给人以刚愎自用和飞扬跋扈的感觉。

袁世凯做总统时，内阁和总理成了傀儡，等到段祺瑞执政时，总统却被他压得透不过气来。这就是府院之争，即黎元洪的总统府与段祺瑞的国务院之间的权力之争。

"办表决"

　　1916 年底，第一次世界大战爆发。在中国要不要参战这个问题上，府院吵开了，段祺瑞主张参战，黎元洪则反对参战。

　　袁世凯死后，黎元洪曾提名要唐绍仪出任外交总长，可段祺瑞身后的北洋集团仍将唐视为"叛徒"和异己，联合进行抵制，以至于唐绍仪只能利用在野的身份对此进行评点。

　　唐绍仪极力反对参战。

　　段祺瑞说要以美国加入协约国为榜样，而唐绍仪分析道："协约国又没正式要求我们参战，为什么要耗费民力去凑这个热闹？而且，依中国的国力，你觉得能起到美国那样的作用吗？战事发生时，咱们的部队只会成为炮灰；等到停战，国家利益未必能得到保证。归根结底，参不参战无所谓，胳膊粗不粗才是真的。"

　　唐绍仪预计，中国参战不但没好处，反而可能给国内造成动荡，导致民心离散。这是最可怕的事，所以执政者应特别审慎。

　　真不愧是超一流外交家和政治家，后来巴黎和会的结果充分验证了唐绍仪判断的精准。

　　虽然议论到位，但唐绍仪并没有把观点强加于人。在致函段

黎元洪（马头右首者）准备上马前往阅兵场。

祺瑞时，他郑重建议，对这样的重大国策，应充分尊重国会，由国会自由讨论表决，如此才符合宪政法则。

段祺瑞的参战案果真付诸国会表决了。可整个过程让人大跌眼镜，因为它几乎就是过去袁世凯"办选举"的翻版：几千名便衣军警，打着请愿团的旗号包围众议院，声称必须通过参战案。

"办表决"的始作俑者就是段祺瑞本人。

唐绍仪太守规矩了，他不知道，段祺瑞对参战如此热衷，计算的角度和出发点跟他完全不同。

袁世凯当家，要靠"善后大借款"来维持财政，段祺瑞接着操持，同样缺不了钱。他的办法是搭上一个有钱的列强，通过秘密政治交换来得到对方的贷款和支持。

要看这位国务总理究竟跟哪个国家最热络，只需观察拜访段府的外国人即可。这些外国人里面，美国人基本没有，英国人很少，绝大多数是日本人。

找段祺瑞唠嗑的日本人，往往三五成群，前面一个拿着名片，后面跟着一大堆，跟参观团似的。日本外交官更是段家常客，三天两头过来密谈一下。

段祺瑞要找的放贷大户，正是日本。在他执政期间，曾向日本大量借款，用于应付国家财政及北洋集团的正常运转。

段祺瑞并不是不知道自己几斤几两，也不是闲着没事做去瞎凑热闹。说白了，中国报名参加协约国，其实就是响应日本的要求，想拿到日本人开出的支票而已。

有人说段祺瑞亲日，老段一撇嘴，他有自己的如意算盘："咱们对日本，也就是利用一时。这些借款，谁打算还它呀，到时候，一瞪眼就完了！"

段祺瑞的实用主义态度，也被移植到用人上，包括任用外交官。

他曾说驻日公使陆宗舆不是好人，别人问他为什么，他回答说："一打牌，就能测出来了。"

段祺瑞业余时间不仅爱下围棋，还喜欢晚饭后打麻将。牌桌上无大小之分，三缺一的时候，陆宗舆就经常跑来补个缺。

拍领导马屁当然要抢着来，但陆宗舆偏偏牌品不好，打麻将赌输赢的时候，别人都把钱放在桌子上，只有他把钱放在自己口袋里，等到输了，才慢吞吞一个子儿一个子儿地摸出来。

段祺瑞以牌品论人品，觉得陆宗舆很不男人，可这位很不男人的公使又能帮他从日本人那里借到钱，所以老段仍对之委以重任，直到五四运动爆发，迫于舆论压力才将其撤换。

除少了些权术外，段祺瑞在治国理念上与他的前任袁世凯并无本质区别，同样不觉得选举、表决之类有多么神圣。袁世凯既然可以"办选举"，他当然也可以"办表决"。

由于是模仿而来，缺少了首创精神，老段的"办表决"并没

右首第一人为陆宗舆。

能取得袁世凯那样的效果，反而弄巧成拙。

议员们经历过饿着肚子被逼投票的境遇，纷纷引以为耻，突然看到这一幕又要重演，顿时就气炸了。

不仅反对参战的议员愤愤不平，就连支持参战的议员也无法忍受，认为这是对他们的一种羞辱，于是纷纷联合起来，与"请愿团"及幕后的段祺瑞干上了。

先是宣布停止会议，接着内阁阁员一个接一个辞职，连偏向于段祺瑞的内阁大臣也走人了，最后整个内阁只剩下段祺瑞一个光杆总理。

众议院这下有了新的说法："等你那个内阁添够人，咱们再来讨论要不要参战吧。"

段祺瑞犹如被人在大庭广众下剥光了衣服，鼻子都气歪了。

眼看自己的新老大遭到了国会的"欺负"，北洋集团一齐发难，以督军团的名义呈请黎元洪解散国会。

黎元洪也来了脾气，不但不准，还下令免去段祺瑞国务总理一职，让他人代理。黎、段二人自此完全闹翻，段祺瑞把纱帽一扔，索性跑到天津去了。

闹 剧

民国建立之初，政府就颁布法令禁止军人干政，但那不过是一纸空文，现实生活中想要军人不干政很难，而政局走向也往往是由他们决定的。

段祺瑞一走，北洋集团立即将矛头指向黎元洪，各省督军纷纷宣布独立，北京城一片慌乱。

黎元洪急了，四处找人调解。眼看着枪杆子都对准了他，谁也不敢冒冒失失站出来说话。

正不知如何是好，江苏督军张勋递话过来道："只要总统令我入京，张某愿从中调停。"

张勋号称北洋各路诸侯的盟主，也是重量级人物，曾多次召集各路督军会议，他说话当然要比其他人管用得多。

黎元洪此时也是病急乱投医，立即答应了。

1917年6月上旬，黎元洪明令张勋率部拱卫京师。张勋随即率六千人马北上，声称要以武力调停府院之争。

黎总统上当了，上了张勋的当。

辛亥革命后，张勋仍以效忠清皇室自居，他本人和部队都留着辫子，号称"辫帅"和"辫子军"。

"辫帅"的理想之一便是复辟。在他的老窝徐州，聚集着一大帮拥护帝制的遗老遗少和投机政客。过去碍于段祺瑞北洋领袖的威慑，他只能掩耳盗铃，时不时站出来辟一下自己的"复辟谣"。如今黎、段不和，无疑让他从中看到了渔利的机会。

1917年7月1日，在强迫解散国会后，张勋又拥立溥仪复位，早已过气的大清卷土重来。

举国上下对复辟闹剧震惊不已。在南方，孙中山召集国民党要人进行紧急商讨，这其中就包括唐绍仪。

既然"辫子军"枪口下的北京政府已经架空，孙中山提议在南方重新建立一个临时政府，但唐绍仪不赞成，理由是基于国际法理。他说："张勋复辟，并未被国际社会所承认，这说明北方政府仍是唯一合法的政府。这种情况下如果另起炉灶，不但不合适，还可能产生外交纠纷。"

话说得虽然在理，却没说到大伙心坎上。这么多人聚在一起，

一群辫子军，每个人脑后都留着辫子。

不就是想干成大事吗？没个临时政府作为号召，拿什么去跟北洋政府较量？

会后，"另起炉灶"成了主流。

1917 年 7 月 6 日，孙中山等人乘军舰由上海南下广州，以维护"南京约法"和国会为号召，树起了护法运动的旗帜。

国民党一番忙碌，还没整出个样子来，段祺瑞已在北方得手。

同一件事，每个人都有各自的出发点。当初迫使清帝退位，段祺瑞是踊跃者之一，倘若清帝复辟成功，会有他的好果子吃吗？最起码，朝堂之上就不会有他的一张椅子，所以段祺瑞坚决反对帝制，连袁世凯称帝他都持不合作态度。

北洋将领到北京开会，常以段府为会议地点，包括张勋在内，而且大多在牌桌上见过。张勋不同于陆宗舆，他打牌如同打仗，那真的是以一当十，以段祺瑞的牌品观而论，绝对能排进好人行列。

正是由于彼此特别接近，所以段祺瑞比别人更了解张勋的所思所想。黎元洪一发征召令，他就说黎总统中计了。

当张勋北上经过天津时，段祺瑞马上赶来看望这位年纪比他大得多的"辫帅"，对他说："大哥来了很好，到北京首先要维持治安，这是要紧的事。"

段祺瑞当然知道张勋一路风尘，不是去京城旅游，所以他索性点破："别的事情你也可以办，只是保清帝复位的事还不到时候。勉强办了，就算北方答应，南方能答应吗？我看还是慢慢来办吧。"

老段说出这番话是很够朋友的，袁世凯倒霉就倒在称帝这件事上。只要稍有头脑的人，都知道在当时的社会舆论下，复辟帝制无异于把自己放在火上烤。

可张勋偏偏是个死脑筋，除了好出风头外，没什么政治见识和眼光。对段祺瑞的体己话，他并未正面回答，只是胡乱点了点头。

等到京城飘满龙旗，张勋遂成众矢之的。段祺瑞听闻消息后，起初面色阴沉，郁闷不已，不久经有心人开解，眉头立时松开了。

原来对他而言，这是好事一桩，他可以借此东山再起了。

在张勋宣布复辟两天后，段祺瑞乘专车来到天津附近的马厂，发出讨逆通电。

段祺瑞虽然已不是国务总理了，但各省督军不是他的门生就是他的旧部，他这么振臂一呼，立即得到了北洋集团的一致响应。一个星期不到，"讨逆军"便击溃"辫子军"，撵走了张勋。

只手打破复辟闹剧，段祺瑞的个人声望达到了顶点，被

"辫帅"张勋。

奉为"再造共和"的英雄，风光无限地重新进入北京的权力中枢。

在这场游戏中，最窝囊的是黎元洪，所谓"引狼入室，引火烧身"，张勋复辟把他逼进了日本使馆躲避。

段祺瑞一方面派人保护总统府，另一方面亲自出面到日本使馆拜谒黎元洪，请其复职。

黎元洪倒是条汉子，把责任全部揽了下来，并发出下野通电，沉痛表示"心肝俱有，面目何施"——我只要有一点点良心，哪里还有脸再去做总统呢？

接替黎元洪的是副总统冯国璋。1917 年 8 月 1 日，冯国璋在北京宣布就职代理总统，而段祺瑞继续担任国务总理。

才一个月的时间，似乎就没南方革命党什么事了。可那里既已主张另立临时政府，就没有停下来的道理。

1917 年 8 月 31 日，孙中山正式在广州建立军政府，经过"非常国会"的选举，孙中山就任海陆军大元帅，桂系陆荣廷、滇系唐继尧分别为元帅。

陆、荣二人对这一结果非常不满，认为自己是靠实力吃饭的，应该做主角才是，不愿意也不接受配角的地位。

在临时政府公布的名单中，唐绍仪的职务是财政部长。可广东财政实被桂系所垄断，财政部长只是一个空壳，毫无实权，唐绍仪只能退居家乡。

大家都是买卖人

不管愿不愿意承认，南北双方现在对谁主谁次的重视，远远超过对民主共和的重视。

段祺瑞认为他的北方政府才是正宗，广州军政府纯属叛逆，因此祭出武力统一政策，举兵"讨伐"西南诸省。后者也不甘示弱，组织护法军与北洋军大打出手。

前面打仗还未分出胜负，北方政府的后院突然起了火，这次还是府院之争。

冯国璋早年跟段祺瑞换过帖，以兄弟相称，段祺瑞见了他都要叫声哥。不说别的，段家公馆从汽车到司机，都是冯国璋这位盟兄送的。

除了交情，两人在政治态度上也比较一致。从袁世凯称帝那会儿起，两人就有电报往来，一致反对帝制。

以前黎、段闹不和，因为大家不是一条道上的。黎跟北洋没有瓜葛，但段祺瑞是袁世凯之后的北洋领袖，现在冯、段既是北洋元老，又是盟内兄弟，要还闹矛盾，那可就真的无话可说了。

让人无话可说的是段祺瑞。

段祺瑞的脾气一点儿没改，还是说一不二那套。冯国璋并非泥塑木偶，对很多问题有自己的见解，比如在南北统一问题上，冯国璋坚持主和，与段祺瑞的主战态度背道而驰。

段、冯拢不到一块，北洋政府那些政客比段祺瑞还激动。在重新开幕的新国会上，一个以段的亲信组成的"安福系"出现了。经过"选举"，"安福系"把冯国璋从总统位子上拉了下来，由徐世昌接替。

冯国璋虽然被赶走了，但相持了一年多的"南北战争"并未决出胜负。无奈之下，段祺瑞只好让徐世昌出面，与广州军政府达成一致意见，双方决定举行历史上第二次南北议和。

在各方盛邀下，唐绍仪再度出任议和总代表，不过以前是代表北方，这次是代表南方。

冯国璋，北洋直系领袖。

唐绍仪愿意重新出山，一方面想平息国内战乱，另一方面考虑到巴黎和会召开在即，兄弟阋墙，不应妨碍外御其侮。但他始终坚持护法运动的主旨，即恢复旧国会。

此时由于桂系的"逼宫"，孙中山早已挂冠离开了广州。他这一去，使得护法运动无疾而终，广州军政府也被西南军阀所掌控。

西南军阀无法理解唐绍仪式的理想主义，这年头，谈判桌上还是得谈买卖。

买卖有价码，而且既实在又具体：桂系陆荣廷要当副总统，滇系唐继尧则想让滇黔军入川。

唐绍仪不愿为这些人算柴米油盐，惹得西南军阀勃然大怒，指责唐绍仪作为南方代表"漠视西南，别具野心"。

广州军政府认为，恢复旧国会毫无意义，而段祺瑞对此更为抵触，因为那就等于否定了新国会，否定了"安福系"，否定了他舍我其谁的专断资格。

两边一夹攻，南北议和半路夭折，长达几个月的谈判，最后未能达成任何协议。

这下有人心里添堵了。

在袁世凯身后，北洋将领发生了分裂，他们以出身籍贯不同，隐然分为直、皖两大派系。段祺瑞是安徽人，簇拥在他周围的便是皖系；冯国璋是河北（直隶）人，奉他为老大的便是直系。

冯国璋被段祺瑞赶下台后，没多久就病死了。他一死，众人都认为直、皖门户之见将随之消失无形，段祺瑞也将跻身北洋集团的唯一领袖。不料有人闹出了新花样，直系的曹锟又坐火箭般冒了出来。

闹新花样的是徐世昌。

徐世昌在前清做过封疆大吏，他比前任高明的地方，就在于深谙官场权谋之术，而且能够说一套做一套，两面三刀。

徐世昌表面韬光养晦，尽量避免与段祺瑞发生正面冲突，暗地里却扶植曹锟和吴佩孚，帮助直系重整旗鼓，以此造成与段祺瑞分庭抗礼之势。

世上没有不透风的墙，段祺瑞很快就知道是徐世昌在背后玩小动作，但因徐世昌有直系撑腰，一时又奈何对方不得，只得对身边人说："我一向推重此公，他这么做，不是等于把自己给掐死了吗？"

当段祺瑞再派代表南下议和时，不见了唐绍仪，广州军政府

广州军政府的
士兵。

也不再拿正眼瞧他们。倒是失势的孙中山接见了北方代表，还提出了一个"只问条件，不问何人为总代表"的议和原则。

孙中山现在也代表不了广州军政府，那么军政府在干什么呢？

实际掌控军政府的陆荣廷已经绕开段祺瑞，正在与直系的曹锟一起喝茶哩。

大家都是买卖人，这种交易不难达成。桂、直双方很快就开始了所谓的"分赃议和"，他们眉目传情，卿卿我我，自始至终也没把段祺瑞当回事。

兔子急了还咬人呢，何况是段祺瑞。

1920年7月，直、皖大战爆发。段祺瑞起初以为搞定对手易如反掌，不料直系的吴佩孚打仗很有一套，中途奉系又加入了反段联盟，结果导致皖系败北。

拒虎进狼

神州大地上，尽管旗幡飘舞，可私底下，大家真的是半斤对八两，谁也不见得比谁高尚到哪里去。

南方革命党口口声声数落北洋政府的不是，然而从一开始，广州军政府自己就没有遵守"南京约法"。他们实行的也不是内阁制，而是相当于元首制的大元帅制，军政外交大权全部集中于海陆军大元帅一人。

由于大元帅制引发了矛盾，军政府只得改组，改大元帅制为总裁制。一人元帅变成七人总裁，但一碗水还是端不平，七个人始终无法和和气气地坐下来商量事情。

于是南方复制北方，陆荣廷像段祺瑞一样，与"非常国会"

唱起了对台戏。然而，他连"请愿团"之类的把戏都懒得上演，方法粗暴直接——扣压"非常国会"的经费，你们到街上去闲扯淡吧。

段祺瑞擅权激起众怒，陆荣廷则把西南诸侯给惹火了，于是孙中山登高一呼，西南诸侯集体讨桂。

1920 年 10 月，粤军击败桂军，一举攻占广州，讨桂战争取得胜利。陆荣廷与曹锟达成的"南北统一"就此告吹，成了"伪令"。

11 月，孙中山从上海返回广州，恢复以他为首的广州军政府，重新形成南北对峙局面。

广州军政府只是一个临时政府，生米始终未煮成熟饭，国际上承认的中央政府仍然是北京政府，这个感觉让人很不爽。

1921 年 5 月，孙中山宣布就任非常大总统，建立正式的南方政府，并准备出师湖南进行北伐，举起了武力统一的大旗。

在新的广州政府中，唐绍仪再次被任命为财政总长，然而他拒绝加入，之后便携家眷返回故里。

唐绍仪与孙中山私交深厚，政治主张则大相径庭。

他的梦想，其实就是当年宋教仁所追求的，即实行"政党政治"和"责任内阁"。早在第二次南北议和时，他就希望孙中山能以国民党领袖的身份"闲三四年"，待和议成功，由他率领国民党到北京重组责任内阁。

在唐绍仪看来，在南方重建一个正式政府，造成南北分裂，是完全没有必要的事。

唐绍仪的退出，只是大家观点不同而已。

作为一个有操守的政治家，做官看重的不是富贵利碌，而是能不能实现自己的主张，所谓"道合则侍之，道不合则去之"。

唐绍仪（左）与孙中山既是同乡，也是挚友。

与唐绍仪想法接近的还有陆军总长陈炯明，不过军人的表达方式要激烈得多。1922年3月，发生了陈炯明炮轰总统府事件，这一事件令孙中山异常愤怒，自言三十年来，"顾失败之惨，未有甚于此役者"。

连部下都不可靠了，还有谁可靠呢？于是，曾经要"以美为师"的孙中山从此走向了"以俄为师"，他与唐绍仪之间的距离变得更远了。

此时，孙中山一心要"讨伐"的北方政府，其内部也没有消停过。

徐世昌依靠直系，成功撵走了段祺瑞。据说在直、皖大战前，徐世昌与曹锟、吴佩孚之间的密信一直没断过，曹、吴敢于向段祺瑞挑战，最初出主意的也是徐世昌。

徐世昌老于权谋不假，但曹、吴也不是吃素的。他欲用曹、吴，最后竟为曹、吴所用，这是徐世昌打破脑袋也想不到的，乃至"废然自伤，有拒虎进狼之叹"。

所以，得再找一虎，来抑制狼。

此虎名叫东北虎，即奉系张作霖。张作霖并不是一盏省油的灯，早就想入主中原，一直在等待机会。徐世昌俯首过来，可谓正中下怀。

直、奉开会，张作霖就对曹锟说："我们两个齐心合力，可以力挽狂澜于既倒，其他人插句嘴都甭想。"

说不许插嘴，大多数人噤若寒蝉，可吴佩孚却在会上起立发言，而且滔滔不绝。

这时的吴佩孚虽然在直、皖大战中锋芒毕露，已成为直系的军事首脑，但论职务只是曹锟麾下的一个师长。

张作霖借题发挥，怒而拍案道："区区师长，竟敢如此放肆！"

飙戏的感觉一上来，止都止不住。吴佩孚比张还来火，当下拂袖离去，直、奉联会不欢而散。

在直、奉冲突的背后，掰手腕的是曹、吴与徐世昌。张作霖引兵入关，理由是"奉大总统命令，拥护内阁"，俨然"勤王之师"，而吴佩孚却通电把内阁骂了一通，俨然是要"清君侧"了。

徐世昌敢于下引虎驱狼这样的险棋，缘于对最新引进的"东北虎"很有信心，认为奉军兵强马壮，剽悍善战，不啻为一张新的护身符。但他万万没想到奉军徒有其表，直、奉大战，奉军一败涂地，连关内都没能进来。

奉军败北，徐世昌没了着落，变得战战兢兢。他赶紧派人给曹锟说好话："自此以后，你想怎样就怎样，我不会干涉。"

曹锟顿时神气十足，一副要大干一场的样子。有人劝他不要操之过急，还是赶紧召集旧国会，缓和与南方的关系，这样的话，总统之位迟早是你的。

曹锟性格庸暗，又缺乏政治远见，他等不及了。

献计的人察言观色，再献一策："那就一不做二不休，直接把徐世昌赶走，通过选举当总统。"

这话说到曹锟心坎里去了。在他授意下，一天之内，直系将领三次发电报到总统府，问徐世昌走没走，一副打破砂锅问到底的劲头。

徐世昌心里顿时凉了半截，知道不走不成了。他发出请柬，

直奉战争中的奉军。

遍邀各国公使来吃饭，席间从容自若，神情与平日无异。吃完饭，他悄悄告诉自己的国务总理："我将去位，外面已经备好车了。"

国务总理一愣，随后便领悟过来，于是跟公使们一一打招呼，请他们送总统一程。

与其说公使们送走的是一个下台的总统，倒不如说是一个被刀剑逼走的傀儡。随着民主共和幻象的消失，展现在人们面前的仍然是弱肉强食下的不变规则。

徐世昌果非俗物，当政治生命走向终结的那一刻，他以这种方式，既捍卫了自己作为总统的个人尊严，也给了世界一个真相。

无用功

就在曹锟张灯结彩准备召集国会选自己当总统的时候，吴佩孚却在河北保定宣布，要迎黎元洪复职。

吴佩孚的单方面决定，犹如给曹锟浇了一盆冷水。曹锟气炸了，瞪着眼对左右说："子玉（吴佩孚的字）眼中已没有我了，咱们还干什么？一切让他去操持吧。"

曹锟的参谋长知道吴佩孚的分量，一面劝曹忍一忍，一面派人去找吴佩孚。

那人见到吴佩孚，便说："三爷（指曹锟）已气得浑身发抖，饭也不吃，客人也不见。您做决定不是不可以，可如果事前请示一下，三爷能不答应吗？"

说软话无非是给对方一个台阶下，不料吴佩孚听后暴跳如雷，拍着桌子大吼："谁误三爷，看我取了他的脑袋！"

这下不光把曹锟的部下吓得够呛，连曹锟自己也虽怒却怕。但他没有吴佩孚那样的才能和魄力，一向对之依赖甚深，因此犹豫半天下不了决心，只好拂袖而去。

所谓出头的椽子总是先烂，总统和皇帝一样看着威风，实际上也是烫手山芋，特别容易树敌。三国时期，当孙权上书请曹操登基时，老谋深算的曹操认为孙权不怀好意："是儿欲使吾居炉火上耶？"（这小子是想把我放到火上烤吗？）

到了这一步，吴佩孚也觉得有些过分，派人去做曹锟的工作，给他讲道理："我让黎元洪出面，不过是个过渡，给天下人一个交代，而且他的任期很短。黎元洪一走，那把大好的交椅，舍三爷其谁？"

吴佩孚还说："什么叫爱之深、责之切？我就是对三爷感情深厚，才会事事给您筹谋好啊！"

曹锟为人相对老实，几句软话一哄，心里就舒坦了，两人遂和好如初。

论出身，曹锟是个布贩子，而吴佩孚是前清秀才，文略武功均非"曹三傻子"可比。曹、吴二人，看似曹锟坐镇台前，实际

吴佩孚，晚清秀才，北洋直系首领。

皆由幕后的吴佩孚做主。

吴佩孚要推黎元洪做总统，其用意与曹操差不多，即"挟天子以令诸侯"。但在他发布拥黎的决定后，黎元洪却一直高卧不出，似乎打定主意要做隐士了。

倒不是真的不想出山，而是怕自己重蹈徐世昌的覆辙，再被直系给赶下来。

黎元洪的一个策士深夜拜访吴佩孚，打探其口风。

吴佩孚拍着胸口说："让你家主子做总统，是我一人决定的，曹锟为此还朝我发火哩。这种情况下，黎公再假模假式，我就无能为力了。"

黎元洪一听，吴佩孚支持他，这才同意复出。

黎元洪两度担任总统，深知南北分裂的危害性，上任之后力邀孙中山、唐绍仪等人北上，并答应让唐绍仪出面组织"混合内阁"。

混合内阁当然是南北各方都要有人，难道还有什么方案比这个更能让人接受的吗？唐绍仪认定这是一个弥合南北裂痕、施展个人抱负的大好机会。

这一年，唐绍仪已经六十岁。孔子说"六十耳顺"，作为唐绍仪本人，一方面拥有相当丰富的从政经验，另一方面其处事风格更加圆通，年轻时的固执强硬已更多地被从谏如流所代替，正是做成一番事业的时候。

经黎元洪提案，国会进行表决，正式通过了唐绍仪组阁案，眼看就要水到渠成了，结果却再一次让人们大失所望。

吴佩孚抬黎上轿，始终没忘记在背后操纵。他自己已设计好了一套内阁班子，根本不可能让唐绍仪得这个"便宜"。

唐绍仪组阁的说法一经传出，来自直系军人的驱唐电报就接连不断。在强大压力下，合法合理的政治操作程序沦为无用功。

唐绍仪感到异常愤懑和失望，对外发表政见时直言不讳地说："今天中国的一切事情，与其说是尊重民意，不如说是尊重军意。"

像唐绍仪这样的人，真是走在哪里都讨不着好，北方不让他去，南方也难以容纳。

就在孙中山热衷于北伐，武力统一全国的时候，唐绍仪还津津乐道于他的"联省自治"方案。

唐绍仪说："中国之大患，在于人人欲做总统，犹如从前人人欲当皇帝一样。既如此，不如仿效美国的联邦制，允许各省自治，由各省代表组成'国民委员会'，从而开辟一条建立民主共和的新路。"

这样的方案，很快沦为书生空谈。此后决定历史进程的，不是枪，就是炮，幕后无非是合纵连横、三十六计在不断上演。

"留学生之父"容闳的预言果然很准。十多年的军阀混战，令动乱无休无止，到北伐结束，国民党推翻北方政权宣布"统一全国"时，这个国家已经元气大伤。即便如此，乱

进入耳顺之年的唐绍仪。

象仍未停止，之后又是国民党内部更大规模的混战和厮杀。

这一切，都是容闳和他的学生们不想也不忍看到的。

唐绍仪变得极为消沉，整天在上海闭门不出，此后再未真正入主政府的权力中枢。

作为留美幼童中的佼佼者，他比自己的老师更进一步，不仅看到了方向，也知道应该如何规范操作，才能实现这个民族和国家的复兴。遗憾的是，没人真把他的理念当一回事，人们所熟悉和愿意采用的，仍然是从前的游戏规则。

于是，开国总理沦为政治失意者成为必然。直到抗战爆发，唐绍仪的声望和影响力才重新成为各方关注和争夺的焦点。日本人把他与吴佩孚并列，想通过劝降唐、吴来建立新的傀儡政权，而南迁的国民政府也对唐绍仪的一举一动百般提防。

这个时代早已不属于他了，但唐绍仪似乎没有意识到这一点，仍然保持着那种不屈服于任何压力的倔强性格，既未接受国民政府的动员离沪去港，也拒绝充当汉奸扮演日本人的傀儡。

1938 年 9 月，唐绍仪在家中被国民党军统刺杀身亡。

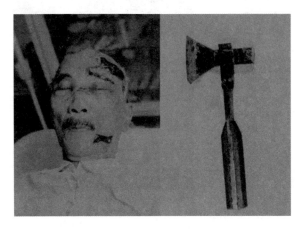

唐绍仪去世遗像及军统特务所用凶器。

这个留美幼童中最为惊艳的政治外交天才，就这样莫名其妙地倒在了历史的惊涛骇浪中。

种子

让我们看看留美幼童中的另外一个天才。

早在张勋复辟时，詹天佑在实业界的声名已如日中天。张勋的班子也因此看中了詹天佑，专门向他发出一纸"谕令"，委任其为溥仪新朝廷的邮传部尚书。

詹天佑此时正在汉口，这个老实人一年到头与铁路打交道，对政治圈子非常生疏，接到"谕令"后不明究竟，也搞不明白怎么民国又突然变回了大清，只想着先到北京问清楚了再说。

段祺瑞的班子闻讯，便通过京张铁路的一名官员发了一份急电过去，让詹天佑在汉口等候，千万不要急于启程。

詹天佑即将动身，接到电报后疑窦丛生，接着了解到张勋复辟的真相，这才如梦方醒，决意不再北上。

张勋复辟失败，公布的惩办人员尽为政府文员，无一武人。如果詹天佑当了"邮传部尚书"，有可能一辈子都爬不起来了。

詹天佑从此专心实业，虽然五十八岁英年早逝，但与活了七十六岁的唐绍仪相比，很难说后者更幸运。

仅仅一条京张铁路，离容闳当年的理想实在太远，幸好他的弟子已经提前播下了种子。

时间推到1904年，梁诚正奉命处理庚子赔款。

梁诚，广东番禺人，第四批留美幼童，时任驻美公使。

庚子赔款是《辛丑条约》中规定要赔给列强的钱，这些国家除了出兵的八国外，还包括六个"受害国"，所有赔款并非按各国的实际损失计算，而是带有明显的羞辱性质。

当时中国一共四亿五千万人口，一人赔一两，计赔四亿五千万两白银，加上利息，接近十个亿，几乎是要把这个东方国度的最后一滴血榨干。然而到了实际偿付时，他们白银不要，改口要黄金。

近代在对华态度上较"友好"的列强当数美国。梁诚自此便"缠"上了美国人，鼓动唇舌，希望美利坚能带个好头仍然收白银，不要收黄金。

唐绍仪、梁诚这批留美幼童出身的外交官，能很好地把握美国文化和美国人的心理。首先被梁诚打动的是美国国务卿海约翰，他也觉得赔款由"白银"变"黄金"不合情理，同意继续收白银。

可后来海约翰还是变卦了，原因是其他国家都反对收白银。他一合计，少收点儿钱无所谓，可惹"众怒"就划不来了，于是又向梁诚说了"不"。

梁诚听到后，起初沮丧极了，不过他仍然竖起耳朵，不肯放过任何有利信息。

就在这时，他真真切切地听到海约翰说了一句："赔款原属过多，其实我们美国也没受那么大损失。"

要在平时，海约翰断然不会随随便便说这种话，只是他在找梁诚谈话前，由于出尔反尔在先，心里已有愧疚之感，所以谈话时才会不自觉地暴露出"很不专业"的一面。

美国国务卿无意间漏出的口风，让梁诚眼前豁然开朗。

既然海约翰自己都承认赔款过多，何不乘势而上，让他们把"过多"的部分退还？

梁诚随即向外务部发出呈文，请求改变策略，停止在"还金还银"上的无望交涉，转而主攻"核减赔款"。

一个是人，一个是钱，谁都不会那么轻易就往外拿。海约翰没想到自己的一句"口误"会让对方紧追不放，但好在美国人最后还是认了。

经过"死缠烂打"，海约翰终于点头，不料关键时刻他却突然生病死了，打了梁诚一个措手不及。

海约翰的继任者跟梁诚的私人关系也不错，但好事多磨，这时外部环境出了问题：美国发生了虐待华侨事件，而中国发生了杀死美国传教士事件。

"核减赔款"又被搁置起来，而且一搁就是两年。

梁诚做事跟大多数留美幼童一样，有一种不舍不弃的精神。在这两年时间里，他没有一天放弃过努力，招待记者，游说议员，但凡能用上的策略统统用上。

新国务卿被舆论轰炸了两年，都在劝他赶紧把"多余赔款"退还给中国。没想到这位国务卿产生了逆反心理，反而把议案压着不办了。

还是不甘心啊，于是梁诚合计着怎么直接去找美国总统。

1907 年，梁诚得知美国总统老罗斯福要参加博览会，便想尽一切办法混了进去。见到总统后，他当着老罗斯福的面直接提出了"核减赔款"的要求和理由。

老罗斯福认为梁诚言之有理，遂于年底亲自向国会提交议案，决定将美方所得庚子赔款的一半退还给中国。

梁诚，曾就读于麻省安度华学校，是留美幼童中最著名的棒球手。

在"核减赔款"上，美国起到了示范作用，此后除日本始终不肯配合外，其他国家都先后退还了不少庚子款。

这是极为可观的一笔款项，梁诚功不可没。1909 年，经过梁诚的筹划，清政府用"庚子款"设立了"游美学务处"，着手派遣留学生赴美。

1911 年，游美学务处被清华留美预科学校（即后来的清华大学）替代。在此之前，游美学务处已向美国派遣留学生近两百人，在这个名单中，近代名人就有一大批：胡适、赵元任、梅贻琦、竺可桢……

1872 年，第一批幼童赴美，四十年后，终于有了另一股新生力量。

所以，我们有必要追念那个启动方舟的人——容闳。

留美幼童最后一次聚会，时间为 1936 年。

图书在版编目（CIP）数据

一个民族的远航 / 关河五十州著. -- 北京：华龄

出版社 , 2022.7

ISBN 978-7-5169-2269-9

Ⅰ.①—… Ⅱ.①关… Ⅲ.①历史人物—生平事迹—

中国—近代 Ⅳ.① K820.5

中国版本图书馆 CIP 数据核字 (2022) 第 087028 号

出 版 人	周　宏		**责任印制**	李末圻
责任编辑	冀　晖		**内文制作**	刘龄蔓

书　　名	一个民族的远航		**作　者**	关河五十州

出　版

发　行　华龄出版社 HUALING PRESS

社　　址	北京市东城区安定门外大街甲 57 号		**邮　编**	100011
发　　行	（010）58122255		**传　真**	（010）84049572
承　　印	大厂回族自治县德诚印务有限公司			
版　　次	2022 年 7 月第 1 版		**印　次**	2022 年 7 月第 1 次印刷
规　　格	880mm×1230mm		**开　本**	1/32
印　　张	12		**字　数**	280 千字
书　　号	ISBN 978-7-5169-2269-9			
定　　价	59.80 元			